Ho

Tristan Gooley

Hoe lees je een boom

Ontrafel alle patronen en aanwijzingen, van wortel tot kruin

Met illustraties van Neil Gower

KOSM•S

Kosmos Uitgevers, Utrecht/Antwerpen

KOSM•S

www.kosmosuitgevers.nl
kosmos.uitgevers
kosmosuitgevers

Dit boek is een vertaling van *How to read a tree*, waarvoor geldt © 2023 Sceptre, een imprint van Hodder & Stoughton, onderdeel vam Hachette UK
Tekst: Tristan Gooley
Illustraties: Neil Gower

Voor de Nederlandstalige uitgave geldt © 2024 Kosmos Uitgevers, Utrecht/Antwerpen, onderdeel van VBK | media
Vertaling: Nathan Brinkman, www.tekstbureaudegroenedraak.nl
Opmaak omslag: Garage BNO, Peter Slager
Opmaak binnenwerk: Elgraphic

Kosmos Uitgevers vindt het belangrijk om op milieuvriendelijke en verantwoorde wijze met natuurlijke bronnen om te gaan. Bij de productie van het papieren boek van deze titel is daarom gebruikgemaakt van papier waarvan het zeker is dat de productie niet tot bosvernietiging heeft geleid.

ISBN 978 90 4393 196 0
ISBN e-book 978 90 4393 197 7
NUR 429

Voor mijn peetkinderen,
Joey, Hector en Jamie.
Veel plezier met spoorzoeken!

Inhoud

Hoofdstuk 1

De kunst van het bomen lezen

Inleiding

Bomen hebben ons van alles te vertellen. Ze vertellen over het land, het water, de mensen, de dieren, het weer en de tijd. En ze vertellen ons over hun leven, over voor- en tegenspoed. Bomen vertellen een verhaal – maar alleen aan degenen die weten hoe ze dat moeten lezen.

In de loop der jaren heb ik met veel plezier een verzameling aangelegd van betekenisvolle en voor ons waarneembare kenmerken van bomen. Daarmee ben ik begonnen toen ik leerde navigeren met behulp van de natuur. Ik raakte gefascineerd door de verschillende manieren waarop je bomen als kompas kunt gebruiken – aan de zuidkant zijn ze bijvoorbeeld dikker. Gaandeweg ontdekte ik hoe bomen kunnen fungeren als een plattegrond: bij een rivier groeien andere soorten bomen dan boven op een heuvel. En zo werd ik nieuwsgierig naar de subtielere signalen, de patronen die we zien zonder ze te herkennen.

Zien twee bomen er ooit precies hetzelfde uit? Het antwoord is nee, maar waarom is dat zo? Elk klein verschil in formaat, vorm, kleur en textuur heeft een betekenis. Bij elke boom waar we langslopen, vertellen zijn unieke kenmerken ons wat die boom allemaal heeft meegemaakt en geven ze informatie over de plek waar we ons op dat moment bevinden. Een boom geeft ons een beeld van het plaatselijke landschap.

Elk detail vormt een toegangspoort naar een achterliggende wereld. Hebben de bladeren een duidelijke bleke lijn in het midden? Dan is er water in de buurt. En inderdaad, even later kom je bij een rivier. Veel bomen die gedijen in de buurt van water, zoals wilgen, hebben die opvallende witte lijn op hun bladeren – het lijkt of er een beekje over het blad loopt.

Met dit boek wil ik je uitnodigen om je zo diep onder te dompelen in de kunst van het bomen lezen dat je tekens leert herkennen waaraan de meeste mensen voorbijgaan. En wanneer je deze kunst eenmaal beheerst, is het onmogelijk om deze tekens niet te zien – bomen zullen nooit meer hetzelfde voor je zijn. Het is een fantastische ervaring.

We gaan kennismaken met honderden boomtekens. Ga vooral naar buiten en zoek ze op, want dat is de beste manier om deelgenoot te worden van hun verhaal. Op die manier zul je ze de rest van je leven kunnen lezen en onthouden, en zul je ervan blijven genieten.

Hoofdstuk 2

De naam doet er niet toe

Bomen lezen draait om het onderscheiden van vormen en patronen en het begrijpen van hun betekenis. Het gaat niet om het herkennen van soorten. De namen van bomen zijn een stuk minder belangrijk dan veel mensen denken.

Individuele boomsoorten zijn gebonden aan specifieke volken en gebieden – geen enkele boomsoort groeit van nature in zowel de noordelijke als de zuidelijke gematigde zone en er is waarschijnlijk slechts één soort die van nature voorkomt in Eurazië én in Noord-Amerika: de jeneverbes. Niemand kan in één oogopslag het merendeel van de boomsoorten op onze planeet herkennen; zo iemand is er nooit geweest en zal er nooit zijn.

Het zou je meer tijd kosten dan een mensenleven duurt om alle wilgensoorten te leren herkennen – nog afgezien van het feit dat er misschien wel honderdduizend andere soorten bomen zijn. Het kan handig zijn om boomgeslachten te kunnen herkennen, maar individuele soortenkennis levert je verder weinig op.

Je zult zien dat ik verwijs naar algemene boomgeslachten, zoals eiken, beuken, dennen, sparren, zilversparren en kersen. De meeste mensen zullen een aantal van deze veelvoorkomende bomen herkennen, en de andere heb je er zo bijgeleerd. Achter in dit boek heb ik wat tips opgenomen voor als je helemaal niks van bomen weet en boomgeslachten als eiken of dennen nog niet kunt identificeren. Tenzij anders vermeld heb ik het in dit boek over de noordelijke gematigde zone, waarvan de meeste bewoonde gebieden van Europa, Noord-Amerika en Azië deel uitmaken.

Als ik schrijf over algemene kenmerken binnen een geslacht heb ik het niet over keiharde gegevens die gelden voor iedere soort en ondersoort. Als je een uitzondering kent, wens ik je geluk, maar hopelijk ben je het ook met me eens dat de uitzondering de regel bevestigt. Een boek waarin al die uitzonderingen stuk voor stuk zouden worden besproken, zou behoorlijk saai zijn en algauw weer worden verwerkt tot de houtpulp waaruit het ooit is geproduceerd.

Sommige bomen hebben verschillende namen; welke daarvan de 'juiste' is, hangt ervan af aan wie je het vraagt. Inheemse volkeren hechten grote betekenis aan planten, maar Latijnse namen interesseren hen niet. Hoe we een boom precies noemen, maakt weinig uit voor wat we zien en voor wat dat betekent. Het gaat erom de universele taal van natuurlijke tekens te ontcijferen. Ik vind het geweldig om te bedenken dat wij patronen in de natuur kunnen herkennen die iemand aan de andere kant van de wereld ook kan zien, al spreken we geen woord van elkaars taal. Tienduizenden jaren voor de allereerste gesproken taal ontstond, konden onze voorouders de taal van de natuur al vloeiend lezen.

Het woord 'magie' heeft meerdere betekenissen. Het kan betrekking hebben op goocheltrucjes ter vermaak. Maar het kan ook verwijzen naar het bezit van buitengewone vaardigheden, het vermogen om te laten gebeuren wat normaal gesproken onmogelijk zou zijn.

Boomwortels kunnen ons laten zien hoe we uit een bos moeten komen, zelfs als we de naam van de boom niet kennen.

Hoofdstuk 3
Elke boom is een landkaart

Als naaldbomen de dienst uitmaken – Diep in de hedendaagse bossen – De sleutels

Ik liep in noordelijke richting over de best begaanbare bergkam van het nationaal park Sierra de las Nieves, in het zuiden van Spanje. Een pad was er niet en ik zocht al slingerend een stoffige route tussen rotsblokken, brem en distels door. De augustushitte steeg op van de grond.

Vanwege de scherpe stenen moest ik almaar voor me op de grond blijven kijken. Maar om de paar minuten bleef ik even staan en keek ik om me heen. Een oude gewoonte: als onze weg moeizaam is, kijken we te veel naar de grond en als onze weg makkelijk is te weinig. Als je een compleet beeld wilt van het gebied waar je doorheen reist, kun je het best naar beneden kijken als het terrein goed begaanbaar is en omhoog op lastig terrein. Wel eerst stil blijven staan voordat je opkijkt op een lastig pad, anders lig je straks met je kop op de stenen. Als je langs bomen loopt, zie je op verraderlijke paden de wortels, maar niet het bladerdak; op makkelijke paden zie je de bomen, maar mis je de wortels.

Het loonde de moeite om even om me heen te kijken, want in een dal tussen de heuvels zag ik een groen baken, een groepje bomen dat volledig uit de toon viel. Ik ging op weg naar beneden en plotseling hoorde en zag ik meer vogels. Een paar bleke vlinders dansten voor mijn ogen en de geur van de lucht onderging een nauwelijks merkbare verandering. Langzaam zoog ik mijn longen vol. Het was geen heel uitgesproken geur, slechts een bekende hint van planten en van rotting. Even later zag ik meerdere diersporen die bij elkaar kwamen en zich samenvoegden, als de strengen van een touw. Na nog een paar minuten stond ik onder een stel enorme walnootbomen, de enige in kilometers omtrek. Vlakbij bevond zich een stenen drinkbak voor geiten; de natte modder eromheen was bezaaid met hun hoefafdrukken.

De bomen waren een teken van verandering: ze hadden alle dieren, waaronder mijzelf, naar water geleid.

Bomen beschrijven het landschap. Als de bomen veranderen, vertellen ze ons dat iets anders ook is veranderd – het waterpeil, de hoeveelheid licht, de windsnelheid, de temperatuur, de bodemsamenstelling, verstoring, de ziltheid, activiteit van mensen of dieren. Als we leren dergelijke veranderingen waar te nemen, hebben we de sleutels in handen tot de landkaart die de bomen voor ons uittekenen. Die sleutels komen zo dadelijk; eerst twee van de grote veranderingen die we zullen tegenkomen.

Als naaldbomen de dienst uitmaken

Nadat ik het walnootbosje had verlaten, zag ik tijdens mijn Spaanse bergwandeling verder alleen nog maar naaldbomen. Daar is een goede reden voor.

Heel lang geleden was het op aarde een dooie boel, maar

toen ging de evolutie van start. In zee verschenen algen; op het land begonnen mossen en levermossen te groeien. Algauw – een paar honderd miljoen jaar later – spreidden varens en paardenstaarten hun bladeren uit boven de mossen.

De evolutie is heel goed in het oplossen van problemen. Met behulp van zaden werd het mogelijk je nakomelingen te laten groeien op heel andere plekken; vrijwel alle hedendaagse planten komen voort uit deze ontdekking. De volgende uitvinding was de houten stam waarmee je vele jaren achter elkaar boven je concurrenten uit kunt blijven steken zonder dat je ieder jaar weer vanaf de grond hoeft te beginnen. Paf! De bomen waren geboren.

De eerste bomen, waaronder de naaldbomen, horen bij de naaktzadigen. Ze dragen hun zaden in kegels. Ongeveer 200 miljoen jaar later ontwikkelde zich een andere plantengroep, de bedektzadigen; hieronder vallen de meeste loofbomen. Deze verschillen onderling veel meer van elkaar dan naaldbomen, maar hebben vaak goed zichtbare bloemen en in vruchten verpakte zaden. De meeste naaldbomen zijn groenblijvend; de meeste loofbomen verliezen in het najaar hun blad en krijgen in het voorjaar nieuwe bladeren.

Meestal is het heel makkelijk om te zien welke van beide boomgroepen je voor je hebt. Een boom met donkergroene, naaldachtige bladeren is vrijwel zeker een naaldboom. Een boom met brede, platte bladeren die er niet uitziet als een naaldboom of een palm is vrijwel zeker een loofboom. (Palmen zijn een groep apart; daar komen we later op terug.)

Op veel plekken beconcurreren naaldbomen en loofbomen elkaar; structurele verschillen bepalen welke van de twee aan het langste eind trekt. De basisregel is dat naaldbomen taaier zijn: ze kunnen overleven in omstandigheden waarin loofbomen het zwaar hebben. De groenblijvende naaldbomen kunnen het jaar rond aan fotosynthese doen, eventueel op een heel laag pitje, zodat ze het in gebieden met koele zomers en een lage zon verder schoppen dan loofbomen. Hoe verder je van de evenaar verwijderd bent, des te zwakker de zon en des te waarschijnlijker dat naaldbomen er de overhand hebben. Je komt in Canada en Schotland bijvoorbeeld meer naaldbomen tegen dan in de VS en Engeland.*

De korte en dunne bladeren van naaldbomen houden beter water vast, waardoor ze het in droge gebieden beter volhouden dan loofbomen. Daarom kwam ik op die droge Spaanse bergkam zo veel naaldbomen tegen. En daarom vind je in Mexico en Griekenland in verhouding meer naaldbomen dan in de VS of Engeland. Maar er valt nog wel wat meer over te zeggen.

Als in een groot gebied nauwelijks loofbomen voorkomen, hoewel er voldoende regen valt, kan het zijn dat het water ergens verdwijnt. Op zand- en rotsbodems tref je vooral naaldbomen aan, deels omdat het water voor loofbomen te snel wegzakt.

Hooggelegen gebieden zijn meestal droger dan dalen; daarom zijn de flanken van heuvels vaak begroeid met naaldbomen, terwijl langs de rivier juist loofbomen staan. Naaldbomen zijn donkerder groen dan loofbomen, wat vaak boeiende en kleurrijke patronen in het landschap oplevert (de meeste naaldbomen zijn groenblijvend; hun naalden hebben daarom een dikke huid en zijn bedekt met was, waardoor ze een donkerder voorkomen hebben). Dit heb je vast al heel vaak gezien, maar misschien heb je er nog nooit bij stilgestaan. Het

* Als je nog dichter bij de Noord- of Zuidpool komt, slaat de balans weer om en komen de loofbomen terug. Onder de daar heersende extreme omstandigheden kunnen bomen namelijk niet het hele jaar hun bladeren vasthouden.

stemt tevreden als je begrijpt waarom een brede band van lichtere loofbomen de loop van een rivier markeert en daardoor zul je dit verschijnsel eerder opmerken. Je ziet niet langer alleen maar donkergroen en lichtgroen bos; je weet wat het kleurverschil betekent en je brein vindt dat prettig. Het beloont je met een aangenaam gevoel dat volgens neurowetenschappers wordt veroorzaakt door dopamine en waarvan wij weten dat het klinkt als: 'Aha!'

In alle planten vervoert de sapstroom water en voedingsstoffen van de wortels naar de hogere delen, maar de manier waarop dit gebeurt, wordt vaak verkeerd begrepen. Door verdamping verliest de boom water uit de bladeren aan de atmosfeer. Hierdoor ontstaat in de hoger gelegen vaten een lagere druk dan in de lager gelegen delen van de boom. Het sap wordt dus niet van beneden omhooggeduwd, maar wordt door de daar

Loofbomen langs de rivier, naaldbomen in de hoger gelegen en drogere gebieden

heersende lagere druk naar boven gezogen. Dit systeem werkt prima in een vriendelijk klimaat, maar het is wel gevoelig; iedere plant is hierdoor min of meer kwetsbaar voor vorst.

Zelfs als een plant een vorstperiode overleeft, kunnen door het ontdooien in de vaten luchtbellen ontstaan ('cavitatie'), die de sapstroom blokkeren. De vaten van loofbomen zijn ruim en breed, zodat het sap er snel en efficiënt doorheen kan stromen, maar deze ruime vaten zijn extra gevoelig voor bevriezing. In naaldbomen vindt het watertransport vanaf de wortels plaats via veel smallere vaten, de zogeheten tracheïden, die veel beter bestand zijn tegen lage temperaturen (doordat de kleinere belletjes sneller weer oplossen). Als je vanuit een dal langs de helling omhoogkijkt, kun je de zone herkennen waar loofbomen overgaan in naaldbomen. Dit is nooit een kaarsrechte lijn, maar hogerop is het voor loofbomen een stuk lastiger om te overleven, zodat ze door de naaldbomen worden overtroefd.

Wanneer het in een vochtig gebied het hele jaar warm is, zodat er geen bevriezingsgevaar bestaat, doen loofbomen het meestal veel beter dan naaldbomen. In de tropen kom je veel meer loofbomen dan naaldbomen tegen.

Misschien vraag je je af waarom niet alle bomen zijn uitgerust met de vorstbestendige vaten van de naaldbomen. Het antwoord heeft te maken met efficiëntie en overleving, zoals zo vaak als het om evolutie gaat. Het systeem van loofbomen is stukken efficiënter, dus doen ze het veel beter *mits ze kunnen overleven*. Maar om te winnen moet je wel meedoen. Naaldbomen zijn stoere, maar inefficiënte terreinwagens; loofbomen zijn snelle, moderne personenauto's – een stuk efficiënter, maar hopeloos op ruige, onverharde wegen en paden.

Op deze regel van de vorstgevoelige vaten bestaan een paar interessante uitzonderingen. Berken en esdoorns beschikken over een ingenieus systeem waarmee ze het bevriezingsprobleem kunnen omzeilen. Ze kunnen hun nauwe vaten onder druk zetten door sap omhoog te pompen. Op die manier ruimen ze in het voorjaar de belletjes op die zijn ontstaan door vorst en maken zo hun vaten schoon. Dankzij dit mechanisme kunnen ze veel noordelijker overleven dan je zou verwachten. Een goed voorbeeld zijn de boreale bossen in Rusland: die bestaan voor een deel uit naaldbomen, maar ook uit grote gebieden met berken. Door de hoge druk in de vaten stroomt het sap naar buiten als er een snee in de bast zit; op die manier kunnen wij berkensap en esdoornsap oogsten.

Telkens als je ziet dat loofbomen plaatsmaken voor naaldbomen, mag je ervan uitgaan dat de omstandigheden ruiger worden en kun je de vraag stellen hoe en waarom dat zo is. Waarschijnlijk heeft het te maken met de temperatuur, de bodemgesteldheid of de beschikbaarheid van water, of een combinatie van die drie. Dit maakt deel uit van de landkaart die bomen voor ons vormen.

Het opmerken van deze verandering leert ons ook iets over de psychologie van het waarnemen. Als je iemand vraagt een landschap te beschrijven, kan het zijn dat diegene het woord 'bomen' gebruikt zonder de overduidelijke overgang in boomtype te noemen. Maar als je diezelfde persoon vraagt of er verschillende bomen te zien zijn, is de overgang van loofbomen naar naaldbomen plotseling onontkoombaar. We bepalen in hoge mate zelf wat we waarnemen, maar het is een keuze: er staat niemand naast ons die zulke vragen stelt.

Diep in de hedendaagse bossen

Later tijdens mijn Spaanse miniavontuur waagde ik mij in een bos. Dat viel niet mee: de eerste tien minuten moest ik me een weg banen door doornig struikgewas; de struiken kwamen niet hoger dan mijn middel, maar waren niet van plan om me door te laten. Daarna kwamen menshoge meidoorns, gevolgd door iets hogere bomen die ik niet herkende – ik denk dat het netelbomen waren – en vervolgens steeneiken die twee keer zo hoog waren als ikzelf. Uiteindelijk kwam ik bij een bos met dennen die hoog boven mij uit torenden.

Als je een bosgebied binnen gaat, herken je vrijwel altijd bepaalde vaste patronen. Naarmate je verder het bos in komt, worden de bomen hoger – de bomen aan de rand zijn immers blootgesteld aan de sterke windvlagen die alle vrijstaande bomen teisteren, met als gevolg dat ze korter blijven. De hoogste bomen staan meestal midden in het bos.

Daarnaast kom je andere boomsoorten tegen naarmate je verder het bos in gaat. Midden in het bos groeien altijd andere soorten dan aan de rand. De meeste bomen volgen een van deze twee strategieën: haas of schildpad. De hazen zijn zogeheten 'pioniers': ze produceren miljoenen, veelal zwevende zaden die terechtkomen op kale stukken land. Daar ontkiemen ze en groeien ze in een hoog tempo. Deze snelle start heeft als nadeel dat ze niet kunnen investeren in grote en sterke stammen, zodat er een grens is aan de hoogte die ze kunnen bereiken. Voorbeelden van dit soort pionierbomen zijn berken, wilgen, elzen en veel populieren.

De schildpadden worden ook wel aangeduid als 'climaxbomen'; zij kiezen voor een andere aanpak. Ze produceren veel grotere zaden en doen het rustig aan, aangezien ze weten dat ze uiteindelijk aan het langste eind zullen trekken. Eiken zijn een goed voorbeeld. Pionierbomen vind je aan de rand van het bos en op open plekken; climaxbomen groeien in het oudere midden. Als je een volgroeid bos binnen gaat, met bomen met hoge kronen, zul je aan de rand langs de kortere pioniers lopen, op weg naar de hogere climaxbomen.

De meeste pionierbomen ogen lichter dan climaxbomen en werpen minder schaduw. Denk maar aan berken in vergelijking tot eiken. Berken hebben een lichte bast en laten veel meer licht van boven door dan eiken. Dit verklaart waarom het schemeriger wordt als je een bos binnen wandelt: als je onder de pioniers aan de bosrand loopt, neemt de hoeveelheid licht iets af, maar nadat je de grens van de climaxbomen bent gepasseerd, is het nog een stuk donkerder.

Als je een open plek betreedt met veel pionierbomen, sta je in een overgangslandschap. Toekomstige generaties zullen hier de stevigere stammen en diepere schaduw aantreffen van de climaxbomen. Uiteindelijk winnen de schildpadden de wedstrijd.

De sleutels

Laten we verder inzoomen en onderzoeken wat we kunnen afleiden uit de aanwezigheid van bepaalde boomgeslachten. Dit zijn de voornaamste patronen.

Natte grond

De meeste boomsoorten hebben het moeilijk als hun wortels onder water staan, aangezien dit de gaswisseling bemoeilijkt, maar deze geslachten doen het goed in een natte bodem: elzen, wilgen en populieren.

Ajay Tegala is boswachter en onderzoeker in Wicken Fen, een natuurgebied in Cambridgeshire en een van de belangrijkste wetlands van Europa, met meer dan negenduizend soorten planten en dieren. Als Ajay het heeft over de 'hoogste boom in het veen', moet je dat in perspectief zien: in dit natte veengebied vind je maar weinig imposante bomen. Maar er is één enkele opstandige populier die Ajay overal vandaan kan zien en daarom goed kent. Ik hoor de opwinding in zijn stem als hij erover praat.

Droge grond

Zoals we inmiddels weten, zijn naaldbomen beter bestand tegen droogte dan loofbomen. Loofbomen die het naar verhouding goed doen op een droge bodem zijn esdoorns, meidoorns, beuken, hulst en eucalyptus.

Ik woon op droge kalkrijke grond en ben een keer op pad gegaan om de kortste weg te vinden langs zo veel mogelijk van dit soort bomen. Mijn route liep vanaf een taxus langs een groot aantal beuken, een meidoorn, een paar hulstbosjes en een Spaanse aak – een wandeling van nog geen tien minuten. Om hieraan een eucalyptus toe te voegen had ik nog uren moeten lopen, tot waar iemand er eentje in zijn tuin had staan; eucalyptusbomen komen oorspronkelijk alleen voor in Australië. Maar vijf van de zes in tien minuten is niet slecht. Iets vergelijkbaars proberen op een natte bodem op klei of graniet zou heel veel tijd kosten en lastig, zo niet onmogelijk zijn. Ik vroeg Ajay Tegala wat hij ervan zou vinden om dit te proberen in het natte Wicken Fen: 'Het zal verdraaid moeilijk zijn! In het hele gebied is geen taxus te bekennen en voor zover ik weet, zijn er ook geen beuken. Er staat een handvol hulstbomen. Om meer dan meidoorn en esdoorn te zien zul je een enorm lange wandeling moeten maken!'

Beide uitersten

Een uitzondering is de ruwe berk, die zowel uit de voeten kan met natte grond als met matige droogte. Ik heb groot respect voor de ruwe berk: dit is de boom die de moed erin houdt tijdens een koud en nat kampeertripje met het hele gezin.

Veel licht

De meeste bomen hebben een voorkeur voor heel veel of juist weinig direct zonlicht. In het algemeen zijn naaldbomen dol op veel licht en doen loofbomen het prima bij een beetje schaduw. Daarbij bestaat in beide groepen een zekere rangorde. Dennen houden meer van zonlicht dan zilversparren, die er weer meer van houden dan sparren, die er op hun beurt meer van nodig hebben dan hemlocksparren.

> Dennen Zonnen SuperHeet.
> DZSH: dennen, zilversparren, sparren, hemlocksparren.

De volgende boomgeslachten doen het goed in een lichte en zonnige omgeving: populieren, berken, wilgen en de meeste naaldbomen, vooral dennen en lariks.

Veel lichtminnende bomen gedijen in het vrije veld. Dennen, populieren, berken en wilgen kun je vaak zien vanuit de verte. Als ze in een bos groeien, staan ze het liefst aan de zonnige zuidzijde. Regelmatig zie je aan de zuidkant van een bosgebied een rij dennen staan.

Schaduwtolerant

Schaduwtolerante bomen zijn schildpadden; hun tolerantie is een belangrijk onderdeel van hun strategie. Een schaduwtolerante boom kan langzaam opgroeien onder lichtminnende bomen en ze uiteindelijk overtroeven en zo de concurrentiestrijd beslechten. Tegen die tijd is de strijd gestreden; de schildpad wint, zijn concurrenten kunnen immers niet goed tegen schaduw. Beuken, taxus, hulst en hemlocksparren zijn schaduwtolerante boomgeslachten.

Taxussen doen niet eens hun best om hoger te groeien dan het bladerdak. Ze halen hun schouders op en leiden hun schaduwrijke bestaan. En waarom ook niet?

Schaduwtolerante bomen gedijen in het gezelschap van andere bomen die schaduwen werpen.

Blootstelling

Elke boom is in zekere mate gevoelig voor lage of hoge temperaturen.

Op grotere hoogte is de gemiddelde temperatuur lager en de gemiddelde windsnelheid hoger. Zoals eerder genoemd: als je vanaf de voet van een berg omhoogkijkt, zie je hoe loofbomen plaatsmaken voor naaldbomen. Maar je ziet ook dat alle boomsoorten korter zijn op grotere hoogte. Deze twee verschijnselen samen noem ik de 'bomenhoogtemeter'.

Vanaf een bepaalde hoogte in de bergen is zelfs voor naaldbomen het leven zwaar en vindt geen commerciële bosbouw meer plaats, aangezien de opbrengst te mager is. Hier tref je geen keurige boomplantages meer aan. Naaldbomen overleven er nog wel, maar ze zijn korter en ogen havelozer dan lager op de helling. Hier beginnen ook gaten te vallen tussen de bomen.

Naaldbomen zijn gevoelig voor windschade; het is niet ongebruikelijk dat je op een berghelling naaldbomen ziet die hun loofboomneven hebben weggeconcurreerd, maar er tamelijk gehavend bij staan. De dwergachtige, misvormde naaldbomen die in deze koude regionen weten te overleven, worden *krummholz* genoemd, een Duitse term voor 'bochtig hout'. Op nog grotere hoogte is het klimaat te bar voor welke boom dan ook; boven deze boomgrens groeien dan ook geen bomen meer.

In warmere klimaatzones doen de drie algemeenste ceders – libanonceder, himalayaceder en atlasceder – het goed in de warme berggebieden.

Grondsoort

Het eerste hoofdstuk van *Sylva*, John Evelyns zeventiende-eeuwse standaardwerk over bomen, staat vol verwijzingen naar de grondsoort waarin bomen groeien. Echter, zelfs in de eenentwintigste eeuw bevat onze kennis hierover nog veel lacunes. Gelukkig is een aantal basispatronen heel eenvoudig te herkennen.

Je hebt rijke grond en arme grond. Sommige grondsoorten zijn rijk aan de voedingsstoffen die planten nodig hebben voor een gezonde groei, waaronder vitale mineralen zoals nitraten. In arme grond ontbreken deze onmisbare stoffen.

Essen houden van vochtige, maar niet te natte grond en hebben rijkere grond nodig dan de meeste andere bomen. Essen tref je vaker beneden in het dal dan hogerop. In de meeste rivierdalen bevindt zich in de buurt van de rivier een strook van vochtige, maar niet doorweekte grond die rijk is aan voedingsstoffen die afkomstig zijn van de hoger gelegen hellingen. Zulke plekken zijn favoriet bij de es.

Walnootbomen zijn gek op diepe, voedingsrijke grond. De exemplaren die ik in de Spaanse bergen tegenkwam, hadden daar de enige plek gevonden waar ze in staat waren te overleven. Water en voedingsstoffen kwamen samen in de diepere grond op een laaggelegen punt tussen twee toppen – voor de walnoten precies wat ze nodig hadden. Als ik een walnoot zou hebben opgepakt en in een willekeurige richting zou hebben weggegooid, was deze terechtgekomen op grond die te droog, te ondiep en te arm was voor een walnootboom.

Ook iepen houden van voedingsrijke grond.

Welke bomen we tegenkomen, hangt eveneens in hoge mate af van de pH van de bodem – de zuurgraad of alkaliteit. Deze factor overlapt met de voedingswaarde van de grond, want zure grond is meestal arm aan voedingsstoffen.

Elzen en wilgen doen het meestal prima in natte grond, tenzij die zuur is, zoals het geval is bij een venige bodem, waarop de zachte berk zich beter thuis voelt. Naaldbomen kunnen tot op zekere hoogte goed overweg met zure grond.

Steden

In een stedelijke omgeving hebben bomen het zwaar, vanwege het al dan niet gemotoriseerde verkeer, maar ook door minder voor de hand liggende stressoren. Steden zijn warmer en droger dan de gebieden eromheen, ze liggen vol met zout tegen gladheid en hondenpoep, en het wemelt er van de mensen die de hele wereld willen omspitten.

In metropolen en steden over de hele wereld is de gewone plataan aangeplant omdat zijn wortels goed bestand zijn tegen verdichting van de bodem en omdat zijn bast regelmatig verjongt, zodat hij beter tegen luchtvervuiling kan dan veel andere bomen. Ook de gewone esdoorn kan goed overweg met de stress die een leven in de stad met zich meebrengt, misschien zelfs wel te goed: hij staat erom bekend dat hij ongevraagd ontkiemt in tuinen en parken.

Een tijd geleden was ik op bezoek in de kuststad Budleigh Salterton, in Devon, waar ik een praatje zou houden in een kerk. Ik parkeerde de auto en ging op zoek naar de kerk, waarvan ik alleen wist hoe hij heette en in welk stadsdeel hij stond. Daarom keek ik uit naar taxus en uiteindelijk zag ik een rijtje taxussen langs een woonstraat. Ik keek ertussendoor en daar stond de kerk. Taxus wordt al eeuwenlang aangeplant langs kerkhoven en op andere belangrijke plekken in steden. (Op het platteland zul je taxus alleen aantreffen in gebieden met weinig vee: omdat taxus giftig is, gaan die twee slecht samen.)

In een natuurlijke omgeving staan bomen nooit in een rijtje. Zelfs bomen langs een rivier staan in een gebogen lijn die de bochten in de rivier volgt. Als je bomen in een rechte rij ziet staan, zijn daar mensen aan te pas gekomen. Een voor de hand liggend voorbeeld zijn de statige bomenlanen die naar een imposant gebouw leiden, maar er zijn veel meer interessante voorbeelden.

Italiaanse populieren worden vaak aangeplant in een rij die de rand markeert van een landgoed, een dorp of een boerderij. Als je ze eenmaal hebt gezien, zijn ze makkelijk te herkennen: hoger dan andere bomen in de omgeving en met dunne takken die naar de hemel reiken. Met enige oefening pik je hun vorm er zo uit en ik gebruik ze regelmatig om de locatie te ontdekken van een moeilijk vindbaar dorp. De Italiaanse populier maakt deel uit van de waterminnende populierenfamilie en geeft zo zelfs vaak een dubbele aanwijzing: menselijke bewoning met water in de buurt.

Italiaanse populieren

Het stemt tevreden als je op basis van een paar punten een landschap kunt reconstrueren. Laatst daalde ik een heuvel af in Sussex met als doel een dorp te vinden, uitsluitend door af te gaan op de aanwezige bomen. In de uitlopers aan de voet van de noordwand vond ik essen die het prima deden in de rijke, vochtige grond. Iets verderop stonden wilgen langs een beekje. Via het beekje kwam ik bij het dorp; ik wist dat ik mijn doel had bereikt toen ik aan de horizon een trotse rij Italiaanse populieren zag staan.

Verstoring
Alle planten zijn gevoelig voor verstoring. Als een gebied wordt geteisterd door storm, brand, overstroming, bouwwerkzaamheden of intensief gebruik, houden sommige bomen het langdurig voor gezien. Andere duiken weer op zodra de rust is teruggekeerd. De volgende boomgeslachten zijn alerte kolonisatoren die vaak de kop opsteken in verstoorde gebieden – als je veel jonge exemplaren ziet, is er sprake van forse verstoring: wilg, els, lariks, berk en meidoorn.

Al deze bomen zijn pioniers, de hazen, winnaars op de korte termijn, maar de meeste zullen binnen een eeuw plaatsmaken voor de schildpadden, de climaxbomen. Ze vertellen ons iets specifieks over het landschap: hier is sprake geweest van beweging en beroering, er heeft een recente verandering plaatsgevonden. We moeten dus op zoek naar de oorzaak.

Lariksen zijn koloniserende naaldbomen die in uiterlijk behoorlijk afwijken van de meeste andere naaldbomen gedurende het verloop van de seizoenen. In de zomer zijn hun naalden duidelijk bleker, en ze verliezen hun naalden in de winter, wat voor naaldbomen heel ongebruikelijk is. Lariksen duiken op waar mensen proberen zich een weg te banen tussen de bomen door; ze zijn handige wegwijzers, die duiden op regelmatig gebruikte routes door naaldbossen. Als je vanaf een hooggelegen punt kijkt, zie je hun bleke lijnen tussen de donkerdere bomen kronkelen, de ligging markerend van uitgesleten bospaden. Vaak zie je een grotere groep lariksen rond een plek waar bosbouwwerkzaamheden plaatsvinden.

In gebieden met veel bosbranden is de onderlinge concurrentie van een andere orde. Geen enkele boom kan goed tegen vuur, maar sommige houden het wel langer vol dan andere en winnen zo op de lange termijn van de kwetsbaardere soorten. De douglasspar komt bijvoorbeeld vaak als winnaar uit de bus in de bosbrandgevoelige gebieden in het noordwesten van de VS.

In veel wilde berglandschappen zijn boeiende patronen te herkennen aan de geblakerde dennenstammen. Op een eiland als La Palma groeien taaie bomen die het volhouden in droog, rotsachtig terrein en op grote hoogte, en bovendien bestand zijn tegen vuur. Als een brand door een bos raast, raken de bomen aan de ene kant sterker geblakerd en beschadigd dan aan de andere. Als je let op de donkerdere kant van de dennen, kun je deze trend gebruiken als natuurlijk kompas.

De kust

Voordat jij de eerste zilte zeelucht opsnuift, bevat de lucht waarschijnlijk al genoeg zout om een groot aantal planten om zeep te brengen. Het uitdrogende effect van zout reikt tot wel twintig kilometer landinwaarts. Tegen de tijd dat je de zee kunt zien, hebben de meeste binnenlandse planten plaatsgemaakt voor zouttolerante soorten. En als ze er toch nog staan, is aan hun bladeren duidelijk te zien dat ze het moeilijk hebben. Waar je de zoute zeedamp in je gezicht voelt, kunnen nog maar een paar soorten overleven: hier tref je alleen de hardcore specialisten aan. Op een kiezelstrand in de spatzone groeit een handvol onvoorstelbaar taaie soorten, zoals de zeekool; gevoelige types hebben hier niks te zoeken. Geen enkele boom heeft de hoeveelheden zout zoals aanwezig aan de kust nodig, maar een paar soorten kunnen ertegen.

Esdoorns doen het verrassend goed in de buurt van de zee; ze hebben dikke, wasachtige bladeren en zoutbestendige wortels. Toen ik eens in Pembrokeshire, in Wales, over een kustpad richting een landtong wandelde, zag ik een halfuur lang geen enkele boom. Ten slotte ontwaarde ik een groepje esdoorns, gevormd door de zoute zeewind en duidelijk gehavend, maar ook trots en tegendraads. Aan de kant van de zee waren hun bladeren bruin en verfomfaaid, 'verbrand' door het zout.

Dichter bij huis zijn het voornamelijk tamarisken die vlak bij zee weten te overleven. Ik heb een zwak voor bomen die het lot tarten. Laatst stond ik op het strand van West Wittering in Sussex; ik bewonderde een rijtje tamarisken, met de harde aanlandige wind in mijn rug. De stevige septemberbries deed het zand opstuiven en weerhield zwemmers en zelfs surfers ervan de zee in te gaan. En toch stonden daar de tamarisken, keurig in het gelid, terwijl de zilte zeenevel langs hun bleekroze bloemtrossen joeg.

Een van de redenen waarom veel vakantieparken op elkaar lijken, is de vaak tamelijk ongeïnspireerde architectuur. Een andere is dat slechts enkele bomen de verschijnselen kunnen verdragen waarnaar wij tijdens onze vakantie juist op zoek gaan: hitte, zee en zand. Zo is de palmboom een marketingsymbool geworden: hij draagt de onbewuste belofte uit van zon, zee en zand. Palmen zijn stoere en opmerkelijke bomen. Ze hebben een eigen evolutionaire weg afgelegd, die meer lijkt op die van grassen dan op die van andere bomen, en overleven daardoor op stranden en in reclamefolders.

Kokospalmen buigen in de richting van de zee; zo kunnen ze hun zaden, de kokosnoten, in het water laten vallen, zodat die kunnen wegdrijven naar een nieuw leven een eindje verderop langs de kust of op een ander eiland. Op de meeste stranden is vaak sprake van 'zeewind', koele wind die vanaf zee richting land waait. De kokospalm leunt zeewaarts, maar zijn top wordt door de zeewind regelmatig de andere kant op geduwd. Hieraan dankt deze palm zijn kenmerkende verschijning: de stam naar zee gebogen en de top in de tegengestelde richting.

De meedogenloze zoute wind van zee betekent voor de natuur niet alleen maar slecht nieuws. Hij zorgt ook voor warmere lucht in de winter en koelere lucht in de zomer. Palmen hebben een hekel aan vorst en gedijen langs de kust, waar ze leven in de buurt van de zee, zelfs in een koel, gematigd klimaat.

Op sommige plekken reikt het oceaanklimaat ver genoeg landinwaarts om een unieke en zeldzame vegetatiezone te scheppen, het 'gematigd regenwoud'. Als de warme vochtige lucht verder landinwaarts komt, verliest hij gaandeweg zijn zout, maar de vochtigheid en de milde temperatuur blijven – met een hoge luchtvochtigheid en een vrij stabiele temperatuur tot gevolg. Aan de westkusten van Noord-Amerika en Europa, waaronder het Verenigd Koninkrijk en Ierland, tref je stukjes gematigd regenwoud aan. Ik bracht eens een prettige natte dag door in een gematigd regenwoud in Devon; het deed denken aan een beschaafde jungle met zijn intense, weelderige begroeiing.

Toen mijn reis door de Spaanse Sierra de las Nieves erop zat, reed ik de bergen uit. De geur van de dennenbossen kwam door het open autoraampje naar binnen. De weg kronkelde naar beneden. De dennen maakten plaats voor eiken, die de weg helemaal tot beneden aan de kust omzoomden. Daar parkeerde ik de auto en liep naar het strand. De laatste bomen die ik passeerde voordat ik in zee dook, waren palmen.

Hoofdstuk 4

Vormen van bomen

Risiconemers – Klein of groot – Kegels en kogels – Blijvende graffiti – Het parasoleffect – Magere schaduw, voedzame zon – Enkellaagse en meerlaagse bomen – Naar buiten en neerwaarts

Op een warme avond in april liep ik door de heuvels naar huis na een etentje met vrienden in de pub. De zon was een uur geleden ondergegaan, de lucht was warm en er waren nauwelijks wolken. Onverwachts kreeg ik een prachtig schouwspel voorgeschoteld. Mars stond tussen de heldere sterren van Orion en in het westen was een heel dun maansikkeltje te zien. Het laatste licht loste op in roze en oranje tinten tussen de bomen. Langs de horizon tekenden zich de donkere bossen af, maar de silhouetten van de individuele bomen die ik passeerde, toonden meer karakter.

Als je erbij was geweest, had je vast en zeker in de spitse vorm van een eenzame boom een naaldboom herkend. En over de bollere vorm verderop zou ook weinig twijfel zijn gerezen: een loofboom, in dit geval een eik. Maar wacht eens, aan de rand van het dorp Slindon, beschenen door het laatste avondlicht en de eerste lampen van de dorpsbewoners, is nog een andere vorm te zien: de bijna droevig neerhangende takken van een paar berken, weer heel anders dan de twee gestaltes die we eerder zagen. Samuel Taylor Coleridge noemde de berk 'de vrouwe van het woud', en wellicht hebben de zachte, dunne, omlaaggebogen takken inderdaad iets vrouwelijks over zich.

Drie totaal verschillende vormen binnen een paar honderd meter. Hoeveel basisboomvormen zijn er eigenlijk? Een paar, honderd, oneindig veel? Er zijn duizenden boomsoorten, maar in 1978 luidde de conclusie van een wetenschappelijk onderzoek naar boomvormen dat er 25 basisvormen kunnen worden onderscheiden. Leuk bedacht, maar elke wetenschapper zou argumenten kunnen bedenken voor een ander aantal. Belangrijker en een stuk interessanter zijn de oorzaken van die diverse vormen.

De bomen die wij zien, weerspiegelen de wereld rondom ze en ons, door toedoen van de selectiedruk van de omgeving. De spelregels zijn simpel: als je niet kunt overleven, is het einde oefening. Door dit filter zien we uitsluitend de overwinnaars. Daaruit volgt een interessante vraag: waarom zie je niet een heleboel bomen die er precies hetzelfde uitzien?

Hiervoor zijn drie oorzaken.

Om te beginnen: hoe vriendelijker de bodem en het klimaat, des te minder selectief het filter, zodat meer verschillende soorten kunnen overleven. Hieruit volgt: als je veel verschillende vormen bomen in een landschap ziet, zijn de omstandigheden mild en vriendelijk. Hier zul je ook veel mensen, dieren en kleinere planten aantreffen.

Oorzaak 2: elke boom leidt een leven dat afwijkt van dat van zijn buren en dit zie je terug in de vorm. De twee berken aan de rand van het dorp behoren duidelijk tot dezelfde soort, maar ze ogen verschillend en asymmetrisch; hun takken hangen bij de ander vandaan. De vorm van een boom wordt beïnvloed door klimaat, weer, water, grondsoort, concurrentie, verstoring, dieren en schimmels. De berken staan van elkaar af gericht omdat de oudste van de twee in de richting van het zuidelijke licht is gegroeid. De jongere is uit de schaduw van zijn oudere soortgenoot geweken. Dit patroon zul je vaak tegenkomen als twee bomen dicht bij elkaar groeien – de oudste is naar het zuiden gegroeid, de jongere in de richting van het licht dat overschiet, dus bij zijn buurman vandaan.

In de derde plaats speelt de tijd een belangrijke rol. Als je na een paar decennia op een plek terugkeert, zie je andere dingen en wellicht zelfs andere bomen. Als ik het geluk heb kleinkinderen te krijgen en zij later dezelfde wandeling maken als ik, zal elk van de bomen in en om Slindon er anders uitzien. Er is zelfs een grote kans dat de berken er helemaal niet meer staan: de levensduur van een berk is vergelijkbaar met die van een mens.

Iedere boom die je ziet, weerspiegelt deze drie invloeden: genen, omgeving en tijd. Als je die drie vormende krachten leert onderscheiden, worden hun effecten op het uiterlijk van een boom verhalen, en die verhalen dragen betekenis in zich. Laten we bij een paar voorbeelden van elk van deze invloeden langsgaan. We beginnen met de genen.

Risiconemers

Waarom zijn bomen zo goed in overleven in de natuur? Wat is hun geheim? Als we deze vraag kunnen beantwoorden, kunnen we de vormen die we zien beter begrijpen. Hierbij helpt het om te elimineren: als je iets vindt wat ze allemaal gemeen hebben, moet dat wel een belangrijke aanwijzing zijn.

De kleur en textuur van de bladeren, bast en wortels kunnen het niet zijn, want die variëren te sterk binnen een soort. Ook de wijze van voortplanting valt af: naaldbomen en loofbomen pakken dit heel anders aan. Het enige wat alle bomen met elkaar gemeen hebben, is een zekere hoogte van de stam die gedurende de seizoenen en jaren standhoudt.

Hoogte is essentieel: hoe hoger een boom, des te groter de waarschijnlijkheid dat hij voldoende licht ontvangt. Dat zou betekenen dat de boom die de grootste hoogte weet te bereiken alle andere bomen wegconcurreert. Dan zouden we uitsluitend zijn omringd door heel hoge bomen. Dat is echter niet het geval. Heel hoog worden kost enorme hoeveelheden energie en het transporteren van tonnen water naar grote hoogten. Bovendien maakt het kwetsbaarder voor de wind en voor zachte bodem. Matiging is dus gewenst. Maar als dat zo is, waarom worden we dan niet omgeven door een heleboel tamelijk hoge bomen? Dat komt door het 'torenbouwprobleem'.

Stel je voor dat een verveelde, rijke en enigszins gestoorde vriend jou en een andere vriend uitnodigt voor een spelletje. Jullie krijgen beiden een doos met kleine houten blokken; daarmee moet je in een kwartier een zo hoog mogelijke toren bouwen op een tafel. Als jouw toren omvalt, verlies je meteen. De winnaar krijgt duizend pond, de verliezer krijgt niks. Jullie worden naar twee verschillende kamers gestuurd zodat jullie elkaar niet kunnen zien. Wat is de winnende strategie?

Als je een paar minuten bezig bent, begin je te beseffen dat dit spel evenzeer draait om karakter en strategie als om vaardigheid. Stop je als je een behoorlijke hoogte hebt bereikt, of probeer je nog een paar bouwlagen toe te voegen? Naarmate de minuten verstrijken, neemt de kans toe dat één extra laag blokken de toren doet instorten, waardoor je onmiddellijk verliest. Maar op safe spelen is ook riskant, want als je vriend erop gokt dat jij op safe speelt, zal die misschien wat extra risico nemen en jou verslaan. En een tweede prijs is er niet.

Bomen hebben ook te maken met een strategisch dilemma. Als ze heel veel energie steken in hoogte winnen, maar toch niet in de prijzen vallen – veel licht – verliezen ze. En aangezien de natuur een vriend kan zijn, maar ook een kwaadaardig genie, betekent verliezen dat je sterft.

Als je van een afstand naar een bos kijkt, zie je vaak een of twee bomen die iets hoger zijn dan alle andere. Dat zijn de risiconemers, de bomen die alles op alles hebben gezet en een extra laag blokken op de toren hebben gezet. Ze nemen het risico door een storm te worden beschadigd in ruil voor de grote beloning, bestaande uit heel veel zonlicht. Ieder bos telt bomen die net wat meer risico durven te nemen dan hun buren. Tijdens mijn wandelingen heb ik gemerkt dat beuken minder bang zijn voor de wind dan eiken en vaak een stukje boven de eiken uit steken.

Klein of groot

Als je meedoet aan het spel *De hoogte in voor heel veel licht* moet je gaan voor de winst. Je moet jouw maximale hoogte bereiken, anders speel je niks klaar of val je om. Maar zou je ook op een andere manier kunnen meespelen?

Toen ik 11 jaar oud was, zat op onze school een dappere jongen met fors overgewicht. Ik zal hem nooit vergeten. In de winter hadden we bijna elke week een veldloop; de meesten van ons keken niet bepaald uit naar een uur lang hollen in de kou en de regen. We mopperden wat en maakten er vervolgens het beste van. Maar deze jongen – laat ik hem Jan noemen – besloot dat dit een stom spelletje was waaraan hij niet wilde meedoen. Hij moest komen opdagen, want de veldloop was verplicht, en niet aan de start verschijnen zou hem pas echt in de problemen brengen. Maar Jan koos er wel voor om zelf de regels te bepalen. Dat betekende een kalm tempo. Een stukje ongemotiveerd joggen, een stukje wandelen, een of twee seconden pauze, en dan weer een paar minuten joggen.

Aan het begin van elke veldloop keken we achterom en zagen we hoe Jan uit ons zicht verdween, verbijsterd door zijn bereidheid om zo duidelijk de aandacht op zich te vestigen. Als onze ronde erop zat, puften we hijgend uit met de handen op onze knieën, kletsend over de modderpoelen die we onderweg waren tegengekomen. Na een paar minuten keken we om, benieuwd hoelang het nog zou duren voordat Jan verscheen. Soms kwamen we al onder de douche vandaan tegen de tijd dat hij door de laatste bocht liep, glimlachend, vaak hardop lachend, soms bedroefd. Meestal kreeg hij een luid applaus, waarop onze leraren geïrriteerd reageerden, zodat we alleen maar harder gingen klappen. Jan weigerde zich aan te passen; op die leeftijd zou ik nooit het lef hebben gehad om dat op die manier te doen.

Ook in de natuur zijn er non-conformisten. Stel dat je niet probeert om hetzelfde spel te winnen waaraan iedereen meedoet, maar in plaats daarvan een ander spel kiest. Stel dat je doel niet is om zo hoog mogelijk te worden en zo veel mogelijk licht op te vangen, maar om de maximale opbrengst te halen uit een klein beetje licht. Dan hoef je al die andere bomen niet meer te verslaan in hun race naar de hemel.

Sommige bomen bereiken nooit een grote hoogte; ze blijven laag en worden net iets hoger dan een doorsnee volwassen mens. Terwijl ik dit schrijf, kan ik door het open raam het blad aanraken van een volgroeide hazelaar die nauwelijks langer is dan ik ben. Hij staat in de schaduw van meerdere beuken, die dertig meter boven ons uit torenen. Ik hoor deze

Jan onder de bomen al gniffelen over de overdreven prestatiedrang van al die hogere bomen. Om een oud spreekwoord te parafraseren: een slimme boom lost een probleem op, een wijze boom vermijdt het.

In veel situaties, zoals onenigheid met een vriend of met je partner, is het sluiten van een compromis de beste oplossing, maar in de natuur is dat vaak dodelijk. Als een boom meedoet aan de race naar boven om het meeste licht, is het stomste wat hij kan doen heel veel energie gebruiken om te groeien tot halverwege en dan plotseling stoppen. Hij zou algauw door zijn energie heen zijn, doordat hij er veel van zou gebruiken, maar weinig zou binnenkrijgen. Als het om hoogte gaat, kunnen bomen geen compromissen sluiten. Daarom zijn er veel hoge bomen en ook heel wat lage bomen, maar slechts weinig tussenmaten. Lage bomen bereiken vaak een hoogte van zo'n 2,5 meter, iets meer dan de doorsnee volwassen mens; de hoogte die hoge bomen bereiken varieert, maar is meestal meer dan dertig meter. Bomen die tussen laag en hoog in zitten, zijn meestal jonge hoge bomen. In een natuurlijke omgeving zijn volwassen bomen door de bank genomen het een of het ander.

Er is nog een reden waarom lage bomen het beter doen dan tussenmaten: dicht bij de bosbodem is meer bruikbaar licht voorhanden dan halverwege tussen de bodem en de boomtoppen. Dit komt door een eenvoudig optisch effect: licht dat door een gaatje in het hoge bladerdak valt, neemt een kegelvorm aan: bovenin smal en steeds breder naarmate het lager komt. Als de zon zich verplaatst boven het bladerdak, verplaatsen de lichtbundels zich over de bosbodem. Dicht bij de grond zijn er dus gedurende enige tijd brede vlekken van zwak licht, waaraan je meer hebt dan aan de korte momenten waarop halverwege de hoge bomen even iets helderder licht invalt.

Klein of groot

Even een korte toelichting. Ik personaliseer de keuzes die bomen maken omdat sommige concepten, zoals strategieën, makkelijker te begrijpen zijn als we ons voorstellen dat we zelf deelnemen aan het spel. Uiteraard denken bomen niet zoals wij dat doen en smeden ze geen strategische plannen: die keuzes heeft de evolutie ze al opgelegd voordat hun leven begon. De beslissing is ingebouwd in de genen van elke boomsoort: voordat er ook maar één blaadje is verschenen, is al voorbestemd of de boom hoog of laag zal worden. Ben je nieuwsgierig naar hoe dit werkt? Het mechanisme van de evolutie is nogal rechttoe rechtaan.

Stel je een vroege boomsoort voor. Door willekeurige mutaties produceert deze in een bepaald jaar drie zaden met verschillende genen: een heel hoge versie, een heel lage versie en een versie van gematigde hoogte. Alle drie de zaden komen goed terecht en ontkiemen. Maar alleen de hoge en de lage boom leven lang genoeg om hun eigen zaden voort te brengen. De middelste boom wordt te hoog om een schaduwbestaan te leiden en sterft. Daarmee verdwijnt ook het gen voor een gematigde hoogte. De volgende generatie zal dus bestaan uit heel hoge en heel lage bomen. In dit voorbeeld is sprake van twee generaties; in de natuur kan dit proces duizenden jaren duren, maar het eindresultaat is hetzelfde: evolutie maakt een einde aan slechte strategieën.

Kegels en kogels

De evolutiedruk die bomen ertoe dwingt hoog of laag te zijn, werkt ook op tal van andere terreinen.

Naaldbomen zijn in het algemeen kegelvormig; de kroon van de meeste loofbomen is min of meer rond. Naaldbomen zijn in de loop van de evolutie aangepast aan een leven op grote hoogte en behouden 's winters hun naalden, waardoor ze soms te maken krijgen met veel sneeuw. Sneeuw glijdt af van spichtige bomen met neerwaarts hangende takken, maar blijft liggen op de kroon van bredere bomen met plattere takken, die daardoor kunnen afbreken. Een hoge en dunne vorm is ook handig om het licht op te vangen van een lage zon die nauwelijks boven de horizon komt. En in hete, droge gebieden helpt diezelfde kegelvorm juist om midden op de dag, als de zon hoog aan de hemel staat, de hoeveelheid stralingswarmte te beperken.

Bomen worden aangestuurd door hun top. Het hoogste punt van een boom wordt de topscheut genoemd. Deze scheidt hormonen af, auxines genaamd, die via de stam naar beneden worden getransporteerd en de groeiwijze bepalen van de overige hoofdtakken.

De manier waarop dit gebeurt, verschilt per soort, maar je

kunt wel een paar algemene trends waarnemen. In de toppen van naaldbomen huizen dictators: hun auxines geven aan alle lagere takken de boodschap af dat ze langzaam moeten groeien. Daarom zijn de meeste naaldbomen hoog en smal. De laagste takken hebben de langste periode van trage groei achter de rug; hierdoor zijn naaldbomen aan de onderkant het breedst en hebben de meeste bomen een spitse vorm.

Loofbomen hebben bovenin minder dominante bazen. Hun topscheut geeft een soepelere boodschap af: groeien is prima, maar probeer niet sneller te groeien dan de top, en een beetje uitspreiden mag best. Vandaar dat de meeste eiken, beuken en andere loofbomen een rondere vorm hebben dan naaldbomen.

Krachtige top: lange, smalle bomen, zoals naaldbomen.
Zwakke top: rond bladerdak, zoals bij eiken.

Dit systeem functioneert goed, tenzij er een coup plaatsvindt. Als de bovenkant van de boom wordt verwijderd – door een storm, een hovenier of een dier – verdwijnt ook de topscheutbaas. Er vloeien geen auxines meer omlaag door de stam, zodat de lagere takken niet langer worden afgeremd: ze gaan sneller groeien en er worden nieuwe takken gevormd. Dit is een effectieve overlevingsstrategie: de boom kan zich aanpassen en opnieuw gaan groeien nadat hij beschadigd is geraakt.

Onthoofding van een boom levert boeiende resultaten op – heggen zijn bijvoorbeeld zo compact doordat elke snoei leidt tot de aanmaak van meer en kleinere takken. Het is ook de manier waarop kwekers ervoor zorgen dat hun kerstbomen wat voller en minder spichtig zijn. Later komen we hierop nog uitgebreid terug. Kijk alvast eens naar de vorm van de bomen die je tegenkomt en probeer te bepalen wat voor baas er bovenin zit: een dominante of een soepele.

Blijvende graffiti

We moeten anders gaan denken. Over de manier waarop bomen groeien, heerst een wijdverbreid misverstand, dat we uit de weg moeten ruimen als we de vormen van de bomen die we zien willen begrijpen.

Zoek een boom met een dikke en lage tak die je net kunt aanraken als je op je tenen staat. Door je zo ver uit te rekken als je kunt, maakt je vingernagel contact met de bast aan de onderkant van de tak. En dan nu de hamvraag: als je over vijf jaar terugkomt, kun je deze tak dan nog steeds aanraken? (Ervan uitgaande dat je niet bent gegroeid of gekrompen, hogere of lagere schoenen hebt aangetrokken of het experiment op een andere manier in de war stuurt. De vraag is dus of de tak wanneer je terugkomt lager, hoger of precies even hoog zal zijn ten opzichte van de grond.)

Misschien heb je als kind weleens zonnebloemen of andere wonderbaarlijk snel groeiende planten opgekweekt uit zaden. We zijn gewend dat we de zaailing tevoorschijn zien komen en zich vervolgens omhoog zien worstelen. Je ziet hem bijna bewegen: elke week neemt de lengte van het plantje zichtbaar toe. En misschien heb je weleens een versnelde filmopname gezien van een uitlopende zaailing. Door deze op zich boeiende ervaringen hebben velen van ons een verkeerd idee gekregen van de wijze waarop bomen groeien.

Bomen kennen twee soorten groei: primaire en secundaire. De primaire groei verloopt net als bij zonnebloemen. Een kiemplantje groeit omhoog en vormt een groene stengel. Maar nadat een stengel (stam) is gevormd, maken bomen bast aan en gaan ze verder met een ander soort groei. Secundaire groei is het dikker worden van de bestaande, met bast bedekte stam en takken. Belangrijk: zodra er bast is gevormd, groeit het betreffende deel van de stam niet meer in de hoogte. Hij wordt nog wel dikker, maar niet langer. Voor takken geldt hetzelfde: aan de punt groeien ze nog wel in de lengte, maar de delen nabij de stam worden dikker – en bewegen niet meer van de stam af.

Het hoogste punt van de stam, de topscheut, beweegt nog steeds omhoog en wordt langer door primaire groei, maar dit geldt niet voor de lagere delen. Als je een lijn in de bast kerft, zal die in de loop der jaren niet omhoogbewegen. Ik raad het af, want het is schadelijk voor de boom, maar je hebt vast weleens gemerkt dat ingekraste graffiti op een boom niet van zijn plaats komt, zelfs niet na vele jaren. Als dat wel zo zou zijn, zagen we ver boven ons hoofd 'Jaap × Mireille', maar dat is niet het geval. Het bevindt zich nog op exact dezelfde hoogte als waarop de verliefde Jaap het een decennium geleden heeft ingekrast.

Het antwoord op de beginvraag is dus: jazeker, over vijf jaar zou je de tak nog steeds kunnen aanraken. Het zou zelfs iets makkelijker gaan doordat de tak dikker is geworden. En hij hangt in elk geval niet hoger, zodat het laagste punt zich in feite iets lager zou bevinden.

Het parasoleffect

Aan de vorm van elke boom kun je zien welke strategie hij volgt. Als een boom alles op alles zet om de hoogste te zijn, zal hij een heleboel lage takken hebben die zich inmiddels of in de nabije toekomst in de schaduw bevinden van de hogere takken.

Zulke bomen hebben een probleem. Ze hebben elke joule aan energie hard nodig om zich naar de bovenkant van het bladerdak te knokken, maar ze hebben een grote hoeveelheid lage takken in de schaduw die niet bijdragen aan hun hoge doel. En we weten dat die lage takken op hun huidige hoogte blijven: ze zullen nooit boven het bladerdak uit steken. Als je een schaduwboom bent, is dat prima, maar hoge bomen zijn nu juist geen schaduwbomen. Hiervoor hebben ze een handige oplossing: ze laten hun lage takken vallen.

Bomen die houden van veel direct zonlicht, zoals dennen, groeien de hoogte in en behouden hun bovenste takken, maar stoten hun lagere takken af. Hierdoor ogen ze 'topzwaar' – ik noem dat het parasoleffect. Bij dennen is dit heel duidelijk te zien, maar het komt in wisselende mate voor bij de meeste boomsoorten. Door het raam van mijn tuinhuisje zie ik hoe de beuken boven vrijwel alles uit torenen; zij hebben minder takken dicht bij de grond. Een handvol veel lagere soorten, waaronder een aantal meidoorns en hazelaars, hebben hun lagere takken juist behouden.

Als je de silhouetten van naaldbomen bestudeert, zie je dit effect terug bij de verschillende soorten. Je weet vast nog dat dennen meer van direct zonlicht houden dan zilversparren, zilversparren meer dan sparren en sparren meer dan hemlocksparren – <u>D</u>ennen <u>Z</u>onnen <u>S</u>uper<u>H</u>eet. Deze regel zie je grofweg terug aan hun silhouetten: hemlocksparren hebben meer lage takken dan sparren, die meer lage takken hebben dan zilversparren, die meer lage takken hebben dan de parasoldennen.

Als ik de honden uitlaat, komen we aan het begin van ons rondje langs een westelijke hemlockspar. Als je wat naalden tussen je vingers wrijft, verspreiden ze een heerlijke grapefruitgeur. Twintig minuten later, op een open plek bij een heuvel-

Den *Zilverspar* *Spar* *Hemlockspar*

top, passeren we een trotse, hoge grove den. De dennennaalden hebben eveneens een kenmerkende geur, die associaties oproept met natuur en zeewind – citroenachtig en aangenaam, maar ook een beetje wrang, bijna medicinaal. (Het effect is mogelijk echt medicinaal: in elk geval doodt het veel van de ziektekiemen die de boom belagen en uit onderzoek blijkt dat ook wij er baat bij kunnen hebben.) Ik zou graag een paar naalden plukken, ze kneuzen in mijn hand en dan de lucht diep inademen, maar dat zal moeilijk gaan. De dichtstbijzijnde levende naalden bevinden zich vijftien meter boven mijn hoofd.

Als vuistregel geldt: als je de bladeren van een volwassen boom kunt aanraken, is het een schaduwtolerante soort. Dit onthoud ik als volgt:

'Lage bladeren, weinig zon.'

Magere schaduw, voedzame zon

Tot nu toe hebben we onze aandacht vooral gericht op gedetermineerde, erfelijke eigenschappen, die vastliggen in de genen. Een dennenboom zal nooit een eik worden, wat de natuur ook op hem loslaat. Er zijn echter allerlei patronen die worden bepaald door omgevingsfactoren. Een van de belangrijkste daarvan is zonlicht.

Een boom weet niet precies hoe hoog hij moet worden om boven zijn concurrenten uit te steken en het zou riskant voor hem zijn om hoger te groeien dan strikt noodzakelijk. Voor dit probleem hebben bomen een eenvoudige oplossing: ze nemen lichtniveaus waar en reageren daarop. Het enige doel van omhooggroeien is om bij het licht te komen. Zodra een boom helder licht waarneemt, hoeft hij niet verder de hoogte in, dus wijzigt hij zijn koers.

Want zolang de topscheut, het hoogste punt, zich in de schaduw bevindt, blijft deze de boodschap versturen dat de boom snel in de hoogte moet groeien en dat de onderste takken zich koest moeten houden. Maar zodra hij de zon voelt schijnen, verandert de boodschap: de boom vertraagt zijn opwaartse groei en de takken spreiden zich uit. Dit zie je niet voor je ogen gebeuren, maar de effecten ervan zijn onmiskenbaar.

Kies een boomsoort die je regelmatig ziet. Je zult algauw vaststellen dat bomen van deze soort in een bos of op een andere schaduwrijke plek hoger en smaller zijn, en juist lager en breder op open, lichte locaties.

Bosbouwers planten bomen vaak in dichte rijen omdat ze zo optimaal gebruikmaken van deze effecten. De stam is het deel van de boom met commerciële waarde; de zijtakken zitten vaak in de weg voor de oogstmachine. Het is ironisch dat je de beste bomenoogst krijgt door de bomen dicht op elkaar te planten, zodat ze minder licht krijgen. Maar het werkt prima: ze schieten de lucht in met lange, rechte stammen en nauwelijks groei aan de zijkanten.

Om die reden breiden bomen zich ook zijdelings uit als door storm of bomenkap een open plek in het bos is ontstaan. De plotselinge piek in lichtintensiteit leidt tot een verandering in de manier waarop ze groeien – minder snel naar boven en meer in de breedte.

Soms kom je een boom tegen die deze regel lijkt te weerspreken, bijvoorbeeld een hoge en spichtige eik op een open plek, of een lage, brede eik midden in een bos. Dit betekent dat het landschap is veranderd. De spichtige eik is opgegroeid te midden van andere bomen, die later zijn verdwenen. De dikke in het bos heeft jarenlang een plekje voor zichzelf gehad, maar is later omsingeld door sneller groeiende bomen.

Enkellaagse en meerlaagse bomen

Kun je al duizend keer naar iets gekeken hebben zonder het te zien? Jazeker, daarvan gaan we nu een voorbeeld bespreken.

Je zou denken dat bladeren in het volle, heldere zonlicht twee keer zo veel rendement opleveren als bladeren in de helft van dat licht, maar in werkelijkheid werken de meeste boombladeren al optimaal bij ongeveer twintig procent van de maximale zonlichtintensiteit. Dat is merkwaardig als je bedenkt hoeveel moeite de boom doet om zijn bladeren in het licht te krijgen, maar vergeet niet dat als de bovenste bladeren het volle zonlicht opvangen, de bladeren daar vlak onder zich al een groot deel van de dag voor een deel in de schaduw bevinden.

Bomen die door hun evolutie zijn aangepast aan het leven

op heldere open plekken, zoals berken en meidoorns, krijgen op veel niveaus veel licht. Bomen die zijn geëvolueerd om de hoogte in te gaan en door het bladerdak te groeien, zoals de meeste hoge bomen, moeten het doen met weinig licht totdat ze door het bladerdak zijn gebroken. Bovendien krijgen ze dan ook alleen licht aan de bovenkant. Het zou merkwaardig zijn als deze twee boomtypen dezelfde vormstrategie zouden hanteren in deze verschillende lichtomstandigheden. Dat is dan ook niet het geval.

Bomen zijn meestal 'eenlaags' of 'meerlaags'. Bomen die zijn gespecialiseerd in opgroeien in de schaduw tot ze de bovenkant van het bladerdak hebben bereikt, zoals beuken, hebben een platte structuur. De meeste takken ontspruiten op dezelfde hoogte aan de stam, in één laag. Bomen zoals berken, die op open plekken groeien, hebben takken op veel verschillende hoogtes, in meerdere lagen.

Als mensen hierop gaan letten, zien ze meestal in eerste instantie alleen meerlaags bomen. Dat komt doordat we veel bomen zien op open plekken en die hebben de neiging om een rondere vorm te ontwikkelen, door het effect van de voedzame zon. Maar als je een loofbos binnen wandelt en omhoogkijkt, zie je een heleboel eenlaags bomen. Als de meeste takken zich zo hoog bevinden dat je ze nauwelijks met een steen zou kunnen raken, heb je te maken met een eenlaags boom. Als de takken van beneden naar boven over de stam verspreid zijn en je over veel ervan een steen zou kunnen gooien, is er sprake van een meerlaags boom.

Het is lastig om je voor te stellen hoe en waarom de evolutie bij deze twee vormen is uitgekomen. Dat is iets makkelijker als je in gedachten het zonlicht vervangt door druppels water.

Een paar maanden geleden druppelde er water door het plafond in de keuken. Ik schrok en rende naar boven, naar de

Meerlaags

Eenlaags

gangkast waarvan ik vermoedde dat daar de oorzaak lag van het probleem. Inderdaad bleek er water te lekken uit een ventiel aan de onderkant van de warmwatertank.

Gelukkig waren het geen grote hoeveelheden. Gauw zette ik een kom onder het ventiel om de druppels op te vangen. Nadat ik een tijdje tevergeefs had geprobeerd het probleem zelf op te lossen, belde ik Tom, onze aardige loodgieter. (Hij is een bijzonder iemand: Tom werkt als loodgieter en werkt ondertussen aan een proefschrift over nucleaire metallurgie, maar dat is een ander verhaal.) Tom beloofde zo snel mogelijk te komen, maar het zou zeker nog een etmaal duren.

'Geen probleem,' zei ik. 'Het druppelt heel langzaam en ik kan het waarschijnlijk allemaal opvangen in een kom.' Daarbij liet ik wel enige ongerustheid doorklinken.

De uren daarna checkte ik regelmatig de toestand in de gangkast. De kleine kom raakte zo langzaam gevuld dat ik hem nauwelijks leeg hoefde te gooien. Maar daarin kwam verandering: het water begon steeds sneller te druppen en terwijl de kom algauw weer vol raakte, stuurde ik Tom een bericht. In de uren voordat hij arriveerde, had ik slechts één doel: ik moest een manier vinden om te voorkomen dat water uit het ventiel op de vloer van de kast terecht zou komen. Op die manier zou de keuken droog blijven. Een grotere kom paste niet tussen de buizen in de gangkast; daarom schoof ik een tweede kom van dezelfde grootte onder de eerste. Toen Tom aankwam, stonden er vier kommen in de kast, op elkaar gestapeld, zodat het water van de ene in de andere druppelde en ik af en toe een van de kommen kon leeggooien.

Gek genoeg is dit precies wat bladeren met licht proberen te doen. Stel je voor dat het licht in druppels van boven komt. De bladeren willen voorkomen dat het licht op de grond valt: dat zou lichtverspilling zijn en de natuur verafschuwt verspilling. Als er weinig licht is, volstaat één enkele kom nabij de top. Maar als er op één niveau meer licht binnenkomt dan op dat niveau kan worden benut, is het zinvol om verder naar beneden voor een extra niveau te zorgen.

In schaduwrijke bossen vangt de enkele laag van het bladerdak bovenin al het licht op. Op heldere open plekken daarentegen stroomt het licht als het ware langs de vele niveaus van de berken naar beneden. En het nut van die extra lagen is zelfs nog groter als er ook licht vanaf de zijkant binnenvalt.

Naar buiten en neerwaarts

We hebben ons in dit hoofdstuk gebogen over enkele manieren waarop genen de vorm van bomen veranderen en waarop de omgeving deze vorm beïnvloedt – *nature* en *nurture*, oftewel aanleg en opvoeding. Maar er is nog een derde factor: tijd.

Mettertijd worden bomen hoger, maar ook hun vorm verandert, vooral als ze oud zijn. De meeste krijgen op hun oude dag een haveloos en asymmetrisch uiterlijk. Bij veel soorten wordt de dictator bovenin met het verstrijken der jaren milder. Dennen beginnen hun leven gedisciplineerd, netjes symmetrisch en in een strakke piramidevorm. Maar op latere leeftijd lappen ze de regels aan hun laars en wordt hun stijl achtelozer. Op middelbare leeftijd hebben bomen vaak een smalle punt en een keurige vorm, maar ooit komt de tijd waarin de topscheut de teugels laat vieren, zodat bij sommige bomen de top platter wordt. Taxussen groeien op jonge leeftijd naar boven, maar als ze volwassen zijn veel meer in de breedte; ook bij sommige oudere dennen zie je een soortgelijk verschijnsel.

Als de topscheut zich minder doet gelden, beginnen de lagere takken sterker te groeien, zodat een breder bladerdak ontstaat. Bovendien bestaat bij eenlaags bomen de neiging zich op latere leeftijd te ontwikkelen tot een meerlaags exemplaar. Als ze oud zijn, hebben de meeste eenlaags boomsoorten een meerlaags uiterlijk gekregen. Deze neiging tot verbreding verklaar ik voor mezelf als volgt. De topscheut is een strenge, gemene grootmoeder; de lagere takken zijn rusteloze kleinkinderen die naar buiten willen om te spelen. De grootmoeder vermaant ze: ‘Nee, jullie mogen niet buiten spelen. Het is nat buiten, jullie worden vies en maken dan straks de vloerbedekking smerig!’ De kleinkinderen hebben echter geduld en uiteindelijk valt hun knorrige grootmoeder uitgeput in slaap in haar leunstoel. De kleinkinderen stormen naar buiten.

Als een boom heel oud is, een ‘veteraan’, sterft de top soms veel eerder dan de lagere delen. Bovenin zijn dode takken te zien, lager zijn de takken nog groen en springlevend; dit staat bekend als ‘natuurlijke kruinreductie’ of *retrenchment.*

Iedere soort kent een kenmerkende eigen combinatie van dit soort verschijnselen; sommige soorten sterker dan andere.

Bij oude eiken, bijvoorbeeld, steken de dode takken heel opvallend uit aan de bovenkant. Hierdoor kan het lijken alsof de boom een gewei heeft.

Hoofdstuk 5

Ontbrekende takken

Dik en dun – Lege bomen – Omhoog, omlaag en weer omhoog – Ontbrekende takken – Zuidelijke ogen – Verdedigingstakken – Plan B – Een stamkompas – Vluchtwegen, lanen en eilanden – Tegengesteld of om-en-om – Zigzag – Ordes – De ongelijke kraag – Wijzen op pioniers – Heksenbezem – Iets te aardig

Takken spreken hun eigen stille taal. Ze kunnen de helft van ons landschap uitmaken en nog altijd niet opvallen. Draai je eens om, de volgende keer dat je een boom voor het eerst ziet, en keer de boom je rug toe. Probeer nu de takken zo gedetailleerd mogelijk te beschrijven, zonder te spieken. Was het lastig?

In 1833 ontmoetten zes boerenknechten elkaar onder een esdoorn in het dorpje Tolpuddle, in Dorset. Ze besloten samen zich te verzetten tegen een verdere inperking van hun lonen en hun rechten. Ze werden opgepakt wegens samenzwering, veroordeeld tot zeven jaar dwangarbeid en afgevoerd naar Botany Bay in Australië.

Dit leidde tot een storm van verontwaardiging. Achthonderd mensen ondertekenden een petitie en de zes kregen gratie nadat ze drie jaar schapen hadden gehoed aan de andere kant van de aardbol. Dit was een sleutelmoment in het ontstaan van de arbeidersbeweging. De zes mannen worden tegenwoordig herdacht als de martelaren van Tolpuddle. De boom staat er nog altijd en is nu zo'n 340 jaar oud.

Een paar weken geleden liet ik de honden uit in het bos tijdens de avondschemering toen een van ze achter me een merkwaardig geluid maakte. Het was onze kleine jack russell – ze is een beetje neurotisch. Ik draaide me om en wilde kijken of alles in orde was, maar stopte daarbij stom genoeg niet met wandelen. Algauw kreeg ik de lage takken van een hazelaar in mijn ogen. Ik wreef in mijn ogen maar had mijn lesje nog niet geleerd en liep verder, nog altijd zonder uit te kijken. Vlak daarna merkte ik dat het licht veranderde en door mijn waterige ogen loensend zag ik een donkere vorm opdoemen. Ik dook zo plotseling weg dat mijn knie een steen op de grond raakte en miste op een haar na de uitstekende lage tak van een grote esdoorn. Ik kwam weg met een schrammetje en wat bloed, maar zonder ernstig letsel.

De tak waar ik onderdoor dook, groeit aan een boom die ongeveer even groot is als die van de martelaren van Tolpuddle. Mijn boom zal de geschiedenisboeken niet ingaan, maar deze gebeurtenis roept wel een vraag op: hoe kan het dat de ene grote esdoorn een tak heeft die zo laag is dat ik op mijn knieën word gedwongen, terwijl onder een andere, ongeveer even oude esdoorn ruimte genoeg is voor zes mensen?

Er is altijd een goede verklaring voor de hoogte en de positie van de takken die we zien. Als ik had gekeken waar ik liep in plaats van me te haasten naar ons geliefde hondje, zou ik veel plezier hebben beleefd aan het lezen van de takken aan deze esdoorn. In dit hoofdstuk leren we de tekens kennen die het verloop van de takken ons geeft. We beginnen met de makkelijk herkenbare effecten en gaan dan verder met de lastigere.

Dik en dun

Takken zijn dicht bij de stam dikker en dunner aan hun uiteinden. Dit ligt voor de hand, maar we merken het slechts zelden op. De laatste keer dat we dit wisten te waarderen, was misschien wel toen we als kind nog in bomen klommen: hoe verder je van de stam af kwam, hoe groter het risico dat de tak afbrak en je uit de boom viel. In algemene zin weten we dit wel, maar de mate waarin takken steeds dunner worden, verschilt per soort. Het volgende gedachte-experiment helpt je om deze verschillen te visualiseren. Maak in gedachten een ring met je duim en wijsvinger, en stel je voor dat je probeert deze zo ver mogelijk om een tak te schuiven, van het uiteinde richting de stam. Negeer daarbij eventuele zijscheuten die in de weg zouden kunnen zitten.

Als je eenmaal op dit verschijnsel gaat letten, zul je merken hoe groot de onderlinge verschillen tussen bomen zijn en ook dat dit dunner worden naar het uiteinde veel sterker aanwezig is bij bomen in het open veld, zoals pionierbomen. Deze bomen, die zodanig zijn geëvolueerd dat ze zichzelf kunnen redden, zijn blootgesteld aan sterke windvlagen; de uiteinden van hun takken zijn dan ook heel dun, als draden of snoeren. Bij berken is dit extreem: hun takken zijn aan het uiteinde soms zo dun dat het lijkt alsof elektriciteit er slechts met moeite doorheen zou kunnen.

Je kunt jezelf oefenen om hier meer op te letten. Kijk eens welke takken vogels uitkiezen om op uit te rusten en merk op hoe dit verandert als de wind aantrekt. Probeer te voorspellen wat de vogel gaat doen. Bij een briesje zitten duiven graag op de dunne twijgjes van een berk, maar als de wind vlagerig wordt, verhuizen ze naar een boom met stevigere takken.

We weten al dat de bomen langs rivieren natte pioniers zijn, die grote hoeveelheden licht, wind en water te verduren krijgen. Dergelijke soorten, waaronder elzen en wilgen, hebben meestal dunne, flexibele takken: een aanpassing aan de krachten van wind en water.

Aan het andere uiteinde van het spectrum vind je bomen waarvan de takken zelfs aan het uiteinde nog een zekere dikte hebben. Deze voelen zich het meest thuis in bestaande bossen, met een heleboel medebomen die ze beschutting bieden. Misschien heb je weleens de allang afgestorven takken van een eik uit een groen bladerdak zien steken; dat is alleen mogelijk wanneer zulke takken nog over een zekere dikte beschikken.

Lege bomen

Als we in de zomer van een afstand naar een boom kijken, lijkt het alsof hij helemaal is gevuld met bladeren. Maar als je onder de boom staat, dicht bij de stam, en omhoogkijkt, zul je zien dat de boom grotendeels hol en kaal is. Sommige takken vanuit de stam dragen helemaal geen bladeren. Richting de buitenkant zie je een heleboel kortere takken waaraan alle bladeren zitten. Je raadt het al: dit heeft met licht te maken. Dicht bij de stam is er nauwelijks licht, dus loont het niet de moeite om energie te steken in het laten groeien van bladeren op die plek.

Takken hebben een dubbelrol. Ze steken uit vanaf de stam in de richting van het licht en dragen de bladeren die dit licht oogsten. Dit zijn echter twee verschillende taken. Daarom hebben veel boomsoorten ook twee verschillende soorten takken:

lange en korte. De lange takken strekken zich uit vanaf de stam en dienen als aanhechtingspunt voor de korte takken, die de bladeren dragen. Dit verschijnsel draagt bij aan het geluk van boomklimmers, die heel wat gelukkige uurtjes doorbrengen op de dikke takken dicht bij de stam, waar ruimte genoeg is, zonder dat je last hebt van twijgen of bladeren.

Ga eens onder een spar of een andere naaldboom staan en kijk omhoog. Je ziet dan een holle kegel die vrijwel perfect de vorm weerspiegelt van de hele boom. In dit holle gebied zijn wel kale takken, maar geen naalden.

Je hebt nu vastgesteld dat de binnenste delen van individuele bomen helemaal geen bladeren bevatten. Het is tijd om dit verschijnsel op een grotere schaal te bekijken. Zoek een stukje dichtbegroeid bos op met bomen die vol in blad staan – loofbomen in de zomer of naaldbomen in een ander jaargetijde. Het mooist is een bos waar de bomen vlak bij elkaar staan en waar je in minder dan vijf minuten doorheen kunt lopen.

Kijk goed naar het patroon van de kleinere takken en de bladeren aan de bomen aan de rand van het bos. Loop daarna naar het midden van het bos en vergelijk dit met het patroon aldaar. Je zult zien dat de bomen aan de bosrand een heleboel kleine takken met bladeren hebben aan de kant die naar buiten gericht is, het bos uit. Ze hebben ook een heleboel takken bovenin, ter hoogte van het bladerdak, maar nauwelijks takken en bladeren aan de kant die bosinwaarts gericht is. En als je de bomen midden in het bos bekijkt, zul je vaststellen dat die vrijwel geen takken of bladeren hebben aan de zijkanten, maar wel een grote hoeveelheid bovenin. Dit zijn logische verschijnselen: licht valt wel op de buitenkant en de top van de bomen aan de bosrand, maar niet op de zijkanten van de bomen in het midden. Als je het bos verlaat en het gecombineerde effect in ogenschouw neemt, zie je dat het bos in zijn geheel zich net zo gedraagt als een enkele boom in het open veld. Het heeft aan zijn randen en bovenop volop kleine bladeren en takken, maar nauwelijks binnenin. Als bomen dicht bij elkaar groeien, versmelten de patronen van de kleinere takken en de bladeren bovenin tot één aaneengesloten bladerdak.

Als je kijkt naar het bladerdak, is een dicht bos een boom. En het midden ervan is leeg.

Een verwant verschijnsel staat bekend als het 'ontsnapping uit het bos'-effect. Dit komt verderop in dit hoofdstuk aan de orde.

Omhoog, omlaag en weer omhoog

Staan takken omhoog, wijzen ze omlaag of groeien ze horizontaal? Na zo'n 300 miljoen jaar evolutie moet toch wel duidelijk zijn welke optie de beste is. Dat is niet helemaal het geval; het is meer een kwestie van de juiste tak op de juiste plaats. Opwaarts gerichte takken zullen eerder bij het licht komen dan neerwaarts gerichte takken, maar zijn ook kwetsbaarder voor zware sneeuwval. De variatie tussen soorten is groot, maar gelukkig zijn er enkele patronen die gelden voor de meeste bomen.

Stel je voor dat een boom een net uitwerpt om licht te vangen. Als het net op iedere hoogte dezelfde breedte zou hebben, zou de boom een cilindervorm hebben en zouden alleen de bovenste takken veel licht binnenhalen. Het is logischer dat het net breder wordt naarmate je lager in de boom komt. Een van de manieren waarop de boom dit effect teweegbrengt, is door de hoek waaronder zijn takken groeien te variëren. Jonge takken groeien omhoog, later gaan ze naar buiten toe groeien. Hierdoor ontstaan bekende patronen, die je eenvoudig kunt waarnemen.

De jongste takken zijn meestal het sterkst naar boven gericht. Als ze ouder worden, buigen ze een beetje door en gaan ze steeds meer naar beneden hangen. De jongste takken vind je boven in de boom, de oudste aan de onderkant. Welke boomsoort je ook voor je hebt, de takken in de top wijzen hoogstwaarschijnlijk hemelwaarts en de laagste richting de grond. Daartussenin groeien wellicht wat horizontale takken.

Wanneer de lagere, oudere takken ver genoeg naar buiten zijn gegroeid om het licht op te vangen aan de rand van het bladerdak, hebben ze hun doel bereikt. Ze richten zich weer op en beginnen aan een tweede jeugd. Let maar eens op hoeveel lange, lage takken aan hun uiteinde weer omhooggericht zijn.

Deze tendens kun je bij de meeste bomen waarnemen. Bij

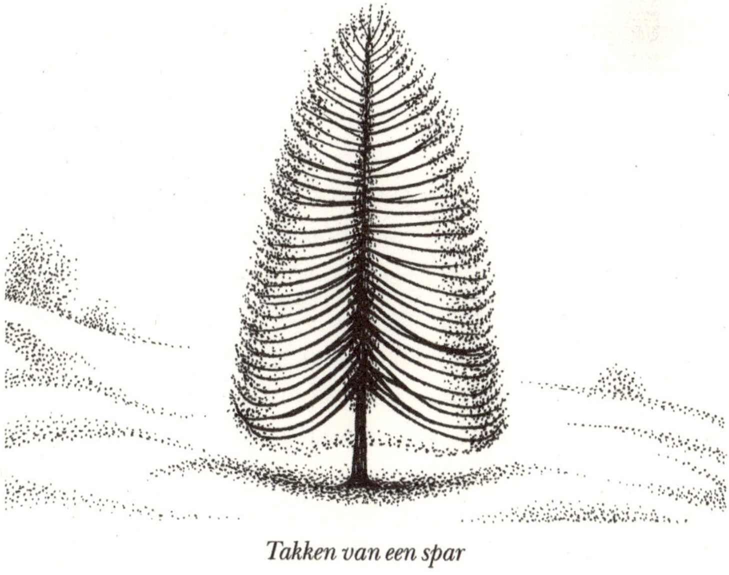

Takken van een spar

naaldbomen met lage takken is hij duidelijker zichtbaar; bij veel loofbomen is het effect subtieler. Zelfs de oudste takken van de beuken en eiken in de buurt van mijn huis groeien vrijwel neerwaarts en richten zich aan hun uiteinde nauwelijks op. De bovenste takken van de spar daarentegen groeien omhoog in een hoek van 45 graden. Halverwege groeien ze horizontaal en dicht bij de grond hangen ze in een hoek van 45 graden naar beneden, waardoor ze de grond bijna raken. Maar de uiteindes van die lage takken komen in opstand en richten zich tot de hemel.

De takken van lariksen buigen aan hun uiteindes heel vriendelijk omhoog, als vingers die zich krommen en ons naderbij wenken. Bij de essen die ik passeer, zijn de takken aan hun uiteinde zo duidelijk omhooggericht dat het van een afstand al opvalt, met name in de winter.

Ontbrekende takken

Als je kijkt naar een kat, een hond, een kikker, een spin of een ander dier, zie je het aantal poten dat je verwacht (tenzij het een pechvogel betreft). De meeste dieren hebben een genetisch vastgelegd aantal poten. Voor boomtakken geldt dit niet; daaraan ligt een ander proces ten grondslag. Vandaar dat veel mensen de takken die ze zien verkeerd interpreteren.

Als je kijkt naar de takken van een boom van een zekere leeftijd zou je kunnen denken dat dit de takken zijn die al vanaf de geboorte van de boom waren voorbestemd. Maar als deze boom zijn leven elders zou zijn begonnen, zou je andere takken zien en in een heel ander patroon. Je zou niet dezelfde takken zien die op een andere manier waren gegroeid; je zou takken zien die er niet zouden zijn als de boom niet precies daar zou staan. Elke boom maakt takken aan in een reactie op de wereld om hem heen. Daarin schuilt het vernuft van een boom. Elke volwassen boom bevat honderden takken die nooit zijn uitgegroeid, maar dat wel hadden kunnen doen, en honderden takken die wel zijn uitgelopen, maar allang weer zijn verdwenen.

Laten we dit verschijnsel eens nader onderzoeken met behulp van een analogie uit de zakenwereld. Stel je een succesvol bedrijf voor met dertig filialen in Nederland dat vijf filialen wil openen in België. Dat betekent een grote en riskante investering; het bepalen van de precieze locatie van deze filialen vergt dan ook heel wat denkwerk, analyse en planning. Moet er ook een filiaal komen in Gent of niet? Als het bedrijf een verkeerde inschatting maakt, zal dat veel geld kosten. De CEO zal uiteindelijk de knoop moeten doorhakken en het bedrijf zal alle aanwezige ervaring, wijsheid en informatie inzetten om te komen tot een juiste beslissing.

Een boom heeft geen CEO, onderzoeksafdeling of data; toch groeit hij volgens een briljante strategie. Hoe krijgt de boom dat voor elkaar? Dat is niet zo moeilijk: hij probeert alles uit en laat het meeste mislukken. Bomen hebben daarbij een groot voordeel: een filiaal openen (het maken van een nieuwe tak) is makkelijk en niet duur.

Als een boom moest besluiten waar hij in België filialen zou openen, zou hij zeggen: 'Laten we een paar honderd filialen openen in heel België; de succesvolle laten we verder groeien en degene die het niet goed doen, stoten we af.' Na tien jaar zouden er alleen nog filialen zijn op gunstige locaties. Daarvan zouden zich er een of twee bevinden op een merkwaardige plek, waaraan een hoge manager nooit zou hebben gedacht. De genialiteit van bomen schuilt niet in de keuzes die ze maken, maar in het uitproberen van heel veel mogelijkheden en dan kijken wat werkt. Ze proberen vrijwel overal takken te laten groeien, maar als die het niet goed doen, worden ze zonder pardon afgestoten. Bomen zijn altijd bezig met deze vorm van 'zelfsnoei'. De takken die wij zien, bestaan alleen dankzij het feit dat ze nog niet zijn geëlimineerd.

Dit verschijnsel kun je waarnemen bij vrijwel alle volwassen bomen. Als je ergens een den plant en zo'n tien jaar later weer komt kijken, zul je een boom aantreffen die nog niet heel hoog is, misschien een paar meter, en waarvan de takken de grond bijna raken. Je zou er niet onderdoor kunnen lopen. Als je nog eens tien jaar later opnieuw terugkomt, is de boom verder gegroeid en zijn er nog maar een paar takken dicht bij de grond. Nu zou je kunnen denken dat de takken zijn opgetild doordat de stam langer is geworden, maar inmiddels weten we dat dit niet het geval is. Hoger in de boom worden nieuwe takken gevormd; de laagste takken, die zich bevinden in de schaduw van de nieuwe, worden door de boom zelf weggesnoeid. De den heeft zijn eigen ledematen afgestoten.

Zuidelijke ogen

Afgelopen zomer verkende ik het natuurreservaat Snitterfield Bushes bij Stratford-upon-Avon, bekend als de plaats waar Shakespeare werd geboren en is overleden. Ik glimlachte bij het zien van bloeiende valeriaan, een teken dat er rots of beton in de bodem aanwezig is – onder dit natuurgebied ligt een oud vliegveld uit de Tweede Wereldoorlog.

Nadat ik de hele dag had rondgedwaald in dit prachtige natuurgebied, ging ik op zoek naar een slaapplek. Wat ik al vreesde, werd bevestigd door de bomen, bloemen en mossen: de grond was te vochtig om er een comfortabele nacht op door te brengen. Met tegenzin legde ik me erbij neer dat ik op zoek zou moeten naar een drogere plek. Na een lange dag in de buitenlucht was dit een tegenvaller, dus ging ik even zitten op een oude boomstronk om wat te eten en energie te verzamelen om de nabijgelegen heuvels te beklimmen. Terwijl ik wat gedroogd fruit at, staarde ik afwezig naar een rijtje bomen van verschillende soorten. Nadat ik zo ongeveer een kwartier had gezeten zonder echt ergens aan te denken of op te letten, merkte ik dat de bomen mij aanstaarden.

Toen de energie van mijn tussendoortje eenmaal mijn hersenen had bereikt, besefte ik wat er aan de hand was. Plotseling begreep ik wat ik zag; het was iets waarbij ik nooit eerder had stilgestaan.

Zo groeide een eenvoudige waarneming uit tot een kleine openbaring. Ik had een nieuw natuurteken ontdekt. Plotseling had ik meer nieuwe energie dan ik nodig had. Ik kon wel rennen van opwinding; fanatiek liep ik rondjes om iedere boom in de omgeving.

Bomen hebben ogen aan hun zuidzijde. Dit zal ik uitleggen.

Een tak die geen bladeren draagt die licht oogsten, is nutteloos en zal door de boom worden afgestoten. Meestal is schaduw hiervan de oorzaak. Het is enigszins ironisch dat bomen takken laten groeien die schaduw werpen op hun lagere takken, waardoor die geen nut meer hebben. Een boom kan zich niet verplaatsen; zich aanpassen aan zijn continu veranderende omgeving kan hij dus alleen door omhoog te groeien en daar nieuwe takken aan te maken. Bomen verliezen regelmatig twijgjes en takjes, en zo nu en dan een grotere tak.

Als een grotere tak niet meer productief is, sluit de boom deze geleidelijk af; bij de aanhechting aan de stam vormt hij met hars of gom een verzegeling. Dat is belangrijk, want door een opening in de stam zouden ziektekiemen de boom kunnen binnendringen en zelfs de hele boom doen sterven – takken vormen een snelweg naar het midden van de stam.

Zodra het aanhechtingspunt is verzegeld, voorziet de boom de tak niet langer van water en voedingsstoffen, waardoor deze snel afsterft. De bast laat los van de dode tak – ik weet zeker dat je weleens kale, bastloze dode takken aan een boom hebt gezien. Langzamerhand valt de tak ten prooi aan schimmels; hij verzwakt, breekt af en valt op de grond. De achtergebleven stomp rot langzaam weg en verdwijnt.

Als je de bast van een volwassen boom bekijkt, zie je algauw waar ooit takken groeiden. Bij elke boomsoort zien deze plekken er net iets anders uit, maar bij de meeste soorten lijken ze op 'ogen'. Sommige hebben zelfs een gebogen lijn aan de bovenkant die doet denken aan een wenkbrauw. Zulke ogen vind je het makkelijkst op bomen met een gladde bast in een gebied dat open is naar het zuiden, maar iedere boom heeft zulke plekken.

Bomen hebben aan hun zuidkant meer takken, aangezien

Een zuidelijk oog

het daar het lichtst is. En naarmate de bomen hoger worden, zullen ze dus aan hun zuidkant ook de meeste takken afstoten. Hierdoor blijft een aantal 'ogen' zichtbaar aan de zuidkant van de boom. Ik kan me nooit aan de indruk onttrekken dat ze mij aanstaren, zeker bij bomen met een gladde bast, en voor jou zal binnenkort hetzelfde gelden.

Nu ben ik geschokt als ik bedenk hoe vaak ik moet zijn aangestaard door zuidelijke ogen zonder dat ik het besefte. Dat is des te opmerkelijker omdat wij door de evolutie juist extra alert zijn op ogen die naar ons kijken. Maar eerlijk is eerlijk, ze zijn tamelijk goed gecamoufleerd, tot je weet waarop je moet letten. Vanaf dat moment staren ze ons aan en maken ze onze eerdere kortzichtigheid belachelijk.

Verdedigingstakken

De natuur doet niet aan onwrikbare regels. We weten dat bomen zijn verwikkeld in een strijd om licht en dat takken die hieraan geen bijdrage leveren spoedig het loodje zullen leggen, maar er zijn altijd kleine verrassingen. Soms zie je onder aan hoge bomen, diep in de schaduw onder een hoger gelegen bladerdak, kleine takjes uit een stam steken, vaak vlak boven je hoofd. Wat is daar de logica achter? Er moet een reden voor zijn: de natuur doet niet aan onwrikbare regels, maar ze heeft een enorme hekel aan energieverspilling – planten verbruiken geen hulpbronnen zonder een goede reden.

Die lage takken die je soms op een schaduwrijke plek ziet, zijn 'verdedigingstakken'. Hun doel is niet om licht te oogsten, maar om concurrenten het hoofd te bieden die in de schaduw misschien de kop opsteken. Volledige schaduw is er nooit in een bos – zelfs in het dichtste regenwoud dringt voldoende licht door om te kunnen zien waar je loopt. Bossen zijn geen grotten: volledige schaduw zou betekenen dat je midden op de dag een zaklamp nodig zou hebben en in zo'n bos ben ik nog nooit geweest.

De verdedigingstakken vangen een deel van het licht op dat door het bladerdak heen dringt. Weet je het nog? Schaduwtolerante bomen hanteren een langzame strategie: ze beginnen hun leven in de schaduw en banen zich langzaam maar zeker een weg naar boven, naar het zonlicht. Maar als zo'n concurrerende zaailing maar net genoeg licht opvangt, zal hij het onder een verdedigingstak snel opgeven.

Verdedigingstakken zien er anders uit dan gewone takken – je zult ze niet gauw met elkaar verwarren. Tussen beide soorten takken gaapt namelijk het gat van een lange, kale stam. Hoog boven je hoofd lopen dikke takken naar en door het bladerdak. En vlak boven je hoofd steken dan nog een of twee kleine takken uit de stam. Meestal zijn verdedigingstakken horizontaal: ze groeien niet naar boven, omdat de hemel ze niet interesseert. Hun taak is om een verduisterende parasol te vormen boven de toch al schemerige grond onder ze.

Plan B

Onder de bast van bomen bevinden zich zogeheten slaapknoppen, die klaarliggen om uit te groeien tot een nieuwe tak. Je kunt ze overal op de boom aantreffen, maar vooral aan de voet van de stam, waar die uitloopt en overgaat in de wortels. Daar liggen de knoppen af te wachten onder de schors. Onder normale omstandigheden blijft het daarbij. (Als de schors aan de voet van een boom loslaat, loont het de moeite om op zoek te gaan naar deze slaapknoppen of *epicormische* knoppen; ze zien eruit als pukkels op het kale hout.)

Maar als een boom het zwaar heeft, ondergaat hij hormonale veranderingen en krijgen de normaal gesproken bescheiden knoppen een nieuwe boodschap. Ze ontspruiten van onder de schors en komen tevoorschijn in de vorm van kleine groene takken, die bekendstaan als waterloten. Als je uit de stam of een dikke tak van een boom een explosie van kleine takjes ziet verschijnen, heb je te maken met waterloten. Ze signaleren dat de boom het moeilijk heeft, door ziekte, beschadiging, droogte, vuur, ouderdom of een combinatie van stressvolle gebeurtenissen. Als je omhoogkijkt naar de boomtop, zul je mogelijk constateren dat de boom niet in blakende gezondheid verkeert.

Na een paar jaar sterft een groot deel van deze jonge loten af; slechts een of twee takken blijven over en groeien omhoog vanaf de zijkant van de stam. In bosgebieden zijn dit vaak dunne takjes die recht omhooggroeien richting bladerdak, aangezien dat de enige plek is waar licht te halen valt. (Door deze steil opwaartse groei onderscheiden deze takken zich van de verdedigingstakken, die juist naar opzij gericht zijn om schaduw te werpen.)

Als je dus een dunne, omhooggerichte tak ziet die van onder aan een hoge boom groeit en zich opvallend dicht bij de stam bevindt, was dat ooit een epicormische knop. Kijk of je boven in de boom of in de buurt ervan tekenen ziet van ziekte of beschadiging – dat zou weleens de reden kunnen zijn dat deze tak tot ontwikkeling kwam. Zo'n tak dwong mij op de grond aan het begin van dit hoofdstuk. Er is een reden voor de vorm en plaats van iedere tak die je ziet; om die te ontdekken, kun je het best je ogen openhouden!

Bij sommige boomsoorten, zoals lindes, lopen de slaapknoppen sowieso uit, ook als de boom gezond is. Maar bij de meeste soorten zijn deze uitlopers een teken dat het niet goed gaat met de boom: waterloten zijn diens plan B. Eerder zagen we al dat het doel van bomen is om flink te groeien vanuit de top, om dan in de loop der tijd de zeggenschap wat meer over te laten aan de lagere takken: dit is plan A. Maar een van de overlevingsstrategieën van de boom is om nooit koste wat kost vast te houden aan een plan wanneer dat niet blijkt te werken. Als de boomkroon het zwaar heeft en niet voldoende energie oplevert, trekt de boom aan de noodrem en produceert hij van onderop zo'n honderd nieuwe takken – een soort verrassingseffect.

De loten onder aan de stam ogen aanvankelijk nogal rommelig, maar het zijn serieuze takken, zij het nog onvolwassen. Ze groeien uit voor zover de omstandigheden dat toelaten. De meeste gaan uiteindelijk dood, maar soms overleven enkele; zij ontwikkelen zich tot een stoere tak en vervolgens tot een alternatieve stam.

Het is niet altijd eenvoudig om uit te vinden wat er precies is gebeurd met een boom met meerdere kleine stammen die vanuit hetzelfde punt ontspringen, maar de kans is groot dat een gezonde boom met één stam langgeleden zijn toevlucht heeft genomen tot plan B. In dat geval kijken we naar waterloten die hebben overleefd en stammen zijn geworden.

Langgeleden, in de steentijd, wisten mensen al gebruik te maken van deze regeneratieve truc van de boom – zo profiteerden ze optimaal van de uitlopers ten gevolge van plan B. Het regelmatig oogsten van het hout van jonge bomen, zoals de hazelaar, wordt 'knotten' genoemd. Als de jonge stammen dicht bij de grond worden afgehakt, wordt het restant aangeduid als een 'stoof'.

Knotten kan ook hogerop plaatsvinden, ongeveer op hoofdhoogte. Dit levert eveneens jong hout op en beschermt de boom bovendien tegen grazende dieren – op jonge leeftijd zijn bomen heel kwetsbaar voor diervraat.

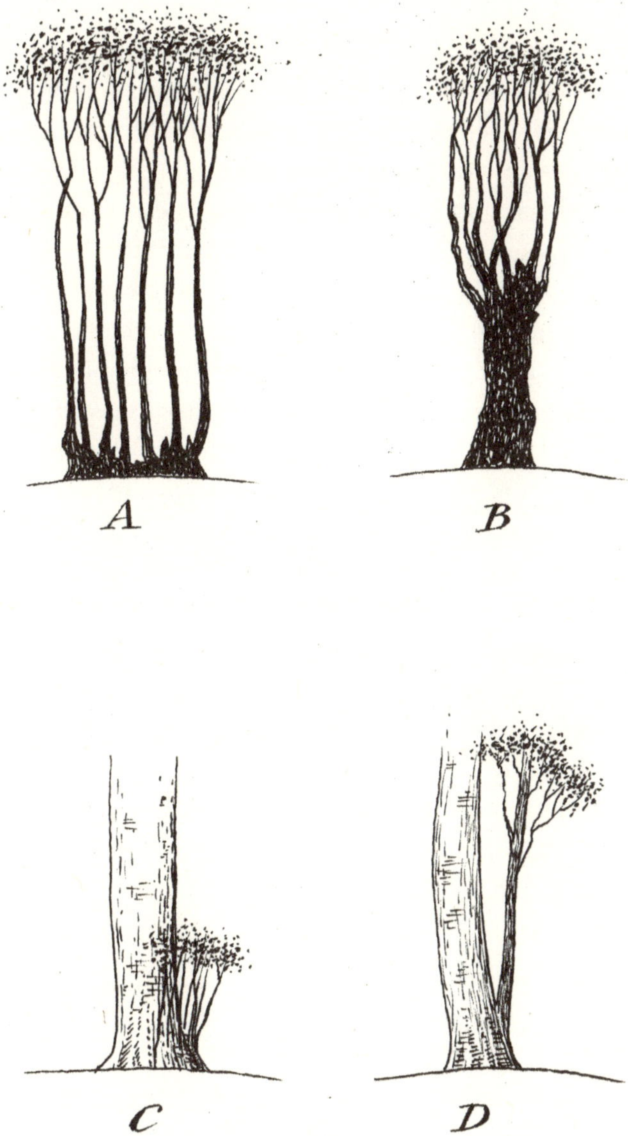

A – hakhoutstoof B – geknotte boom C – waterloten D – uitgelopen waterloten

Knotten klinkt nogal bot en kan fataal zijn voor oudere bomen wanneer het onzorgvuldig wordt gedaan, maar veel jonge loofbomen reageren op deze ogenschijnlijk wrede ingreep door een nieuwe hoeveelheid loten te doen ontspruiten, die zich algauw ontwikkelen tot gezonde stammetjes. De boom sterft niet, maar blijft zo juist langer jeugdig en leeft hierdoor langer. De boom van de martelaren van Tolpuddle, die aan het begin van dit hoofdstuk ter sprake kwam, wordt zorgvuldig geknot om te zorgen dat hij langer in leven blijft. Kenners schatten dat dit de boom twee eeuwen extra kan opleveren.

Het geoogste hout wordt van oudsher op verschillende manieren gebruikt, bijvoorbeeld voor heiningen, als wegverharding en als brandhout. Ook vandaag de dag wordt er nog volop geknot, maar meer voor het behoud van bepaalde bomen dan vanwege de houtopbrengst. Veel boeiende boomvormen die we tegenkomen, zijn het resultaat van traditionele en moderne toepassingen van deze techniek.

Meestal ontspringen waterloten onder aan de stam, maar ze kunnen vrijwel overal tevoorschijn komen. Een esdoorn die ik regelmatig passeer, lijdt aan een niet nader geïdentificeerde kwaal – mogelijk beschadiging van de wortels – waardoor al zijn takken het moeilijk hebben. Ze staan op een normale manier van de stam af en splitsen zich nog een of twee keer, maar geen ervan draagt gezonde bladeren. In plaats daarvan groeien vanuit de meeste takken dunne verticale twijgen, in totaal misschien wel duizend, elk met eigen bladeren. De boom ziet er merkwaardig uit, bedekt met groen en wanhopig pogend in leven te blijven, ondanks het zware weer waarin hij verkeert. In de winter ziet hij eruit als een kruising tussen een boom en een stekelvarken.

Je treft ook weleens takken aan die ontspruiten aan de vork tussen twee andere takken. Ik kom het tegen bij veel soorten bomen, misschien wel het vaakst bij berken. Zulke tussentakken ogen voor mij altijd wat ongemakkelijk, alsof er een zesde vinger groeit tussen je duim en je wijsvinger, maar hun voorkomen is volkomen natuurlijk; op deze plek bevinden zich onder de bast een heleboel slaapknoppen en sommige daarvan lopen uit.

Een stamkompas

Een tijd terug was ik met mijn vrouw Sophie een weekendje weg in East Anglia. We reden heen en weer tussen Norfolk en Suffolk om sportwedstrijden van onze zoons te bezoeken. Op weg naar een hotel in Ipswich reden we door een gebied dat ik niet eerder had bezocht en ik vroeg mijn vrouw om te stoppen, zodat ik een wandeling tussen de bomen kon maken. Op de een of andere manier had ik het gevoel dat hier iets te ontdekken viel. Zo'n gevoel heb ik wel vaker; het is niet onfeilbaar, maar wel moeilijk te weerstaan. Zoals de meeste gezinnen weten we maar een paar dingen zeker: een ervan is dat ik graag aan de wandel ga.

Ik wandelde vanaf de plek waar we de auto hadden geparkeerd over een afgedankte spoorlijn het gebied met gemengd bos in. Sophie trok haar eigen plan; ze heeft veel geduld en is ruimhartig, maar ze is niet gek. Nadat ik wat foto's had gemaakt van een aantal grote cumuluswolken die superduidelijk in de richting van de zon wezen, besloot ik mezelf te trakteren op de oefening 'onzichtbare leuning', waarbij je vrij rondstruint aan de hand van een onzichtbare lijn in het landschap, in de wetenschap dat je makkelijk de weg terug kunt vinden volgens een andere, nog onbekende route.

Ik vertrok in zuidwestelijke richting en wist dat ik kon zwerven waarheen ik maar wilde, in het geruststellende bewustzijn dat ik met behulp van de zon, de bomen en de wolken weer noordwaarts zou kunnen lopen, zodat ik zou uitkomen bij het afgedankte spoor en rechtsaf zou kunnen terugkeren naar de auto. De onzichtbare leuning levert een bijzonder soort vrijheid op: je weet hoe je de weg terug moet vinden zonder dat je hoeft terug te vallen op een kaart, een beeldscherm of een uitgezette route. Dit zet delen van je geest open die anders gesloten blijven. Zo'n tien minuten later, zag ik een paar eiken aan de rand van een open plek; hierop ontdekte ik een nieuw soort natuurlijk navigatiekompas.

Door veranderingen in de hoeveelheid licht kunnen bij loofbomen knoppen onder de schors vanuit de stam nieuwe loten vormen. Als een eik die vele jaren in de schaduw heeft doorgebracht plotseling vol in het licht komt te staan, zullen waarschijnlijk nieuwe loten van onder de schors op de stam tevoorschijn komen. Het meeste zonlicht komt uit het zuiden, dus zullen de meeste van deze loten ontspruiten aan de zuidzijde van de stam.

Zulke loten zien er niet uit als gewone of verdedigingstakken: ze zijn een stuk korter en tamelijk rommelig, een beetje stoppelig. Ik stond bij drie bomen die op deze manier perfecte kompassen vormden, op een manier die ik nooit eerder zo had gezien. Hoe vaak was ik niet wanhopig op zoek geweest naar een richtingwijzer vlak bij zo'n krachtig kompas zonder het door te hebben? Ik wil er niet aan denken, maar nu zie ik dit kompas overal, en dat kun jij ook. Als je niet eerder patronen in rivieren hebt waargenomen kun je natuurlijk jammeren om alles wat je stroomafwaarts hebt gemist, maar gelukkig komt er altijd meer onze kant op. En nu weet je waarop je moet letten.

Toen we weer thuis waren, ging ik op zoek naar informatie over dit verschijnsel. Ik had er niet eerder bij stilgestaan, maar het leek me sterk dat ik zoiets als eerste had opgemerkt. Misschien ben ik af en toe de eerste die gebruikmaakt van een verschijnsel bij het navigeren, maar dat is heel wat anders dan denken dat iets al duizenden jaren verborgen is gebleven voor het menselijk oog.

En ziedaar, ik kwam een wetenschappelijk artikel tegen dat dit verschijnsel beschrijft als iets wat vaak optreedt nadat een stuk bos is uitgedund. Het botanische proces is hetzelfde als bij de plan B-takken – de waterloten – maar in dit geval is de aanleiding nieuw licht in plaats van een slechte gezondheid. In het artikel werden zelfs de soorten opgesomd waarbij dit fenomeen het vaakst optreedt en tot mijn vreugde stond de eik bovenaan. Berken en essen stonden bijna onderaan. Het verschijnsel wordt in het artikel 'waterloten' genoemd, maar voor mij blijft het een 'stamkompas'.

Vluchtwegen, lanen en eilanden

Door stormen, rampen, ziektes en mensen ontstaan veel open plekken in bosrijke gebieden. Op een grotere open plek zullen pioniers de gaten vullen, maar als er niet veel ruimte is, grijpen de naburige bomen hun kans en laten ze hun takken langer groeien.

Net als de topscheut reageren de uiteinden van takken op veranderingen in de hoeveelheid licht: zo vullen ze beschikbare ruimtes op zonder elkaar in de richting van het bladerdak te dwingen. Als je in een volgroeid bos tussen de bomen door omhoogkijkt, zul je tussen de kronen van elke boom een smal streepje hemel ontdekken. Dit verschijnsel wordt *crown shyness* genoemd – 'boomkroonbedeesdheid'. (Als een tak te ver doorgroeit, tikt hij tegen andere takken aan, waardoor de groei stopt.)

Vijf jaar geleden haalde een groep bosarbeiders een rij zilversparren weg uit een aangeplant naaldbos in de buurt van mijn huis. De zijtakken van de overgebleven bomen zien er inmiddels heel anders uit: ze hebben de vrijgekomen ruimte opgevuld en absorberen het meeste nieuwe licht.

Een vergelijkbaar fenomeen doet zich voor aan bosranden. Als je de takken aan de binnen- en de buitenkant van de bomen aan de rand van een bos met elkaar vergelijkt, zul je zien hoe sterk ze van elkaar verschillen – wegkwijnend aan de donkere kant, abnormaal groot en lang aan de lichte kant. Dit verschijnsel noem ik 'ontsnapping uit het bos': het ziet eruit alsof de takken proberen uit het bos weg te komen. Soms is dit effect zo sterk aanwezig dat het lijkt of de takken aan de boszijde door hun buren worden vermoord, wat in zekere zin ook het geval is.

Aan weerszijden van een pad of weg door een bos zie je hetzelfde verschijnsel. Zo'n pad of weg breekt het bladerdak open en trekt een duidelijke voor door de bomen. De takken aan beide kanten maken gebruik van de vrije ruimte en proberen deze op te vullen. Dit noem ik het 'laaneffect'; langs paden en wegen door het bos is het extra sterk aanwezig doordat de takken de vrijgekomen ruimte nooit helemaal kunnen opvullen vanwege het voortdurende gebruik van het pad of de weg. In het wild zouden de takken langer worden en zouden in het midden pioniers opkomen die een deel van het nieuwe licht zouden opsouperen. Langs veelgebruikte routes door het bos grijpen de hogere takken hun kans en maken er het beste van.

Vervolgens gaat het te goed met deze takken: ze dreigen het pad of de weg waar ze overheen groeien te blokkeren. Dan zal iemand ze expres of per ongeluk afbreken of terugsnoeien. Op drukkere boswegen hoor je getik, gekraak en gescheur wanneer dit onbedoeld gebeurt door vrachtwagens of tractoren.

Langs vrijwel elke route door een bos zie je beide laaneffecten: een overdreven groei de vrijgekomen ruimte in en de gevolgen van het op de een of andere manier afbreken van de takken.

Als spoorzoeker moet je deze tekenen kunnen herkennen; wanneer je ze bestudeert, wordt dat steeds leuker om te doen. In het open veld zijn grotere takken aan één kant een duidelijk teken dat daar meer licht te halen valt en dus dat dit de zuidkant van de boom is. Maar als je te maken hebt met een groep bomen of een bomenrij, moet je verdacht zijn op het laaneffect. Zo zul je aan de noordkant van een bos een heleboel dikke takken tevoorschijn zien komen omdat de hemel ten noorden van de bosrand nog altijd lichter is dan de dichte bosomgeving ten zuiden daarvan.

In sommige delen van de wereld kun je bomeneilanden aantreffen op heuveltoppen en midden in grote vlaktes. Dit heeft een interessante historische achtergrond: deze bomen zijn ontsnapt aan de bijl om redenen van defensie, jacht of belastingen. In bepaalde landen, waaronder Duitsland, werd op land met een paar bomen minder belasting geheven dan op volledig open terrein.

Zulke minibosjes maken een aantal boeiende waarnemingen mogelijk. De takken proberen aan alle kanten van het eiland te ontsnappen; ze komen overal tevoorschijn en als je er de tijd voor neemt, zul je vaststellen dat dit niet overal op dezelfde manier gebeurt. Het meest robuust groeien ze aan de zuidkant, maar de langste takken ontdek je waarschijnlijk aan de luwste kant – in Nederland is dat het noordoosten – zeker als het bosje zich op een heuveltop bevindt. Als het een dichtbegroeid bosje betreft, loop er dan eens omheen en merk op hoe de taklengte fluctueert en hoe het aanzien van de bosrand elke paar passen verandert.

Ik maakte eens een wandeling door een schitterend gedeelte van Dorset. Na een lange dag werd mijn trektocht bekroond door een perfecte demonstratie van het bomeneilandeffect, boven op een heuvelrug, bij Win Green Hill. Een paar anderen hadden ook de heuveltop beklommen en genoten van het prachtige uitzicht in alle windrichtingen: we konden drie verschillende graafschappen zien en zelfs het Isle of Wight. Mijn aandacht werd echter getrokken door het berkeneiland op de heuveltop. Ik liep eromheen en was gefascineerd door de patronen die ik zag.

Het is altijd opwindend om een heel duidelijke demonstratie te zien van een eenvoudig principe. De zuidelijke takken waren krachtig en lang; de noordoostelijke takken staken ver uit buiten het bos, als zeilschepen met de wind in de rug. Terwijl ik de heuvel weer afdaalde, bedacht ik dat je rond het bomeneiland zou kunnen lopen en de rand ervan zou kunnen filmen. Als je de opname vervolgens versneld zou afspelen, zou je de takken kunnen zien verschijnen en verdwijnen. Ik zag het helemaal voor me en verheugde me al op het resultaat. Toen gleed ik uit over een stukje natte kalksteen en ging bijna onderuit. Zo gaan die dingen.

Een speciaal soort laaneffect kun je waarnemen langs rivieroevers. Daar zoeken de takken van waterminnende boomsoorten het licht op in de lucht boven de rivier. Rivieren vormen in feite ook een laan, maar er is een verschil: de bomen krijgen er alle ruimte. Mensen laten de takken boven de rivier met rust, zodat ze uitzonderlijk lang kunnen worden. Van kettingzagen of concurrerende bomen is geen sprake en het licht boven de rivier is een waar genot voor elke soort die zich staande weet te houden in de vochtige oevergrond.

Een tijdje terug was ik in nationaal park Snowdonia, in Wales. In de frisse en vochtige novemberlucht wandelde ik door een

Keltisch regenwoud, op weg naar Alastair Hotchkiss, een natuurbeschermer van de Woodland Trust. We brachten samen een paar plezierige uren door en zagen onderweg veel van de zeldzame en bijzondere soorten die gedijen in de milde vochtige berglucht nabij de westkust van Wales.

Nadat we voorzichtig over een aantal klamme rotsen waren geklommen, stonden we bij een magnifieke waterval die het hart van de dichter Wordsworth sneller had doen kloppen. (Iedereen heeft het altijd maar over de hoogste en grootste watervallen, maar mijn ervaring is dat juist een bescheiden waterval balsem kan zijn voor de ziel.) Boven het donderende geraas rees nevel op, die langs onze gezichten dreef en verdween tussen de bomen, waar hij de mossen en korstmossen van vocht voorzag. Langs de verdere loop van het riviertje zag ik een zeer charmant voorbeeld van het laaneffect. De takken van de bomen aan weerszijden leken wel naar elkaar te reiken met de wens om elkaar te ontmoeten.

De takken van de wintereiken op beide oevers strekten zich uit boven hun natte, met mos bedekte wortels en verder, nog een heel eind over het lawaaiige witte water. Het zou al te makkelijk zijn om te veronderstellen dat de takken elkaar precies in het midden van de rivier zouden raken. Dat was dan ook niet het geval. Het riviertje liep van west naar oost en had derhalve een noord- en een zuidoever. De takken vanaf de noordoever hadden het meest geprofiteerd van het zonlicht en reikten dus iets verder over het water.

Tegengesteld of om-en-om

De meeste loofbomen hebben een voorkeur voor een van de volgende twee groeipatronen: elke tak groeit tegenover een andere tak of ze groeien om-en-om. Als je dit zelf wilt uitzoe-

Om-en-om

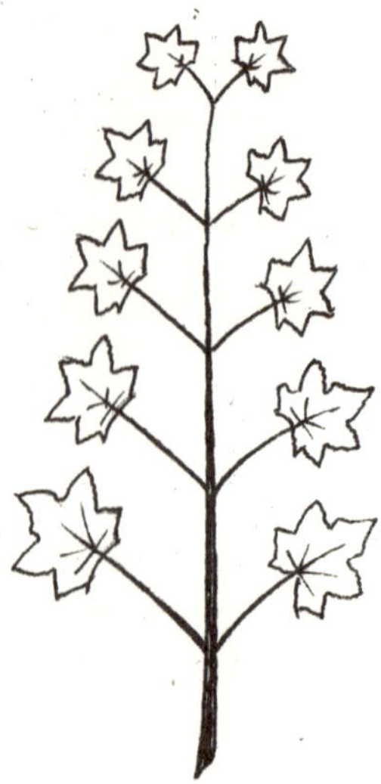

Tegengesteld

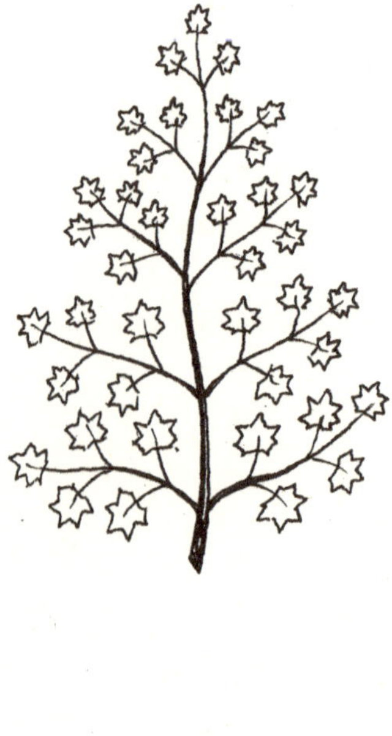

ken, moet je op zoek naar de jongste takken waar je bij in de buurt kunt komen. Zie je tegenover elke tak een andere tak? Dan is er sprake van een tegengesteld groeipatroon; zo niet, dan groeien de takken om-en-om. (Dit geldt voor alle takken van dezelfde boom, maar als de boom ouder wordt, stoot hij veel van zijn eigen takken af, waardoor dit patroon in oudere delen van de boom niet altijd meer even duidelijk is.)

Dit patroon herhaalt zich in de boom op vele schalen. Als de bladeren of knoppen tegengesteld zijn, geldt dat ook voor de kleinere en grotere takken. Voor groei om-en-om geldt hetzelfde. Anders gezegd: als je twee bladeren tegenover elkaar ziet groeien en vervolgens uitzoomt, zie je een heleboel takken die eveneens tegenover elkaar groeien.

De bladeren en takken van populieren, kersenbomen en eiken groeien om-en-om. De bladeren en takken van esdoorns en essen groeien tegenover elkaar.

Zigzag

Elke tak heeft een eindknop die zijn groei reguleert, maar deze eindknoppen gedragen zich niet allemaal hetzelfde. De ene eindknop houdt het langer vol dan de andere. Sommige knoppen groeien gedurende het zomerseizoen, leggen 's winters de boel plat en gaan weer verder in het voorjaar. Het resultaat hiervan is een relatief rechte tak. Andere eindknoppen groeien slechts gedurende één jaar. Meestal gebeurt dat omdat de eindknop een bloem vormt aan het einde van de tak; daarmee is de groei voor die knop ten einde. In het volgende voorjaar gaat de groei weliswaar verder, maar dan vanuit een knop naast de knop die een bloem heeft gevormd. Hierdoor wijzigt op dat punt de groeihoek. Het gevolg hiervan is een boom met zigzagtakken.

Officieel heet de groei van rechte takken 'monopodiaal'; de groeiwijze van zigzagtakken wordt 'sympodiaal' genoemd. Berken en de meeste naaldbomen zijn monopodiaal; eiken zijn sympodiaal.

Dit is een goed moment om even te pauzeren en de oefening aan het begin van dit hoofdstuk nog eens te herhalen. Ik vroeg je om een boom op te zoeken en die vervolgens de rug toe te keren. Het was daarna waarschijnlijk lastig om de takken gedetailleerd te beschrijven. Maar als je nu teruggaat naar jouw boom of een andere boom opzoekt en daarbij let op het zigzageffect, zul je patronen gaan zien waarvoor je eerder geen oog had. De takken van je boom zullen tamelijk recht en netjes ogen, of juist krom en rommelig. Deze oefening is het makkelijkst in de winter met een kale boom; als je haar doet met een boom in blad, kies dan voor een losstaande boom met daarachter een heldere hemel.

Nog een korte oefening. Probeer dit eens met dezelfde boom. Kies een van de grootste takken uit, volg die met je ogen vanaf de stam en probeer precies te voorspellen waar hij eindigt. Als deze oefening makkelijk gaat, heb je hoogstwaarschijnlijk te maken met een monopodiale boom. Is de oefening haast niet te doen? Dan is er vast sprake van een sympodiale boom. Sympodiale bomen veranderen immers eenmaal per jaar van richting: ze houden geen rechte koers aan. Het volgen van de takken van een sympodiale boom doet denken aan het vragen van de weg in een onbekende stad aan een overenthousiaste vreemdeling. Uiteindelijk komt het neer op: 'Links, rechts, rechts, dan links, nog eens links, rechts, de volgende links...' In het geval van een monopodiale boom gaat het meer als volgt: 'Vanaf de stam almaar rechtdoor tot je het licht ziet.'

Ook monopodiale bomen hebben een heleboel kleinere

takken nodig, maar die ontspringen aan de zijkanten van de hoofdtak. Hun eindknoppen vormen geen obstakel en veranderen niet ieder jaar van richting. Als je in de winter naar een monopodiale boom kijkt, zie je meestal de grote takken als donkere lijnen die dunner worden, maar helemaal doorlopen van de stam tot de rand van de kroon. Een paar meter van mijn schrijfhut staat een wilde kers; daarvan kan ik elke tak volgen, helemaal tot de rand van de boom.

Er is nog een manier om te bepalen met welk type boom je van doen hebt. Richt je blik halverwege de stam en de rand van de kroon; kijk vervolgens of je, in theorie, alle takken zou kunnen tellen. In het geval van een monopodiale boom is het misschien lastig, maar het zou kunnen; in het geval van een sympodiale boom, zoals de platanen die menig stadspark sieren... Veel succes en misschien kun je beter stoppen als je bij honderd bent aangeland. Telkens als ik in de winter een paardenkastanje zie, stel ik me voor dat ik alle takken zou gaan tellen en schiet ik vervolgens in de lach.

De meeste monopodiale bomen hebben een keurige piramidevorm; sympodiale bomen zijn ronder, meer bolvormig. Tevens is het groeipatroon van sympodiale bomen altijd om-en-om, nooit tegengesteld.

Monopodiale bomen
De meeste naaldbomen
Beuk
Hulst
Es
Het geslacht *Prunus*, waaronder de kersen
Kornoelje

Sympodiale bomen
Plataan
Eik
Esdoorn
Berk
Iep
Linde
Wilg
Het geslacht *Malus*, waaronder de appel

Ordes

Veel licht betekent veel kleine takken. Dit is een elegante en eenvoudige regel. De verklaring is echter minder elegant. Even geduld a.u.b.

Als je een satellietfoto bekijkt van de loop van een grote rivier die vanuit de heuvels naar zee stroomt, zie je een brede rivier dicht bij de kust en tientallen kleine stroompjes in de heuvels. En als je een afbeelding bekijkt van de weg die ons bloed aflegt van een slagader naar een orgaan, zoals de lever, zie je iets soortgelijks – een groot bloedvat aan de ene kant en tientallen bloedvaatjes aan de andere. Telkens wanneer een grote stroom zich vertakt in kleinere stroompjes, spreken we van een andere 'orde' van vertakking.

Boomtakken vertonen een vergelijkbaar patroon. Dat is niet heel verrassend, aangezien bomen aan de basis liggen van de manier waarop wij dergelijke patronen beschrijven. Vrijwel elk systeem dat is onderverdeeld, wordt beschreven naar analogie met boomvertakkingen – van spoorlijnen en bedrijven tot koraal en stambomen.

Als een boom alleen een paar grote takken heeft waaraan verder niks groeit, noemen we dat takken van de eerste orde.

Dit zal bij een levende boom echter nooit het geval zijn, aangezien zulke grote takken geen bladeren dragen. (Misschien kun je iets dergelijks zien bij het skelet van een boom die al een tijdje dood is en waarvan alle kleinere takken inmiddels zijn vergaan.) Elke keer dat een kleinere tak aan een oudertak ontspringt, is er een orde van takken bij gekomen. Als aan een tak van de tweede orde een nog kleinere tak ontspringt, is de boom van de derde orde. Wat is bij bomen het maximale aantal ordes?

De basisregel luidt dat een boom die in het volle licht groeit op alle niveaus en van alle kanten licht wil oogsten. Zo'n boom is van een hoge orde: de achtste. Dat betekent dat een twijgje een oudertak heeft, een grootouder, een overgrootouder... en dat acht keer! Maar als een boom is opgegroeid in schaduwrijk bos, heeft hij soms slechts drie ordes. Stel dat je water bent dat omhoogstroomt in de stam en een blaadje wil bereiken. In een schemerig regenwoud hoef je maar drie knooppunten te passeren. Maar in een pionierboom in het volle licht moet je misschien nog wel vijf volgende afslagen nemen.

De takken van de eerste orde, die uiteindelijk uitgroeien tot de grote 'ledematen' aan de stam, hebben een duidelijk hoofddoel: weg van de stam en naar het licht. In het beginstadium heeft de boom beslist geen behoefte aan een heleboel ordes: dit zou een ingewikkelde kluwen van takken opleveren die meer aan een spons doet denken dan aan een boom. Dankzij een slimme truc beperkt de boom het aantal ordes van zijn takken tot een werkbare hoeveelheid. De groeiknop aan het uiteinde van elke tak van de eerste orde stuurt signaalstoffen de tak in (net als de topscheut signaalstoffen de stam in stuurt). In het eerste jaar staan deze signaalstoffen – eveneens hormonen, auxines genaamd – stevig op de rem, zodat de tak geen takken van de tweede orde aanmaakt. Na het eerste jaar vieren ze de teugels en kunnen takken van de tweede orde tot ontwikkeling komen.

Het klinkt wellicht ingewikkeld en technisch, maar het mondt uit in een duidelijk herkenbaar patroon: veel licht betekent veel kleine takken.

De ongelijke kraag

We gaan even een kleine oefening doen. Neem iets zwaars, maar handzaams in één hand, bijvoorbeeld een heel dik boek. Zet een stopwatch aan, til het zware voorwerp met je ene hand boven je hoofd en houd het daar totdat je arm vermoeid raakt. Laat het voorwerp zakken en stop de tijd. Schud je arm los en wacht een paar minuten. Zet nu de stopwatch opnieuw aan en doe hetzelfde nog een keer, maar houd dit keer het voorwerp niet boven je hoofd, maar horizontaal naar de zijkant, met gestrekte arm en zo ver mogelijk bij je romp vandaan. Stop wanneer je arm vermoeid voelt en zet de stopwatch stil. De meeste mensen vinden deze tweede oefening inspannender dan de eerste. Voor bomen geldt dit ook.

Bomen hebben een takkenprobleem. Hun troefkaart is hun sterke stam die ze boven de concurrentie uit tilt, maar de stam heeft geen bladeren, dus hebben bomen takken nodig die de bladeren dragen. Dit leidt tot een forse uitdaging: takken zijn namelijk op dezelfde manier opgebouwd als de stam, die is geëvolueerd om sterk en stabiel te zijn en min of meer verticaal te groeien. Het probleem is duidelijk: als de stam helemaal is aangepast aan een verticale groeiwijze, maar de takken juist min of meer horizontaal groeien, is er sprake van een architectonisch vraagstuk. Elke grote stad heeft in de buurt van het centrum een gebied met een grote hoeveelheid hoge gebouwen, soms tot wel honderd verdiepingen hoog. Maar nergens op aarde tref je hoge, smalle gebouwen aan met lange gedeeltes die ergens aan de zijkant een heel eind uitsteken. Takken zijn in zekere zin stammen die groeien onder een hoek die de nodige ontwerpproblemen oplevert.

Denk nog eens terug aan de tiloefening. Als je het gewicht boven je uit tilt, dragen je botten een groot deel van het gewicht; de spieren leveren een kleine inspanning en het gewicht is verdeeld. Maar als je het zware voorwerp horizontaal bij je vandaan houdt, voel je algauw dat een paar spieren heel veel werk moeten verrichten, veel meer dan de rest. Vooral de spieren aan de bovenkant van je schouder, waar de arm aan de romp vastzit, hebben het zwaar te verduren. Voor bomen geldt iets soortgelijks; natuurkundig gebeurt daar immers hetzelfde. Takken zijn in feite armen die grote gewichten horizontaal bij de stam vandaan houden, met spanning en belasting tot gevolg.

Theoretisch natuurkundige dr. Claus Mattheck is tegenwoordig bomenexpert. (Een van zijn functies was 'professor in de beschadigingswetenschap'; ik hoop dat hij er als klein jongetje al van droomde om dat te worden.) Mattheck heeft zich verdiept in de oorzaken en gevolgen van spanning in de wereld van de natuurkunde en heeft een nieuwe denkwijze ontwikkeld met betrekking tot een aantal vormen die bomen kunnen aannemen. In een notendop: bomen houden niet van asymmetrische spanning en zullen ter compensatie hout aanmaken op plekken waar zich een dergelijke spanning voordoet.

Als we jarenlang elke dag op dezelfde manier een gewicht zouden dragen, zouden onze spieren zich daar ontwikkelen en aangroeien, zodat we dit zouden volhouden. Een van de redenen waarom mensen naar de sportschool gaan, is om extra 'hout' aan te maken. Bomen laten extra hout groeien op plekken waar ze een nieuwe spanning ervaren: belasting leidt tot de aanmaak van 'reactiehout'.

Wij voelden pijn bij onze schouder en op diezelfde plek voelen bomen ook spanning. Waar de tak vastzit aan de stam laten ze extra hout groeien; hier ontwikkelt zich de 'takkraag'. Deze bestaat uit heel stevig hout, dat in de loop van de geschiedenis vaak is gebruikt als stevigheid cruciaal was. Er zijn bijlstelen gevonden uit de bronstijd die waren gemaakt van kraaghout.

Zoek een boom op met een grote, lage horizontale tak en bekijk de plek waar de tak vastzit aan de stam: je zult zien dat de stam hier geen rechte lijn volgt. Hij puilt uit en verwijdt zich. Als je nog beter kijkt, zul je vaststellen dat deze kraag niet symmetrisch is: de boven- en onderkant zijn niet hetzelfde.

Loofbomen en naaldbomen maken beide reactiehout aan, maar hun tactieken verschillen. Hiervoor is het volgende van belang: in alle structuren, waaronder bomen, zijn twee basiskrachten werkzaam om iets omhoog te houden ondanks de zwaartekracht: ofwel duw je iets omhoog van onderen ofwel trek je het omhoog van boven.

Stel dat je een grote boekenkast verplaatst. Plotseling begint de boekenkast in jouw richting te kantelen. Enigszins verontrust geef je de kast een flinke duw, maar nu valt hij de andere kant op. Je trekt hem voorzichtig weer naar je toe en gelukkig blijft de kast netjes rechtop staan. De spanning is geweken en de boekenkast is niet omgevallen, dankzij jouw snelle reacties en het gebruik van duwen (compressie) en trekken (tensie).

Naaldbomen duwen hun takken omhoog met behulp van 'compressiehout'; loofbomen trekken ze omhoog en gebruiken daarvoor 'tensiehout'. De cellen in tensiehout worden korter, zoals strakgetrokken scheerlijnen van een tent. Dit be-

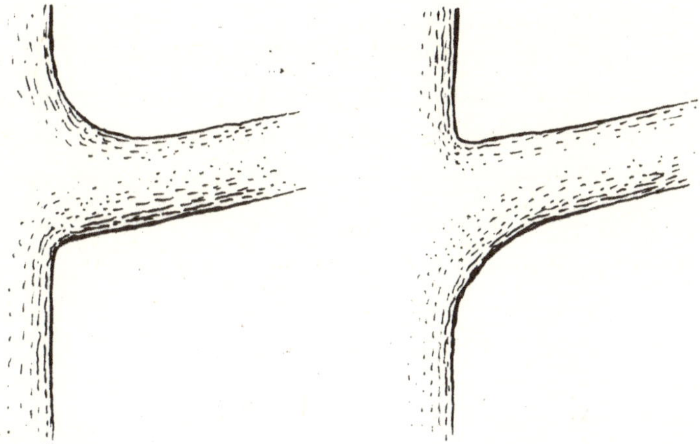

Loofboom *Naaldboom*

invloedt veel van de vormen die je aan bomen kunt zien, waaronder de takkragen. Naaldbomen hebben onder de takaanhechting een dikkere knobbel; loofbomen hebben erboven juist een dikkere knobbel. Hout is sterker bij tensie dan bij compressie, maar in beide gevallen heeft het een opmerkelijke kracht in verhouding tot zijn gewicht.

Waarom moet de boom op zulke situaties reageren? Zou hij niet beter zodanig kunnen groeien dat hij sowieso voldoende sterkte bezit voor elke situatie die zou kunnen optreden? Bomen weten niet van tevoren hoe en waar zich de grootste spanningen zullen voordoen en het aanmaken van veel extra hout dat helemaal niet nodig is, zou heel inefficiënt zijn. En anders dan bij iemand die vaak naar de sportschool gaat en het dan opgeeft, is hier sprake van een eenrichtingproces: bomen maken niet het ene jaar hout aan dat het jaar erop weer verdwijnt. Als het eenmaal is aangegroeid, blijft het hout waar het is.

Belangrijk is bovendien dat een boom niet kan voorspellen

hoe lang een tak zal worden. Zoals we al zagen, kan de boom onder invloed van de hoeveelheid licht overgaan tot zelfsnoei als een twijgje nog jong is. Maar de twijg kan ook uitgroeien tot een oude en solide tak. Het zou gekkenwerk zijn als de boom voor beide een even grote takkraag zou laten groeien. Vandaar dat de takkraag zich voortdurend moet aanpassen en almaar van vorm verandert.

Evenmin kan een boom voorspellen hoe sterk andere krachten zullen zijn. Sneeuw kan door zijn gewicht de takken omlaagdrukken; de wind kan ze juist omhoogduwen en zelfs grond verplaatsen. Als een deel van de bodem verdwijnt en de boom kantelt, zullen de stam en alle takken hierop reageren door reactiehout aan te maken, om zo het hoofd te bieden aan de nieuwe hoeken en spanningen.

Wijzen op pioniers

Takken groeien naar het licht; verandert het licht, dan verandert ook hun groeirichting. Als je eenmaal gewend bent te letten op de wijze waarop takken langs lanen en rivieren zich bij voorkeur afwenden van de duisternis en de richting kiezen van het volle licht, ben je klaar om op zoek te gaan naar subtielere voorbeelden.

Zo'n tien jaar terug merkte ik op hoe in de bossen in mijn omgeving de takken van beuken zich op een merkwaardige, maar consistente manier in de richting van hazelaars bogen. Het duurde een paar dagen voordat ik begreep wat hier gaande was, maar nu ik het snap, zie ik dit verschijnsel op tal van plekken.

Je verwacht dat takken zich in de richting buigen van nieuwe open plekken vanwege de plotselinge toename van de hoeveelheid licht. Dergelijke open plekken blijven echter nooit lang open: algauw zijn wilde bloemen, struiken en pionierbomen verwikkeld in een wedstrijdje omhooggroeien om zo veel mogelijk van het nieuwe licht te bemachtigen. Zo vullen ze de open plek. Maar voordat dit gebeurt, buigen de takken van de naburige bomen ernaartoe. De pionierbomen bezetten de vrijgekomen ruimte, maar de buiging van de oudere takken verdwijnt niet – als hout eenmaal gevormd is, behoudt het zijn vorm.

Het lijkt wel alsof de oude takken wijzen op de nieuwe pioniers, maar in feite herinnert hun buiging aan de open plek die inmiddels is ingenomen door de jongere bomen.

Heksenbezem

Soms zie je een plaatselijke explosie van twijgjes vanuit een tak: een zogeheten heksenbezem. Zo'n compacte verzameling takjes kan in de verte aan een bezem doen denken, al oogt ze meestal een stuk rommeliger. Een heksenbezem is in feite een enigszins chaotische verdedigingsreactie van de boom. De oorzaak varieert van hormonale problemen tot het binnendringen van bacteriën, schimmels of virussen, maar het gevolg is een bundel met elkaar vervlochten twijgen, vaak met ingesloten blaadjes. Een enkele keer maakt een ondernemend dier er een nest in.

Als ik ze tegenkom in de bossen bij mij in de buurt, word ik eraan herinnerd hoe goed boomhormonen normaal gesproken de orde handhaven. Iedere heksenbezem laat zien wat een warrige bende bomen zouden worden wanneer regulerende hormonen niet aan elke groeiknop zouden vertellen wat hij moet doen en wanneer.

Iets te aardig

Het is wonderbaarlijk dat bomen zo veel gelijksoortige, maar toch verschillende manieren hebben ontwikkeld om honderden takken te laten groeien die een ruimte op een efficiënte manier vullen zonder dat dit ontaardt in totale anarchie. Elke soort heeft hiervoor zijn eigen manier; de gulden regel is echter dat takken groeien onder een zodanige hoek dat ze naar het licht gaan en bij elkaar vandaan. Twee factoren spelen hierbij een rol: de genen en de omgeving. De genen dragen de takken op om bij de stam vandaan te groeien en dicteren hun groeipatroon, maar de precieze hoeken worden bepaald door het licht. Vandaar dat de takken aan de zuidkant van een boom meer horizontaal groeien, richting de zon, en de takken aan de noordkant meer verticaal, richting de heldere hemel boven ze. Dit verschijnsel is van groot belang voor de spoorzoeker; ik noem dit het 'afvinkeffect' – van de zijkant lijkt het of de takken een vinkje zetten.

Maar geen enkel systeem is perfect. Soms maken takken een 'fout' en groeien ze te dicht bij elkaar. Een enkele keer raken ze elkaar zelfs of botsen ze in slow motion tegen elkaar. Dit zal niet gauw gebeuren in een rustige omgeving waar er behalve het licht geen invloeden zijn van buitenaf. Maar takken kunnen op ramkoers raken met een andere tak door toedoen van dieren, de wind, vallende takken, ziektes en andere uitdagingen.

Wanneer de bast van de ene tak de bast van een andere tak raakt, gebeurt er aanvankelijk niks bijzonders. Maar in de loop der tijd zullen de twee takken gaan bewegen door de wind, waardoor wrijving optreedt. Hierdoor wordt de bast op het raakpunt weggewreven. De onderliggende groeiweefsels maken contact met elkaar en bundelen hun krachten: ze vergroeien met elkaar en delen hun hulpbronnen en hun lasten. Een dergelijke verbinding heet officieel 'inoculatie' of zelf-enten.

Wanneer kleine takken op deze manier met elkaar vergroeien, levert dat een interessant patroon op, maar voor de boom maakt het weinig verschil. Wanneer dit echter gebeurt met grote takken – of wanneer kleine vergroeide takken uitgroeien tot grotere takken – betekent dat een onomkeerbare ramp-in-wording.

Misschien denk je dat twee op deze manier met elkaar vergroeide takken juist superstabiel zijn. Een paar jaar lang kan dat inderdaad zo zijn: de takken ondersteunen elkaar, maar ironisch genoeg is dat nu juist het probleem. Ze maken namelijk te weinig steunhout aan om op zichzelf te kunnen overleven. Als je de zijwieltjes nooit van de kinderfiets haalt, leert het kind niet om zelf haar evenwicht te bewaren.

Uiteindelijk verzwakt een van de takken of breekt af; de andere tak is dan niet sterk genoeg om de situatie het hoofd te bieden. Grote vergroeide takken zijn een tikkende tijdbom, vandaar dat boomchirurgen in zo'n geval een operatie uitvoeren. Dit onderwerp komt nader aan bod in het hoofdstuk over basttekens.

Hoofdstuk 6

Sporen van de wind

Ontworteld of geknapt? – Harpbomen – Vlaggen – Wiggen, windtunnels en eenzame strijders – Buigen – De rare boom – Geheimzinnige patronen

De wind laat sporen na in de bomen, sommige subtiel, andere meer in het oog springend. Een briesje kan de bovenste twijg doen buigen, een zware storm kan eeuwenoude wortels uit de grond blazen.

In dit hoofdstuk kijken we op welke manieren de wind bomen verandert, te beginnen met het ruige werk en gaandeweg in kracht afnemend. Tot slot onderzoeken we een paar geheimzinnigere effecten die je kunt tegenkomen.

Ontworteld of geknapt?

Op 23 december 2013 zochten de bewoners van Kent in Zuidoost-Engeland beschutting voor de storm die over het graafschap raasde. Toen de wind enigszins was geluwd, ontdekte Donna Bruxner-Randall dat de storm een twaalf meter hoge zilverspar op haar grondgebied omver had geblazen. De boom had aan de rand van haar land gestaan en lag nu deels op het terrein van de naastliggende boerderij. De boom was gedraaid en met zijn wortels was een grote hoeveelheid grond meegekomen. Buurman Tom Day maakte zich niet al te druk en zei dat hij de boel later wel een keer zou opruimen. Een maand lang lag de zilverspar op zijn zij.

Minder dan zes weken later, op 1 februari 2014, volgde een tweede storm. Nadat ook deze storm was weggetrokken, kwamen de bewoners naar buiten om opnieuw de schade op te nemen, vrezend dat meer bomen zouden zijn omgewaaid. Donna stond echter een verrassing te wachten. Haar zilverspar, die in december omver was geblazen, stond weer recht overeind. De tweede storm had in de tegengestelde richting gewaaid en had de boom weer teruggezet. Donna was al even verbouwereerd als haar buurman.

'Het is bizar, juist omdat het zo perfect is gegaan. De boer was verbijsterd en de enige verklaring die we hebben, is die tweede storm.'

Bijna tien jaar na de beide stormen was ik benieuwd hoe het de boom was vergaan, dus nam ik contact op met Donna en vroeg haar ernaar.

'Hij staat er nog en hij oogt kerngezond!' vertelde Donna. Ik bespeurde bij haar enige trots op haar wonderboom.

Je zult begrijpen dat dit niet is hoe het meestal gaat. Nadat een boom omver is gegaan, blijft hij meestal liggen, maar dat wil niet zeggen dat hij dood is.

Harde wind kan een boom op twee heel verschillende manieren omverblazen. De meest voorkomende manier is 'ontwortelen', waarbij de boom met wortelstelsel en al omvergaat, maar wel intact blijft. De hele wortelkluit wordt hierbij uit de grond getild. Met name bij sparren komt dit veel voor, maar als de wind sterk genoeg is, gaat elke boom omver. Dit is wat er gebeurde met de zilverspar in Kent tijdens de eerste storm. Ontwortelen komt vaker voor nadat zware regenval de bodem heeft doorweekt – de zilverspar stond in kletsnatte grond. Kijk als je een ontwortelde boom ziet of de wortels zijn afgebroken en of er aarde is meegekomen, of allebei. Vaak breken de wortels aan de kant waar de boom naartoe is gevallen – de benedenwindse kant. Ze knikken en breken als de stam omverkiept.

Bomen vallen meestal met de wind mee, zodat je in een gebied waar een storm overheen is geraasd een duidelijke trend kunt waarnemen. Als je eenmaal hebt vastgesteld in welke richting de door de storm gevelde bomen liggen, kun je eenvoudig de windrichting bepalen, zelfs midden in het bos. Deze richting is vaak tevens de overheersende windrichting – de hoek vanwaaruit de wind het vaakst waait – maar niet altijd: stormen kunnen van alle kanten komen.

De tweede manier waarop de wind een boom kan omleggen, is 'knappen': de wortels houden het, maar de stam breekt. Dit gebeurt slechts zelden als er geen sprake is van de een of andere zwakte in de stam. Het komt vaker voor na ziekte of eerdere beschadiging; als een boom recent is geknapt, loont het de moeite op zoek te gaan naar tekenen van rotting of schimmels in de buurt van de breuk. Vaak zul je verkleuring zien van de bast en het hout rondom de breuk, en soms zie je paddenstoelen zitten.

Knappen door harde wind is dodelijk; ook volwassen bomen leggen hierdoor het loodje. Ontwortelen is normaal gesproken niet fataal: de boom heeft een goede kans om te overleven, mits een paar van de grotere wortels heel zijn gebleven en nog in de grond zitten.

Naaldbomen die een val overleven, groeien weer uit vanuit de top, het hoogste punt voordat de boom naar beneden kwam. Loofbomen proberen een nieuwe stam te vormen uit de grootste overlevende tak in de buurt van de wortels. Dit kan resulteren in opmerkelijke vormen en gestaltes die je jaren later kunt ontcijferen, zoals de harpboom.

Harpbomen

Zoals we zagen, heeft een boom die omver wordt geblazen en kantelt vanuit het wortelstelsel een goede overlevingskans, mits een paar wortels heel zijn gebleven. Zo'n boom moet echter wel zijn plannen omgooien. De takken onder de boom die niet zijn gesneuveld door de val zullen binnenkort alsnog doodgaan in de diepe schaduw, zodat alleen de takken boven op de stam overblijven.

Soms leidt de combinatie van stress en nieuw licht ertoe dat epicormische knoppen boven op de stam tot leven worden gewekt. Dit kan een heel opvallend patroon opleveren: het lijkt dan alsof er een rij van parallelle kleine bomen groeit vanuit een oude horizontale stam op de grond. Dit verschijnsel heeft meerdere benamingen, waaronder 'harpboom' en 'feniksboom' – waarschijnlijk omdat de boom schijnbaar is herrezen uit de dood.

Vlaggen

Een paar jaar geleden was ik een dag in de Cairngorms in de Schotse Hooglanden om de sneeuwpatronen op de laaggelegen hellingen te bestuderen. Het was een geweldige en intensieve dag. Eerst legde ik de algemene, brede trends vast, zoals de manier waarop sneeuw zich ophoopt aan één kant van rotsen en bomen – na zware sneeuwval zie je vaak verticale strepen op één kant van de bomen, de kant waarvandaan de sneeuwstorm kwam. Als je hierop let, is dit een heel betrouwbaar patroon dat van pas kan komen bij het spoorzoeken.

Naarmate de dag vorderde, verlegde ik mijn aandacht steeds meer naar subtielere aanwijzingen. Halverwege de middag was ik op zoek naar patronen op sneeuwvlokniveau – die ik meestal niet aantrof. Dit vroeg een hoeveelheid concentratie die de nodige tol eiste. Toen de zon achter een bergkam zakte, nam ik even een pauze. Ik liet mijn blik over de omgeving gaan en nam het omliggende landschap in me op. Op dat moment herkende ik een teken dat de bomen me gaven.

De vorm van de naaldbomen langs de bergkam was een kompas: ze gaven zo overduidelijk de windrichting aan dat ik bijna in de lach schoot door de directheid ervan. Nog altijd begrijp ik op neurowetenschappelijk niveau niet waarom de overgang van pietepeuterige details naar het zien van een overduidelijke betekenis in de natuur om je heen tot euforie leidt, maar het is nu eenmaal zo. Het patroon dat ik op die koude middag herkende, heet 'vlaggen'.

De wind kan bij bomen veel schade aanrichten zonder ze om zeep te helpen. Bomen die zijn blootgesteld aan weer en wind hebben het zwaar, maar sommige takken hebben het zwaarder dan andere. De hoogste takken aan de hoogste bomen krijgen het meeste te verduren; de takken aan de kant waar de wind het vaakst vandaan komt, leggen vaak het loodje, zodat je asymmetrische boomtoppen overhoudt, met een kant die het prima doet en een kale kant. De overlevende takken wijzen van de wind af, vandaar dat dit verschijnsel 'vlaggen' wordt genoemd. In Nederland en België wijzen de takken (vlaggen) in het algemeen naar het noordoosten. Let er eens op als je in de heuvels bent of aan de kust.

Vlaggen. Op deze afbeelding wijzen de overlevende takken naar het noordoosten, weg van de overheersende windrichting

Wiggen, windtunnels en eenzame strijders

Door toedoen van de wind blijven bomen korter, zijn ze robuuster en loopt hun stam duidelijker spits toe – bovenin wordt hij dunner. Dit is een van de redenen waarom bomen hoger worden als je een bos in loopt: de bomen aan de rand zijn meer blootgesteld aan de wind en daardoor korter. Het is ook de reden waarom de bomen aan de kant waar de overheersende wind vandaan komt de kortste zijn van allemaal, zodat het 'wigeffect' ontstaat. Het bos wordt steeds lager in de richting waar de overheersende wind vandaan komt. (De wigvorm doet wel wat denken aan de motorkap van een sportauto; stel je voor dat de sportauto tegen de wind in rijdt.) In Nederland en België is dit het zuidwesten, evenals in veel andere

Het 'wigeffect'. De bomen aan de kant waar meestal de wind vandaan komt, zijn minder hoog dan de beschutte bomen. Op deze afbeelding komt de overheersende zuidwestenwind van links; de wigvorm demonstreert dus dat het zuidwesten zich aan de linkerkant bevindt

noordelijke gematigde gebieden. Ook dit is een handige trend die je kunt gebruiken bij het navigeren.

De wind geeft vorm aan bossen, maar ook aan individuele bomen, die hij een aerodynamisch uiterlijk geeft. Bomen zijn aan de windzijde meestal korter en compacter, en aan de luwe kant hoger en losser van structuur; de vorm die ze hierdoor hebben, duid ik aan als het 'windtunneleffect'. Wanneer je de silhouetten van bomen ziet op een heuvelrug, afstekend tegen de hemel erachter, zul je opmerken dat de kant waar de wind meestal vandaan komt korter, compacter en donkerder oogt. Aan de luwe kant kun je juist de hemel zien tussen de takken door. Aan diezelfde luwe kant zie je ook de 'eenzame strijders' – individuele takken die uit de kroon steken en van de wind af wijzen.

In het uiterste geval kan de wind takken doen afsterven, zoals we eerder zagen aan het 'vlaggen'. Maar lang voordat dit

Het 'windtunneleffect'. De overheersende wind komt vanaf de linkerkant. Opvallend is de vorm van de boom, maar ook dat de takken aan de luwe kant licht doorlaten. Let voorts op de 'eenzame strijder'

gebeurt, heeft de wind al drie subtielere effecten op de boomtakken gehad.

Hij buigt de boomtoppen in de richting waarnaartoe de overheersende wind waait. In de meeste noordelijke gematigde gebieden is dat van zuidwest naar noordoost. Voor spoorzoekers is dit een van de duidelijkste tekens.

Verder maakt de wind takken korter. Krachtige wind leidt ertoe dat bomen korter blijven en datzelfde geldt voor takken. Bomen op winderige plekken hebben in het algemeen kortere takken; de kortste takken vind je aan de kant waar de wind vandaan komt.

En de wind buigt takken om; hoe dat precies gaat, hangt af van de hoek waaronder de tak groeit. De basisregel is dat de wind de tak aan de kant waar de wind vandaan komt naar de

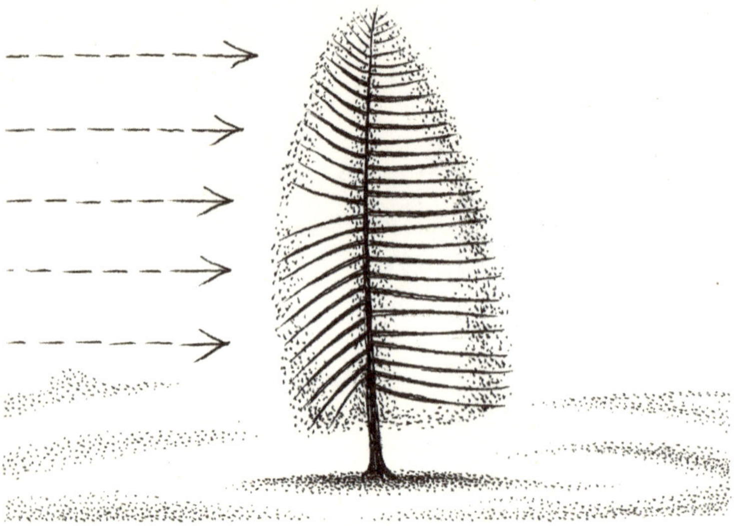

Kortere takken aan de kant waar de wind vandaan komt, buigen richting de stam; aan de luwe kant groeien langere, rechtere takken

stam toe buigt en aan de luwe kant juist van de stam af. Als bijvoorbeeld een naar de wind gerichte tak omhoogwijst, zal de wind hem verder omhoogduwen, tegen de stam aan. Aan de luwe kant duwt diezelfde wind de tak juist weg van de stam. Of de takken nu omhoog- of omlaaggericht zijn, de takken aan de kant waar de wind vandaan komt, komen dichter bij de stam terecht; de takken aan de luwe kant worden bij de stam vandaan geduwd.

Buigen

Tot nu toe hebben we gekeken naar blijvende verschijnselen die het gevolg zijn van krachtige en langdurige trends. Maar er doen zich ook veranderingen voor die slechts een paar seconden duren; daarna keert de boom terug naar zijn voorgaande vorm.

Elk boomgeslacht heeft zijn eigen karakter en reageert op eigen wijze op de wind. Sommige bomen zijn koppig en onverzettelijk, andere zijn heel flexibel – wat dat betreft zijn bomen net mensen. Let op een winderige dag vooral op de verschillende manieren waarop bomen de wind het hoofd bieden. Op elke schaal zul je kenmerkende reactiepatronen kunnen waarnemen, van de individuele bladeren tot de volledige boom.

Van veel loofboompioniers, zoals populieren, krullen de bladeren op tot compacte kokertjes en laten zo de wind langs zich heen glijden. Dennennaalden buigen mee met de wind, maar veel kortere naaldboombladeren veranderen niet zichtbaar van vorm. De precieze bladvorm is in de wind vaak lastig vast te stellen: het gaat immers snel. Kleurverandering kan helpen – zoals we nog zullen zien, hebben de boven- en onderkant van bladeren niet dezelfde kleur.

Deze trend zet zich voort door de hele boom. Als het blad in de wind van vorm verandert, kun je ervan uitgaan dat de takken en de stam van de boom aan het uiteinde ook dun zijn en meebuigen in de wind.

Meebuigen leidt niet direct tot de schadelijke gevolgen van de wind die we eerder bespraken, maar het heeft er wel iets mee te maken. Een windvlaag kan een boom gedurende een paar seconden doen buigen, waarna deze terugveert als de wind wegvalt. Als harde wind echter over het algemeen steeds uit dezelfde richting komt, zullen zich op den duur toch wiggen, windtunnels en eenzame strijders gaan vormen.

Toevallig staat er terwijl ik dit schrijf een stevige bries; meer westwaarts passeert op dit moment een storm. Een spar deint vredig op de wind; zijn takken veren omhoog en omlaag, maar aan de stam of de naalden is geen beweging te zien. Aan de lagere delen van de beuken is ook geen verandering waarneembaar, maar hogerop passen ze hun vorm aan: de buitenste takken worden bij elke windvlaag naar binnen gedrukt, waarna ze meteen weer terugveren. De bladeren bewegen, maar alleen aan de delen van de boom die het meest aan de wind zijn blootgesteld. De top van de dichtstbijzijnde beuk zwaait kalmpjes heen en weer.

De jonge berken bewegen mee met elke windvlaag, zoals schepen op zee tijdens een storm, maar anders dan een scheepsmast buigen hun dunne stammetjes door vanaf iets boven het midden, om vervolgens terug te slingeren. Hun bladeren gaan zo hevig tekeer dat het lijkt alsof ze helemaal verdwijnen en dan weer tevoorschijn komen, doordat ze zich in hoog tempo wegdraaien en dan weer terugklappen.

De rare boom

Elk van de reacties die tot nu toe in dit hoofdstuk zijn besproken is op zichzelf genomen tamelijk rechttoe-rechtaan, maar in de natuur komen vaak combinaties voor van verschillende effecten, waardoor de interpretatie ervan wat lastiger wordt. Soms moet je zien uit te vogelen of je te maken hebt met een langetermijneffect of een verschijnsel dat de laatste paar seconden is veroorzaakt.

Ervaring maakt het steeds makkelijker om de onmiddellijke effecten en de geschiedenis van de wind aan bomen af te lezen, maar als je net begint, raad ik je aan om te beginnen met de sterkste en blijvende effecten, en dan gaandeweg je aandacht te verleggen naar kortstondige verschijnselen (daarom heb ik dit hoofdstuk op die manier ingedeeld).

Ga op zoek naar bomen die door een storm zijn geveld en vraag je af of er sprake is van ontwortelen of van knappen. Kijk vervolgens uit naar bomen op open plekken op een heuveltop of bij de kust, als je daarvoor de kans krijgt – liefs op een kalme dag. Dan hoef je niet na te gaan welke effecten door de wind van die dag worden veroorzaakt en welke het gevolg zijn van een jarenlange ontwikkeling. Als je op een beschutte plek woont, bijvoorbeeld midden in de stad, kun je de toppen van bomen in een park gebruiken voor deze oefening. Doe maar alsof de boomtoppen individuele bomen zijn.

Bestudeer de vormen van vrijstaande bomen en bekijk ze zo veel mogelijk vanuit verschillende gezichtspunten. Let erop hoe sterk hun vorm verandert wanneer je vanuit een andere hoek kijkt en hoe hun top is gebogen onder invloed van de overheersende windrichting.

Als je eenmaal de nodige tijd hebt besteed aan het opmerken van dergelijke langetermijneffecten en dat je tweede natuur is geworden, ben je klaar om op zoek te gaan naar de 'rare boom'. Op plekken die zijn blootgesteld aan weer en wind gedijen meestal alleen kleine bomen. Op de heuveltopen bij mij in de buurt doen meidoorns het goed; ze zijn bestand tegen het guurste weer. Maar waar je ook bent, er is altijd de mogelijkheid om bomen te vinden die bestand zijn tegen sterke wind. In de stad zijn sommige plekken extreem winderig: ga op zoek bij hoge gebouwen, bij rivieren, aan het einde van lange rechte straten en op plaatsen waar de wind door een opening wordt gestuwd.

Telkens als de wind uit zijn gewone richting waait, de overheersende windrichting, versterkt hij de langetermijntrends. Als de top van een boom op een rustige dag een beetje gebogen is, zal dat effect nog eens worden uitvergroot wanneer de wind uit de overheersende richting blaast. Maar regelmatig zijn er dagen waarop de wind uit een andere, soms zelfs tegengestelde richting waait. Daardoor krijgen de hieraan blootgestelde bomen een 'raar' uiterlijk. Het lijkt alsof de boom eerst al zijn haar netjes dezelfde kant op heeft gekamd, waarna iemand het met een föhn de 'verkeerde' kant op heeft geblazen. De boom verruilt dan zijn gladde, aerodynamische uiterlijk voor een veel minder elegante verschijningsvorm. Hij oogt ongemakkelijk en raar.

De rare boom is een teken dat er vreemd weer op komst is. Wind uit een richting die tegengesteld is aan de overheersende windrichting betekent de passage van een ongebruikelijk weersysteem.

De grote slotuitdaging komt wanneer je beseft dat je soms de gecombineerde effecten van de wind en de zon op de vorm van een boom moet kunnen lezen. Als je denkt te zien dat beide hun sporen op een boom hebben nagelaten en je het lastig vindt te bepalen waar je moet beginnen, moet je altijd beginnen bij de wind. De effecten van de wind kunnen die van de zon tenietdoen; omgekeerd komt bijna nooit voor.

De rare boom

Geheimzinnige patronen

De wind beïnvloedt bomen, maar bomen beïnvloeden ook de wind. In de buurt van bomen treden grote veranderingen op in de kracht en de richting van de wind. Als je door de wind veroorzaakte patronen ziet in bomen die je niet snapt of die indruisen tegen je intuïtie, helpt het als je deze veranderingen begrijpt. Dat gaat het best door ze aan den lijve te ondervinden.

Als de wind een boom of een bos tegenkomt, is hij gedwongen daaroverheen te bewegen. Hierdoor ontstaat een relatief windstil gebied aan de kant van de bomen waar de wind vandaan komt. En nadat de wind de bomen is gepasseerd, ontstaat meteen achter de bomen aan de benedenwindse kant ook een luwe plek, omdat de wind daar niet kan komen. Zulke zones worden aangeduid als 'windschaduw' – plaatsen die de wind niet kan bereiken. In de zomer trekken deze plekken vlinders en andere insecten aan.

Elke keer wanneer de wind een obstakel passeert, wordt het onderste gedeelte vertraagd door wrijving, zodat de wind over de kop slaat en begint te tollen. Stel je voor dat je rent, zo hard als je kunt, en plotseling struikelt: je bovenlichaam vervolgt zijn weg met dezelfde snelheid, maar je benen worden vertraagd. Het resultaat is dat je vooroverduikt en soms zelfs verder rolt. Ditzelfde gebeurt met de wind als die over een boom probeert te komen. Deze rollende wind staat bekend als een 'wervel'. Telkens wanneer de wind bomen passeert, ontstaan zulke wervels; dit verklaart waarom de wind met name direct achter bomen vaak nogal vlagerig lijkt en uit alle mogelijk richtingen lijkt te komen.

Als je op een winderige dag een bos in wandelt, zal het aan de bosrand nog behoorlijk lawaaiig zijn, maar rustiger worden naarmate je verder het bos in gaat. Dit is wat we allemaal verwachten, maar er is ook een subtieler effect, dat slechts weinig mensen opmerken. In het bos waait de wind het hardst boven de boomtoppen – je hoort de bovenste bladeren ritselen – en nauwelijks vlak boven de grond, maar daartussenin kun je een intrigerend briesje voelen.

De wind in het bos waait krachtiger op hoofdhoogte dan vlak daarboven of daaronder. Probeer eens de wind in je gezicht te voelen als je op een winderige dag in het bos bent. Strek dan je hand uit naar beneden en je zult merken dat de wind wegvalt ter hoogte van je knieën. Kijk vervolgens omhoog: de bladeren en takken een paar meter boven je hoofd zijn niet blootgesteld aan dezelfde wind als jouw gezicht. Dit effect treedt op doordat de wind als het ware wordt samengedrukt tussen het bladerdak en de bosbodem. Op een hete zomerdag maak je gebruik van hetzelfde effect bij een enkele boom wanneer je profiteert van de schaduw en het verkoelende effect van de krachtigere bries onder de boom.

Als je deze effecten eenmaal hebt leren kennen, is het heel bevredigend om ze op te zoeken. Als je in de windschaduw staat aan de luwe kant van een bos en langzaam bij het bos vandaan loopt, kun je de luchtwervels voelen en onderzoeken. Het lijkt net een superkracht: je kunt de wind laten blazen uit elke richting die je wenst door een paar passen te zetten en hem weer uitzetten door terug te lopen naar de bosrand.

De wind op hoofdhoogte in het bos gaat minder snel dan die boven de boomkronen. Variaties in de wind in het bos kun je dus voorspellen op basis van wat je hoort en ziet aan het bladerdak. Ga op een winderige dag met je rug in de wind staan en kijk of luister of je de wind kunt zien of horen rukken aan de toppen van een aantal hoge bomen in het bos. Tel vervolgens hoeveel seconden het duurt voordat je de wind op hoofdhoogte in het bos eveneens voelt aantrekken.

Als je de uitwerkingen van bomen op de wind eenmaal hebt leren kennen, helpt dat bij het begrijpen van veel op het eerste gezicht geheimzinnige patronen in de bomen. Zo ogen bladeren op hoofdhoogte vaak havelozer dan de bladeren dichter bij de grond en op grotere hoogte, doordat de wind op hoofdhoogte sterker blaast. Pas ontkiemde bomen en pionierbomen in de buurt van een bos kunnen er nogal gehavend uitzien door toedoen van de luchtwervels die het bos veroorzaakt. En in landschappen met meerdere kleine bossen kun je tal van interessante windpatronen waarnemen doordat de wervels van het ene stuk bos afrollen en vervolgens het stuk bos ernaast in het ongerede brengen.

Hoofdstuk 7

De stam

Een lichte buiging – Ouder en dikker, hoger en dunner – Verbreden en taps toelopen – Mager in de wind – Kerkklokken en elfenhuisjes – Het kussen – Knobbels en ribbels – Krommingen – Vorken

Als je iemand, jong of oud, vraagt om een boom te tekenen, zal de stam er niet bepaald uitspringen. Waarschijnlijk bestaat hij uit twee rechte lijnen die de grond verbinden met een bladerkroon. Toch zul je buiten nooit twee dezelfde boomstammen tegenkomen. Krommingen, bobbels, vorken en andere kenmerken staan garant voor een enorm rijke diversiteit. In dit hoofdstuk richten we de blik op de kenmerken van boomstammen en hun betekenis. We beginnen met grove trends die betrekking hebben op de hele stam en zoomen dan in op de details.

Een lichte buiging

Veel patronen in de natuur zijn voor de meeste mensen onzichtbaar, maar toch makkelijk te herkennen en vervolgens onmiskenbaar. Let er de volgende keer eens op hoe de boomstammen in jouw richting neigen als je wandelt over een breed pad of een brede weg of langs een rivier die tussen de bomen door loopt.

We hebben al gezien hoe takken zich uitstrekken over open ruimtes, zoals wegen en rivieren, en de stammen doen hieraan mee. Als het tegenovergestelde het geval was, zouden de stammen zich juist afwenden van het brede lint van licht door het bos, in de richting van de donkerdere bomen – wat een rampzalige strategie zou zijn.

Iets vergelijkbaars zie je aan de rand van ieder bos: de boomstammen leunen iets naar buiten. Het stemt tevreden als je dit bevestigd ziet wanneer je tussen de bomen door wandelt. Dit effect is met name heel sterk als je in de winter tussen de bladverliezende bomen door een heuvel op loopt. Dankzij de heldere hemel achter de kale bomen zie je fraaie silhouetten en een groot contrast.

Ik stel me graag voor dat de bomen lichtjes naar ons toe buigen om ons te begroeten. Geen hersencel in mijn hoofd gelooft echt dat dit zo is, maar op deze manier onthoud ik dat ik gespitst moet zijn op dit patroon, dat me elke keer dat ik het waarneem een warm gevoel oplevert. Probeer het maar eens.

Ouder en dikker, hoger en dunner

Lang voordat we hebben geleerd hoe je 'cirkelomtrek' spelt, hebben we één boomteken al instinctief leren lezen: hoe dikker de stam, des te ouder de boom. Als je de leeftijd van een boom wilt schatten is de omtrek van de stam een betrouwbaardere indicator dan de hoogte: bij oude bomen neemt de hoogte af, maar de stam blijft almaar dikker worden. Sommige zeer oude bomen zijn korter en dikker dan toen ze op het hoogtepunt van hun leven waren.

De omtrek van een boom wordt bepaald door ontelbaar veel variabelen, maar een goede vuistregel luidt als volgt: de omtrek van een boom in het open veld met een volle, gezonde kroon neemt jaarlijks met 2,5 centimeter toe. Een vrijstaande boom met een omtrek van 2,5 meter is dus ongeveer honderd jaar oud. Bomen in het bos stoppen meer energie in de groei naar boven, naar het licht; een boom in het bos met dezelfde omtrek zal daarom twee keer zo oud zijn – in dit geval zo'n tweehonderd jaar. Aan de bosrand staan bomen die half vrijstaan en die met deze omtrek om en nabij de honderdvijftig jaar oud zullen zijn.

Deze ruwe schattingen gaan op voor een groot aantal verschillende boomsoorten en, opmerkelijk genoeg, voor zowel loof- als naaldbomen. Puristen zullen tegenwerpen dat er uitzonderingen zijn, zoals de mammoetbomen, en dat bomen sneller groeien als ze jong zijn en langzamer als ze seniel beginnen te worden, waardoor je rekening moet houden met een zekere foutmarge bij jeugdige en bejaarde bomen.

De totale hoeveelheid water die uit een rivier stroomt, kan nooit groter zijn dan de hoeveelheid water die de rivier in stroomt vanuit alle bronnen die erin uitmonden. Iets vergelijkbaars geldt voor bomen: de totale dikte van de takken van een boom is grofweg gelijk, onafhankelijk van de hoogte. Als je alle twijgen boven in een hoge boom zou samenbinden tot een strakke bundel, zou die min of meer dezelfde omvang hebben als de stam. Hierover schreef Leonardo da Vinci in zijn *Verhandeling over de schilderkunst*: 'Alle takken van een boom op elke hoogte zijn bij elkaar genomen even dik als de stam [onder ze].'

Dit eenvoudige uitgangspunt helpt je om te begrijpen waarom de stam een stuk smaller is na een grotere aftakking: er is minder water en er zijn minder voedingsstoffen die moeten worden getransporteerd. Je kunt hier overigens ook op een andere manier naar kijken. Zoals we eerder zagen, maken bomen extra hout aan om extra gewicht of spanning het hoofd te bieden, dus moet de stam dikker zijn onder zware takken.

Verbreden en taps toelopen

Ooit was het dorpje Weldon in Northamptonshire, midden in Engeland, helemaal omringd door het Rockingham Forest, een uitgestrekt bos waar de adel graag ging jagen. Het was niet makkelijk om de weg te vinden in Rockingham: veel reizigers namen een verkeerde afslag en verdwaalden. Al duizenden jaren raken mensen de weg kwijt in bossen en dat zal ook zo blijven, maar in Weldon beschikt men over een oude, uiterst zeldzame en ingenieuze oplossing voor dit probleem, die nog altijd dienstdoet.

Het verhaal gaat dat een reiziger eens volledig verdwaald raakte in Rockingham Forest, maar er uiteindelijk in slaagde om een uitweg te vinden doordat hij licht zag stralen vanaf de kerktoren van Weldon. De opgeluchte en dankbare reiziger wilde anderen deze ellende besparen en gaf daarom geld voor een permanente oplossing. Boven op de kerk van de Heilige Maagd Maria in Weldon werd een koepel gebouwd waarin een kaars of lantaarn ontstoken kan worden. Dit is de enige werkende binnenlandse vuurtoren in het Verenigd Koninkrijk.

Vuurtorens vertellen ons hoe we de vorm van boomstammen kunnen interpreteren. De achttiende-eeuwse Britse instrumentmaker en ingenieur John Smeaton moest een nieuwe vuurtoren ontwerpen die voor de kust van Plymouth gebouwd zou worden. Smeaton besefte dat hij iets moest ontwerpen wat dag en nacht en in ieder jaargetijde bestand zou zijn tegen de elementen, en dat gedurende vele jaren. Dit was geen eenvoudige taak, maar het was wel iets makkelijker voor wie zich realiseerde dat de natuur allang had uitgevonden hoe je iets hoogs moet maken dat bestand is tegen stormen. Je hebt sterke materialen nodig, een stevige en solide basis en de juiste vorm. Smeaton baseerde zijn ontwerp van het Eddystone Lighthouse op de vorm van de stam van een eik. Hij wist dat steen beter bestand zou zijn tegen de eindeloze golfslag dan hout, maar aan de vorm hoefde hij weinig te veranderen. De vuurtoren hield stand van 1759 tot 1877 en werd vervangen omdat de onderliggende rots was gaan eroderen en daardoor instabiel was geworden. De toren zelf stond nog als een huis.*

De meeste boomstammen zijn breder aan de voet, maar bij sommige geslachten, zoals eiken, is dat veel meer het geval dan bij andere. Hoe hoger en ouder de boom, des te meer de boom uitwaaiert. Hoge bomen krijgen de meeste wind te verduren; je onderschat algauw hoe sterk dit effect is. Een boom die ietsje hoger is dan zijn buren heeft bovenin totaal geen beschutting, juist voor het gedeelte dat wordt geconfronteerd met de krachtigste windvlagen. Een klein beetje extra hoogte leidt dus tot veel grotere tegenkrachten en daarom ook tot een veel bredere stambasis.

Iedere boomstam loopt taps toe richting de top. De manier

---

* Je kunt bij Plymouth de door Smeaton ontworpen toren nog altijd bezoeken. Hij werd ontmanteld, maar is vervolgens herbouwd aan land, nadat het publiek had toegezegd hiervoor te betalen. Hier staat de toren sinds 1884 'ter herinnering aan een van de succesvolste, meest praktische en leerzaamste werken van de civiele techniek die ooit zijn gerealiseerd'.

waarop dit gebeurt, weerspiegelt het karakter van de soort en de daarmee gepaard gaande tendens in de takken. Pioniersoorten, zoals lariks, berk en els, gaan ervan uit dat ze opgroeien op een open, winderige plek, zodat hun stammen uitlopen in smalle, zweepachtige twijgen. Trage, bedachtzame bomen, zoals eiken en mammoetbomen, lopen minder taps toe en behouden tot bovenin een zekere dikte.

Mager in de wind

Geen enkele boomstam is een perfecte, symmetrische cilinder. Als je een boomstam op hoofdhoogte zou doorzagen, is de resulterende dwarsdoorsnede nooit een echte cirkel. Er is altijd wel iets wat roet in het eten gooit. Zoals altijd spelen drie factoren een rol in het ontstaan van de uiteindelijke vorm: genen, omgeving en tijd.

Sommige soorten zijn voorgeprogrammeerd als tegenstanders van de perfecte vorm. Taxussen doen bijvoorbeeld niet aan regelmaat – nergens ter wereld zul je een taxus vinden met een perfect cirkelvormige dwarsdoorsnede. En veel kleinere boomsoorten laten het idee van een keurige enkele cirkel al meteen varen door uit te lopen in meerdere stammen; vooral hazelaars en elzen hebben die neiging. Zulke meerstammige bomen beginnen dicht bij de grond als een compacte bundel, maar in de loop van de tijd valt die uiteen en groeien de stammen bij elkaar vandaan.

Veel gezonde bomen, waaronder beuken en eiken, hebben een tamelijk regelmatige stam vanaf ongeveer borsthoogte tot vlak onder de laagste grote zijtak. Dit gedeelte oogt op het eerste gezicht rond, maar is meestal ovaal.

De hele boom reageert op de wind en dat geldt ook voor de stam. De meeste stammen zijn ‘magerder in de wind’. Loop eens een paar keer rond een grote volwassen boom. Je zult zien dat de stam eerst dikker lijkt, dan dunner en dan weer dikker. (Dit is een van de redenen waarom bosbouwers de omtrek van de boom gebruiken als omvangsmaat en niet de diameter.)

De stam is het magerst als je meekijkt met de overheersende windrichting (in Nederland en België zuidwest-noordoost). Als je dwars op de overheersende windrichting kijkt – zuidoost-noordwest – is de stam het dikst.

Kerkklokken en elfenhuisjes

Soms vertoont een boomstam een vloeiende lijn van de grond tot bovenaan, maar vaak wordt het beeld verstoord door de een of andere zwelling.

Laten we aan de onderkant beginnen en geleidelijk de

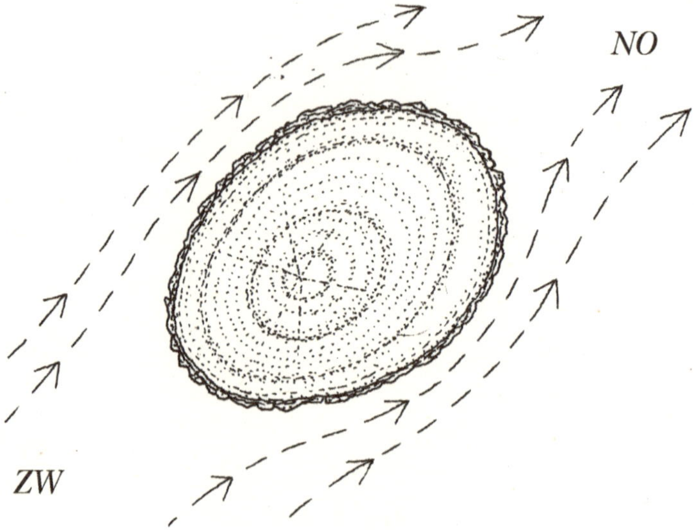

Mager in de wind

hoogte ingaan. Dat de stam aan de voet iets breder is voor de stabiliteit, wekt geen verbazing, maar van sommige bomen oogt de onderkant van de stam belachelijk dik. Het lijkt wel of de stam aan de onderkant geen boom meer wil zijn, maar een enorme kerkklok of kerstbal. Hoe je het ook noemt, het is een teken dat de boom een probleem heeft.

Als je het hart van een zoogdier stopzet, gaat het dood. Hetzelfde geldt voor allerlei andere inwendige organen, waaronder de nieren en de lever. We zijn gewend aan het idee dat het leven diep vanbinnen in stand wordt gehouden, dat de sleutels tot onze levensenergie diep onder onze huid verborgen liggen. Voor bomen geldt eerder het omgekeerde.

Het hout in het hart van een oude boom is dood. Maar als het beschermd blijft door de bast en de buitenste lagen zal het nog heel lang standhouden als een stabiel, maar levenloos gedeelte van de boom. Het verval zet in zodra micro-organismen via een barst of een andere zwakke plek tot het dode hout kunnen doordringen. Veel heel oude bomen beginnen vanbinnen te rotten, maar kunnen het nog eeuwen volhouden door hun buitenste lagen in conditie te houden. Diezelfde buitenkant is het belangrijkst voor de stevigheid, ook al een concept dat tegenintuïtief is voor ons mensen, met ons inwendige skelet.

Als er midden in het onderste gedeelte van de stam van een oude boom iets loos is, kan de boom overleven door over en om het probleem heen te groeien. Heel oude bomen kunnen zelfs profiteren van dit proces door het hergebruiken van een deel van de voedingsstoffen die weer in de grond terechtkomen nadat hun binnenkant is weggerot. (Ze maken zelfs wortels aan binnen in hun stam om zich te voeden met hun eigen rottingsproducten.)

Ook in dit geval lost de boom het probleem op door meer

hout aan te maken, en door deze extra groei ontstaat de kerkklok aan de voet van deze oude bomen. De barst of het gat waardoor de infectie is binnengedrongen, wordt bovendien gaandeweg groter. Daardoor zie je dus prachtige heel oude bomen met gaten, holtes en spleten tot diep in het onderste gedeelte van hun stam. Dit verschijnsel heb je ongetwijfeld al vele malen gezien en mogelijk ook met anderen besproken, want het ziet er heel charmant uit. Het oogt als de poort naar een elfenwoning onder in de boom. Dieren nestelen graag in zulke holtes en kinderen zijn er gek op. Soms zijn de ontstane holtes zelfs zo groot dat een volwassene erin kan staan. Ik heb weleens voor een koude regenbui geschuild in een elfenhuis in een enorme iep. Oké, ik geef het toe: de regen was alleen maar een excuus, ik deed het omdat ik er blij van werd.

Het kussen

Mijn merkwaardige en enigszins hobbelige levenspad bracht me op een keer bij een bijeenkomst aan Bedford Square in Bloomsbury. Dit deel van Londen staat bol van de bijzondere literaire geschiedenis en wordt gedomineerd door een aantal indrukwekkende georgiaanse gebouwen. Er zijn maar weinig spannendere en intimiderendere plaatsen waar je als beginnend schrijver een bijeenkomst kunt bijwonen.

Ik heb sowieso de pest aan te laat komen en in dit geval leek me dat al helemaal een slecht idee. Deze bijeenkomst zou mijn leven veranderen – dat was mijn stellige overtuiging. Gretig en zenuwachtig tegelijk arriveerde ik veertig minuten te vroeg. Ik doodde de tijd door in concentrische cirkels door Bloomsbury te wandelen. De laatste tien minuten liep ik rondjes op het plein; ik voelde me net een gevangene die even mag luchten.

Midden op het plein bevindt zich een formele, goed onderhouden tuin, omgeven door een degelijk zwart metalen hek. Ik had graag even in de tuin gewandeld om tot rust te komen tussen het groen, maar de poort zat op slot en een sleutel had ik niet. Dus kon ik alleen langs het hek lopen en tussen de spijlen door naar het groen kijken. Het liefst was ik tussen de spijlen door geglipt om te genieten van de andere kant. Toen zag ik dat de bomen er net zo over dachten: ook zij probeerden tussen de spijlen door te glippen. De voeten van een rij platanen waren opgezwollen en om de onderkant van de metalen spijlen heen gegroeid.

Als een boom groeit, wordt de stam dikker. Als die tegen iets hards aan komt dat niet meegeeft, zoals een rots, een baksteen of een metalen hek, maakt hij op dat punt extra hout aan: de stam vormt een 'kussen'. Het nieuwe hout vormt een versteviging op het raakpunt en omgeeft soms het hele obstakel. Hierdoor kan het lijken alsof boomstammen alles op hun pad proberen op te slokken.

De bijeenkomst ging goed – dacht ik – en gespannen wachtte ik op de uitkomst. Hoge verwachtingen, de toekomst voor me uitgetekend, zij het door het cartografisch niet-onderlegde deel van mijn brein. De uitslag was een tegenvaller. Het was niet gegaan zoals ik had gehoopt; van een keerpunt in mijn leven was geen sprake. Wanneer zulke gebeurtenissen in het verschiet liggen, denken we dat ze de verdere loop van ons leven zullen veranderen, maar achteraf blijkt altijd dat de belangrijkste momenten in ons leven onverhoeds plaatsvinden. Het leven ging door en nadat ik de teleurstelling en het gevoel afgewezen te zijn van me af had gezet door het maken van langeafstandswandelingen, had ik weer een laagje gevoelshout gevormd dat als kussen kon fungeren wanneer ik met het volgende obstakel zou worden geconfronteerd.

Knobbels en ribbels

Bomen weten niet wat de volgende vraag zal zijn, maar het antwoord kennen ze al: meer hout aanmaken. Veel dieren kunnen hun cellen regenereren, maar bomen kunnen er alleen maar meer toevoegen.

Soms zie je een knobbel die helemaal rondom de stam loopt, een eind boven de bredere voet. Zo'n verdikking rondom de stam is een teken dat de boom een inwendig probleem probeert op te lossen. Kijk nog eens goed naar de knobbel: wordt die geleidelijk dikker en dan weer dunner, als een kalme golf, of is het meer een verhoging met steile zijkanten, als een soort trede?

Een geleidelijke verdikking betekent dat er in het betreffende gedeelte van de stam sprake is van rot – net als bij de kerkklok, maar dan hoger. Een trede met scherpe randen betekent dat de houtvezels in de boom zijn kromgetrokken, waarschijnlijk door een ingrijpende gebeurtenis zoals een storm. Hoe dan ook, de boom heeft een zwakte vanbinnen vastgesteld en heeft daaromheen een ring aangelegd van nieuw hout om de boel te verstevigen, zoals een gipsverband rond een gebroken bot.

Wanneer je een knobbel ziet op een boomstam loont het de moeite om op zoek te gaan naar het oorspronkelijke probleem. Als de knobbel door rotting is veroorzaakt, moet er ergens een ingang zijn voor invasieve organismen, zoals een opening waar een tak is afgebroken zonder een goede afdichting. En als je nergens tekens ziet van een voormalige tak, vind je misschien iets anders, bijvoorbeeld ontbrekende bast die is afgeknaagd door een dier.

Hout is een van de vernuftigste uitvindingen van de natuur, maar het heeft zo zijn beperkingen. Als er een kracht op wordt

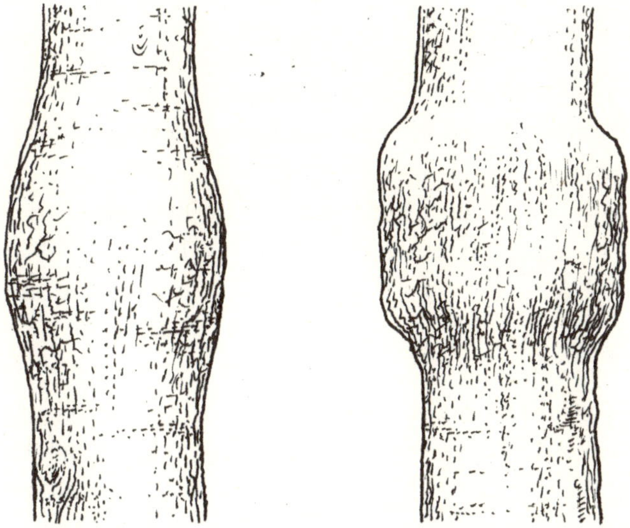

Golvende knobbel (links) en knobbel met richels (rechts).

uitgeoefend die in de loop der jaren langzaam en geleidelijk toeneemt, voegen bomen telkens een laag hout toe; op die manier kunnen ze enorme trekspanning en druk weerstaan. Maar hout kan zich niet van het ene op het andere moment aanpassen: als een storm, een aardverschuiving of een andere plotselinge grote gebeurtenis een boom treft, kan de stam barsten. De boom merkt dat er iets heel erg misgaat en reageert daarop door, je raadt het al, meer hout te vormen om zo deze nieuwe zwakke plek te verstevigen.

Een grote barst die dwars door de hele stam loopt, zal vroeg of laat fataal eindigen, maar als de barst zich beperkt tot één kant van de stam heeft de boom een kans op herstel. Hij laat hout groeien rondom en over de plek waar het probleem zich voordoet, zodat een verhoogde ribbel ontstaat over de hele barst. Soms slaagt de boom er zo in om te genezen, maar niet altijd; aan de vorm van de ribbel kun je zien in hoeverre de hersteloperatie is geslaagd. Een ronde, gladde ribbel duidt op genezing; een scherpe, puntige ribbel wijst op het tegendeel. Horizontale barsten zijn veroorzaakt door tensie (trekspanning) in de stam; verticale barsten ontstaan als gevolg van compressie (druk).

Als je een groen twijgje probeert te breken, zal het niet mooi of makkelijk knappen, maar als je het met veel geweld de ene kant op buigt en vervolgens de andere kant op, ontstaan een heleboel verticale barsten en vervolgens scheuren – een verschijnsel dat 'takbreuk' wordt genoemd. Vaak zie je lang voordat de tak in tweeën breekt al licht schijnen door een verticale scheur. Compressie veroorzaakt een verticale barst, die zich verwijdt tot een grote breuk. Eenzelfde barst ontstaat in de stam van een boom die onder druk staat, maar voordat de barst helemaal openscheurt, vormt de boom er hout omheen en overheen; hierdoor ontstaan de ribbels die je op de bast kunt zien.

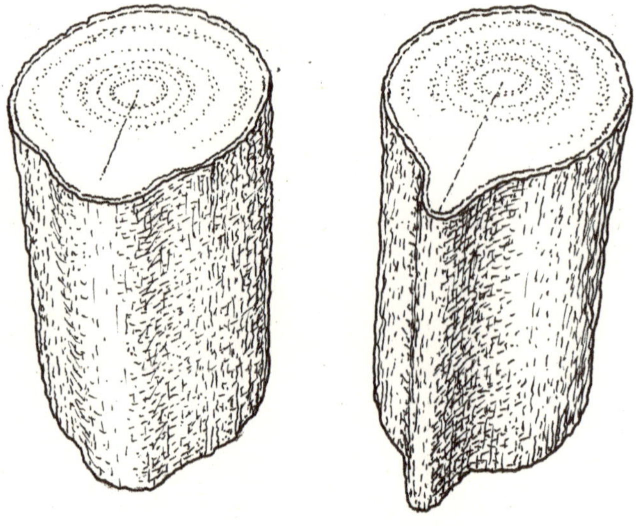

Gladde en scherpe ribbels

De waarschijnlijkste oorzaak van barsten en ribbels is de wind, maar er zijn ook andere boosdoeners. Ook door vorst kunnen barsten en scheuren ontstaan in boomstammen, met name wanneer een deel van de boom sneller uitzet of krimpt dan het naburige deel. Vorstscheuren zijn normaal gesproken verticaal.

Krommingen

Op een koude en heldere novemberavond in Yorkshire zwaaide ik Rob en Dave uit en wenste hun succes. Ze hadden als opdracht om een boerderij te vinden, een paar kilometer verderop, door gebruik te maken van de sterren, de planeten, de maan, dieren en bomen. Rob en Dave liepen de heuvel af en ik voelde een vleugje opwinding terwijl hun silhouetten langzaam vervaagden in het steeds donkerder blauw van de vroege nachthemel.

Die middag had ik de twee boerenbroers getraind in het kader van een tv-programma. Zulke situaties gaan altijd gepaard met een hoop gedoe, maar toch is het telkens weer een spannend moment. De zwembandjes gaan af en ik laat de jonkies hun eigen weg kiezen, hen aanmoedigend bij hun eerste poging om de geleerde navigatietechnieken in de praktijk te brengen.

Ik sprong in de landrover en reed de langere route via de weg naar de bestemming van Rob en Dave. Daar wachtte ik tot ze een paar uur later zouden arriveren – als alles goed verliep. De twee broers wisten de boerderij zonder hulp te vinden en opgetogen begroetten we elkaar terwijl onze adem in het maanlicht omhoogkringelde.

Tijdens de debriefing vertelden Rob en Dave dat ze in het bos enigszins uit koers waren geraakt, maar dat ze met behulp van planeten, sterren en de vormen van de bomen de weg hadden teruggevonden. Van boven gezien zou hun route eruit hebben gezien als een kromme: gaandeweg waren ze uit koers geraakt en vervolgens waren ze teruggekeerd op het juiste pad. Ook boomstammen volgen niet altijd een rechte lijn: soms raken ze tijdens hun groei uit koers en weten ze op hun eigen manier de weg weer terug te vinden.

Terwijl ik wachtte op Rob en Dave had ik mezelf warm gehouden door de velden rondom de boerderij te doorkruisen. Daarbij zag ik een superkromme boom. Het silhouet van de Californische cipres stak scherp af tegen het licht van de opkomende maan en zijn stam was heel opmerkelijk: hij was nauwelijks rechter dan de gemiddelde banaan.

Bomen voelen de zwaartekracht. De topscheut boven aan de stam groeit omhoog, in een richting die tegenovergesteld is aan die van de zwaartekracht; dit proces staat bekend als geotropie of gravitropie. De top van de boom voelt voortdurend het effect van de zwaartekracht en past zijn groeirichting hierop aan. Dit is belangrijk, want een scheut kan door allerlei oorzaken uit balans worden gebracht. Na zo'n gebeurtenis is het belangrijk dat hij de juiste koers terugvindt. Omkeren of opnieuw beginnen is onmogelijk: in het bos wordt voortdurend geschiedenis geschreven. Je kunt je een boomstam dus voorstellen als de weg die de boom heeft genomen. Als hij ergens van het pad af is geraakt, zie je dat terug aan de vorm van de stam als een bocht of soms een knik.

De gebogen cipres die ik die avond zag, groeide in de heuvels van Noord-Engeland. Het kan goed zijn dat hij als jonge boom door zware sneeuwval behoorlijk van slag was geraakt. De lange kromming liet zien dat hij een aantal jaren nodig had gehad om het juiste spoor terug te vinden.

Een boom kan door allerlei oorzaken van het rechte pad

worden gebracht; sneeuw en aardverschuivingen zijn twee van de meest voorkomende. De plek waar de kromming het sterkst is, geeft je een indicatie van wanneer de gebeurtenis heeft plaatsgevonden. Als de kromming zich dicht bij de voet bevindt, was dat aan het begin van het leven van de boom; hogerop betekent later in zijn leven. Als de vormverandering heel geleidelijk is en je niet echt een plek kunt aanwijzen waar de kromming het sterkst is, kan het zijn dat de boom voortdurend uit koers werd gebracht, bijvoorbeeld doordat de bodem eronder beetje bij beetje de heuvel af gleed.

Een kromming is iets anders dan een boog. Het kan zijn dat een boom ervoor kiest om niet perfect verticaal te groeien. Het resultaat is dat de boom een lichte buiging vertoont, zoals we aan het begin van dit hoofdstuk zagen. De hoofdoorzaak is meestal helder licht van slechts één kant. Veelal is dat in een van de volgende drie situaties: langs een pad of weg, langs een rivier of aan de bosrand. Maar het geldt ook voor bomen op een steile helling.

Als je gebogen bomen ziet op een steile helling is er sprake van een zachtaardige strijd tussen twee soorten groei. De ene soort wordt aangestuurd door de zwaartekracht, door geotropie; de andere door licht oftewel fototropie. Het hoofddoel van de stam is omhooggroeien, onder invloed van de geotropie. Maar extreme lichtasymmetrie kan via fototropie leiden tot een lichte afwijking van deze tendens. Elke soort kiest een eigen balans tussen deze twee groeisoorten, afhankelijk van zijn voorkeursomgeving. Bomen die vaak langs rivieroevers groeien, zoals elzen en wilgen, hebben zich zodanig ontwikkeld dat ze relatief veel gewicht toekennen aan de beschikbaarheid van licht: ze hangen over de rivier en hun stammen zijn slechts zelden helemaal verticaal. De meeste grote bomen en naaldbomen blijven echter nagenoeg verticaal, tenzij ze in een andere richting worden gedwongen. Als je een naaldboom ziet met een kromming of een boog, is er dus een kracht aan het werk geweest die sterker is dan licht.

Als je vaak op dit soort effecten let, ga je het karakter van elke boom aflezen uit de wijze waarop zijn stam reageert op licht en op hellingen. Wanneer je bijvoorbeeld langs de rand loopt van een gemengd bos op een steile heuvel, zul je merken dat sommige soorten schuin uit de bosrand steken en op die manier stug doorgroeien, dat andere soorten een stukje schuin naar buiten steken en dan terugbuigen naar een verticale stand, en dat weer andere soorten zich nergens wat van aan lijken te trekken en gewoon verticaal omhooggroeien. Dit is een bijzonder moment, want jouw observatievermogen blijkt flink te zijn toegenomen. Tegen de tijd dat jij opmerkt hoe elke boom anders reageert op dezelfde invloeden, neem je verschijnselen waar die de meeste mensen ontgaan.

Een schuin op- of aflopende bodem komt vaak voor en

De hoeken van hoge en lage bomen op een steile helling

brengt nog een ander ongebruikelijk en zelden waargenomen effect teweeg. Op heuvelhellingen hebben de hogere bomen de neiging om verticaal omhoog te groeien, tegen de zwaartekracht in. Maar de lagere bomen in de struiklaag kunnen meer licht oogsten door vanuit de helling te groeien, loodrecht op de bodem.

Vorken

Een paar stappen van de deur van mijn schuurtje staat een indrukwekkende volwassen beuk, die ik al duizenden keren heb gezien en honderden keren heb aangeraakt. Op schrijfdagen loop ik er dicht genoeg langs om hem te kunnen ruiken en in de zomer lunch ik graag in zijn schaduw.

Op een ochtend stelde ik mezelf een taak waarvan ik vreesde dat die nutteloos zou zijn. Ik besloot me een paar minuten lang te concentreren op deze ene boom om te kijken of ik iets over het hoofd had gezien. Had deze beuk interessante kenmerken die ik nog niet eerder had waargenomen?

Nadat ik van vlakbij had gekeken, deed ik een paar passen naar achteren. Voor het eerst nam ik de vorm van de beuk goed in me op. Plotseling werd ik getroffen door zijn gewoonheid. Bij mijn dichtstbijzijnde buren, aan de rand van het bos, staan ook twee beuken, maar die zijn bij lange na niet zo keurig. Het zijn bomen van dezelfde soort en hetzelfde formaat, maar op de een of andere manier is hun vorm minder klassiek, minder 'ideaal'.

Deze twee bomen zijn rommeliger, minder symmetrisch en minder mooi. Mijn beuk is perfect van vorm. Hij oogt verfijnd en elegant. Op andere plekken in de omgeving had ik iets soortgelijks vastgesteld: de boom die het dichtst bij een gebouw staat, lijkt netter dan de bomen die er wat verder vandaan staan. Dit is niet te wijten aan tuiniers of boomchirurgen. Het kostte me een paar rondjes om de beuken om uit te vogelen wat hier aan de hand is. Om dit te begrijpen moeten we ons bezighouden met 'vorken'.

Sommige bomen leiden een gewoon leven, hebben nauwelijks tegenslagen en groeien zoals hun genen dat voorschrijven. Deze gelukkige exemplaren krijgen de archetypische vorm die je ziet op tekeningen van bomen. Hoge bomen hebben een voorkeur voor één hoofdstam van de voet tot de top, zonder omwegen, aangezien dat de stabielste vorm is. Als de hoofdstam zich ergens in tweeën splitst, heeft hij een vork gevormd. Vorken zijn architectonisch gezien een zwakke plek; vandaar dat de hoogste bomen geen vorken hebben.

Een vork in een hoge boom betekent dat die boom in het verleden iets ernstigs is overkomen. Meestal gaat het om 'onthoofding'. Wanneer een boom door toedoen van een storm, een dier of een mens van zijn bovenkant is ontdaan, zal hij dicht bij de betreffende plek opnieuw gaan uitlopen, vaak vanuit meer dan één knop. Als de nieuwe uitlopers overleven, heeft de boom vanaf dat punt twee of meer stammen. Drie even grote stammen in een hoge boom zijn zeldzaam, maar een vork met twee tanden komt veel voor.

Zoals we inmiddels weten, beweegt het houtige deel van de stam niet omhoog: de hoogte waarop de vork begint, vormt dus een goede indicatie van het moment waarop de gebeurtenis heeft plaatsgevonden die de vork heeft veroorzaakt. Als een vork dicht bij de grond begint, is deze waarschijnlijk het gevolg van vraat door een grazer, bijvoorbeeld een hert. Een vork die hoger begint, kan zijn veroorzaakt door een kleiner dier, zoals een eekhoorn of een vogel, of door een ingrijpende gebeurtenis, zoals een storm.

De perfecte boom bestaat niet, maar een boom die er in grote lijnen goed uitziet, moet het grootste deel van zijn leven een gezonde topscheut hebben gehad. Dit blijkt uit zijn klassieke vorm: een stam die een enkele lijn vormt van de grond tot de top. Een boom met een gevorkte stam is zijn topscheut kwijtgeraakt, wat gevolgen heeft voor de hele boom. De topscheut stuurt immers hormonen naar beneden door de stam om de uitgroei van lagere takken te voorkomen, zodat de boom lang en dun blijft, met name op jongere leeftijd. Als je een vork ziet, kun je er dus van uitgaan dat de lagere takken uitbundiger groeien dan het geval zou zijn bij een exemplaar van dezelfde soort met één rechte stam. Een stam met een lage vork levert een bredere en rommeligere boom op.

Terug naar de naburige beuken. De dichtstbijzijnde beuk heeft zijn hele leven een gezonde topscheut gehad, vandaar zijn opmerkelijke klassieke uiterlijk. De rommelige beuken erachter hebben lage vorken, waarschijnlijk veroorzaakt door grazende herten, die in dit deel van de wereld veel voorkomen. Herten grazen graag op veilige afstand van gebouwen en andere tekenen van menselijke aanwezigheid – vandaar dat er meer keurige bomen te vinden zijn in de buurt van menselijke beschaving en meer gevorkte, rommelige bomen een eindje ervandaan. (Bomen in de buurt van gebouwen oefenen ook een grotere aantrekkingskracht uit op boomchirurgen, maar dat is een ander verhaal.)

Vorken zijn altijd een zwak punt, maar hoe eerder en lager ze gevormd worden, des te stabieler ze meestal zijn. In hoofdstuk 12 over basttekens leer je waaraan je kunt zien dat een vork op het punt staat om te breken.

Hoofdstuk 8

Het stronkkompas en de taartpunt

Taartpunten – Kernhout en spinthout – Ringen – Het stronkkompas – De ontbrekende stronk – Een afwerende stronk – Stekels en cirkels

Het vals essenvlieskelkje, een schimmel, heeft inmiddels duizenden essen geveld; de essen die tot nog toe hebben overleefd, zijn heel kwetsbaar. Landschapsbeheerders zijn bezorgd dat omvallende dode bomen bezoekers van het gebied kunnen pletten, wat een boel rotzooi oplevert, die dan weer moet worden opgeruimd. Liever dan hierover wakker te liggen laten ze daarom enorme aantallen essen omzagen.

Ik ben er zeker van dat ze hierover goed hebben nagedacht en het is niet aan mij om te bepalen of dit beleid wel of niet verstandig is, maar het heeft mij beroofd van een aantal van mijn favoriete bomen in de buurt en me de gelegenheid geboden om ontelbare aantallen verse boomstronken te bestuderen. Daarbij heb ik allerlei tekens in deze stronken leren lezen die me nooit eerder waren opgevallen en waarvan ik jou deelgenoot zal maken.

Het eerste waarop ik let, is de bast rond de voet van de stronk. Als die nog strak zit en er dus geen ruimte is tussen de bast en het hout, zit er nog leven in de boom. Wanneer je over een jaar terugkomt, zie je misschien wel de epicormische knoppen waarover we het eerder hebben gehad aan de stronk ontspruiten. Maar als de bast loszit, van de stronk loslaat en eraf valt, is het einde oefening: de boom is dood.

Taartpunten

Iedere dag ademen wij miljarden schimmelsporen in, een opmerkelijke gedachte. In onze longen zouden deze kunnen uitgroeien tot een zwam die ons algauw zou verstikken en ombrengen; dat gebeurt echter niet omdat ons immuunsysteem korte metten met ze maakt. Tegenwoordig zijn we gewend aan de wetenschap dat de lucht om ons heen vergeven is van de virussen, bacteriën en schimmelsporen die ons het liefst naar de andere wereld zouden helpen. En we maken ons hierover niet druk omdat we weten dat we beschikken over fantastische verdedigingsmechanismen. Deze kennis is echter van recente datum.

Duizenden jaren lang kon iedereen vaststellen wat er gebeurt wanneer ziektekiemen hun zin krijgen, maar de bacteriën, virussen en schimmels zelf kon niemand zien. Het leven liet er geen twijfel over bestaan dat wonderlijke nieuwe levensvormen vrijwel overal konden opduiken, door het verschijnen van broodschimmel tot aan iemand die aan mazelen overleed. Daarbij leek het alsof dit spontaan gebeurde, met als gevolg dat de Griekse filosoof Aristoteles ruim tweeduizend jaar geleden een grote vergissing beging.

Aristoteles meende namelijk dat leven spontaan kan ontstaan uit niet-levende materie. Hij dacht dat allerlei materialen een substantie bevatten, *pneuma* of 'vitale warmte' genoemd, waardoor vanuit deze materialen nieuw leven zou kunnen ontspringen zonder invloeden van buitenaf. Hij wees er bijvoorbeeld op dat een schone lege waterpoel na een tijdje wemelt van de levende wezens. Aristoteles' theorie van de 'spontane generatie' verklaarde hoe kikkers op wonderbaarlijke wijze verrijzen uit modder, en muizen uit beschimmeld graan. Ze zou ook enig licht werpen op het rotten van hout en op de paddenstoelen die daaraan ontspruiten.

Dezer dagen weten we dat spontane generatie onmogelijk is. Elke nieuwe levensvorm op aarde heeft een ouder in enige vorm, zelfs als het zoiets basaals als een virus betreft. Deze wetenschap kan ons helpen om een aantal patronen in boomstronken te begrijpen.

Zolang de theorie standhield dat hout spontaan vergaat, zonder invloed van organismen van buiten, was er geen aanleiding om uit te zoeken hoe bomen zich verweren tegen ziektekiemen. Begin twintigste eeuw kwam hierin verandering toen de Duitse bosbouwer Robert Hartig besefte dat hout vergaat als gevolg van een infectie en dat dit gebeurt wanneer schimmels een boom binnen dringen. Voor ons is dit vanzelfsprekend, maar destijds was het een revolutionair inzicht.

De Amerikaanse bioloog en bomenspecialist Alex Shigo bouwde hierop voort en ontwikkelde een theorie van de manier waarop bomen reageren op een infectie. Hij merkte op dat bomen proberen een schimmel in te kapselen nadat deze een deel van de boom is binnengedrongen. Nadat de boom een ziekteverwekker heeft gedetecteerd, verstevigt hij de celwanden in de stam om zo de infectie op te sluiten. Shigo noemde dit 'compartimentalisatie van verrotting in bomen' (CODIT: *compartmentalization of decay in trees*).

Een wand verhindert dat de schimmel zich verticaal naar

boven of beneden door de stam beweegt; een tweede wand voorkomt dat hij richting het midden van de stam gaat. De wand die je het vaakst met eigen ogen ziet, is de 'taartpunt': de boom versterkt de radiale wanden die als de spaken van een wiel vanuit het midden naar de rand van de stam lopen. Op die manier wordt de infectie opgesloten in een stuk stam met de vorm van een wig of een taartpunt. Wanneer je een aantal boomstronken of omgezaagde bomen in het bos bekijkt, zul je algauw zo'n taartpunt tegenkomen. Je ziet dan dus de wigvormige kamer waarin een infectie is opgesloten.

Telkens wanneer je zo'n taartpunt ziet, kun je bewondering opbrengen voor de manier waarop de boom dit probleem heeft aangepakt. Maar helaas: het feit dat je het hout kunt zien, betekent dat de boom toch is omgevallen – wat erop kan wijzen dat hij de verspreiding van de schimmel wellicht heeft weten te vertragen, maar niet helemaal heeft kunnen stoppen.

De radiale cellen die de infectie binnen de perken houden, geven tevens grote kracht aan de stam en de takken. Vandaar dat stammen ook in vergelijkbare taartpuntvormige stukken worden gehakt. (En dat groene takken zo moeilijk te knakken zijn en in plaats daarvan de eerder besproken 'takbreuk' optreedt.)

Als gevolg van een infectie kun je de radiale lijnen (houtstralen) goed zien; eiken behoren tot de weinige boomgeslachten waarbij je ze goed kunt zien zonder dat er sprake is van een infectie.

Kernhout en spinthout

Onder de buitenste schors bevindt zich een binnenste dunne bastlaag, bestaande uit levende cellen die een belangrijk weefsel vormen, floëem genaamd. Via deze laag worden de suikers getransporteerd die zijn gemaakt door middel van fotosynthese; het floëem vormt dan ook het onmisbare energienetwerk van de boom. Hierdoor zijn groei en arbeid mogelijk in delen van de boom waar energie nodig is, maar die zelf geen energie produceren, zoals de wortels. Het floëem bevindt zich rondom de boom, maar is heel dun en ligt aan de buitenkant, zodat het gevoelig is voor beschadiging van de bast.

Onder het floëem heeft de boom nog een heel dunne cellaag, zo dun dat je hem met het blote oog niet kunt zien: het cambium. In deze laag worden nieuwe cellen gemaakt; van hieruit groeit de boom, zodat de takken, de stam en de wortels elk jaar dikker worden.

Het cambium omringt het grootste deel van de stam: het xyleem. Dit bestaat uit twee delen, een oud en een nieuw deel. Meteen onder het cambium bevinden zich de jonge xyleemcellen; deze levende cellen transporteren water en mineralen naar boven en naar beneden.

Elk jaar voegt de boom een nieuwe laag xyleem toe aan de

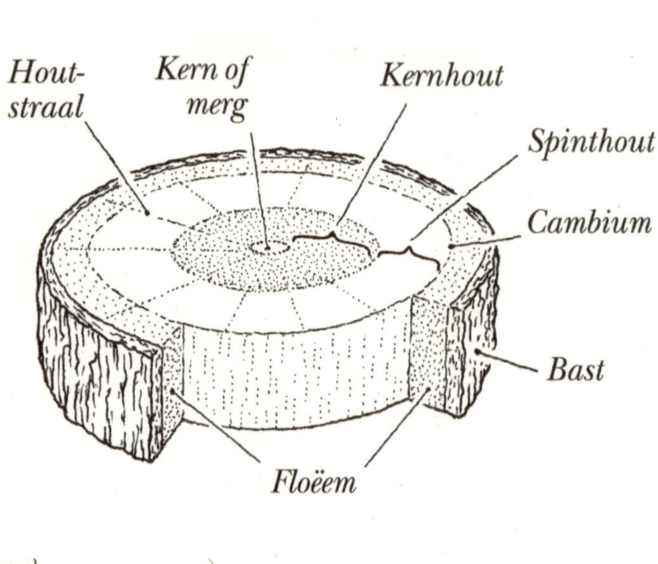

buitenkant van die van het jaar ervoor. Vandaar dat je ringen ziet en dat de oudste ringen zich het dichtst bij het midden bevinden. De xyleemcellen gaan een behoorlijke tijd mee, maar als er voldoende nieuwe lagen zijn aangemaakt, zijn de binnenste lagen niet langer nodig en sterven ze af; op dat moment vullen veel bomen ze met beschermende gom of hars. De jongere, buitenste, levende xyleemlagen heten spinthout. De binnenste lagen heten kernhout.

Het kernhout is niet altijd met het blote oog te onderscheiden van het spinthout, maar bij de meeste soorten is het donkerder. Soms is het verschil zelfs enorm en denken mensen ten onrechte dat er sprake is van een ziekte. Het zeer donkere en compacte ebbenhout is in feite het kernhout van sommige tropische boomsoorten; hun spinthout is niet donkerder dan bij andere bomen. Bij sparren is het verschil tussen kernhout en spinthout juist minimaal.

Bij sommige bomen breidt het kernhout zich uit buiten de ringen, waardoor onregelmatige patronen ontstaan. Externe stressoren zoals droogte kunnen de vorming van kernhout beïnvloeden, soms met opmerkelijke vormen tot gevolg. Ik heb sterren, wolken, een kip en zelfs een panda gezien in het kernhout van bomen als beuken, berken, esdoorns en essen.

Kernhout is compacter, droger, harder en zwaarder dan spinthout. Daarom geniet het de voorkeur voor veel praktische toepassingen. (Ebbenhout wordt tegenwoordig nauwelijks nog commercieel toegepast omdat het niet grootschalig op duurzame wijze kan worden gewonnen. Wel blijft het een fascinerende houtsoort, die zo compact is dat hij zinkt in water.) Sommige ambachtslieden gebruiken een combinatie van spinthout en kernhout om mooie effecten te bewerkstelligen, zoals een houten kom uit één stuk met lichte en donkere delen. Ook de perfecte handboog bevat zowel spinthout als kernhout: dankzij de spanning bij de verbinding tussen beide krijgt de pijl extra snelheid mee.

Ringen

Drie ringen helpen een van de meest dramatische gebeurtenissen in de westerse geschiedenis te begrijpen. Aan het einde van de vierde eeuw na Christus begon het Romeinse Rijk in elkaar te storten, mede door toedoen van plunderende indringers vanuit het oosten, onder wie de Hunnen, een nomadisch volk onder leiding van de beruchte Atilla.

Dendrochronologen – de goeroes van de bomenringen – hebben aanwijzingen gevonden voor een grote droogteperiode in China in de vierde eeuw. De bomen die in deze periode op het Tibetaanse Hoogland groeiden, laten een band van dunnere ringen zien. Vandaar de theorie dat decennia van heet en droog weer de bevolking destijds hebben gedwongen om westwaarts te trekken, op zoek naar natter en vruchtbaarder land, en zo de val van het Romeinse Rijk en het begin van de donkere middeleeuwen hebben ingeluid.

Hopelijk weten de meeste kinderen nog steeds dat je de leeftijd van een boom kunt bepalen door de ringen te tellen. Dat we de ringen kunnen zien, is logisch, al zijn weinigen zich hier werkelijk van bewust: elke ring bevat twee kleuren. Als de groei van het hele jaar een en dezelfde kleur had, zou het vrijwel onmogelijk zijn de ringen van elkaar te onderscheiden.

Ieder jaar gaat de boom door een periode van snelle groei en een periode van trage groei. In het voorjaar en vroeg in de zomer maakt hij grote cellen aan met dunne wanden – het brede en lichte gedeelte van de ring. Later in het groeiseizoen gaat dit een stuk langzamer. De boom produceert nu kleinere, compacte cellen die het smalle, donkere gedeelte van de ring vormen. Dit smalle donkere deel vormt een scheidslijn, zodat we de bredere en lichtere delen van de ringen kunnen herkennen en tellen. Van jaar tot jaar variëren de leefomstandigheden van de boom; dit beïnvloedt de breedte van elke ring. Een prettig en gul groeiseizoen resulteert in dikke ringen; veel mensen denken dat de dikste ringen het gevolg zijn van permanente zonneschijn, maar de meeste bomen groeien het best bij vochtig en mild weer met voldoende licht.

Als je voor het eerst goed kijkt naar de ringen van boomstronken in de buurt lijkt het wonderbaarlijk dat ze iets te vertellen hebben: ze lijken allemaal op elkaar. Hoe slagen de boomtovenaars erin hun verborgen taal te ontcijferen? Ze gebruiken daarvoor een eenvoudige truc, die wij ook kunnen toepassen: ze beschouwen de ringen niet als één grote groep, maar gaan op zoek naar karakteristieke lijnen. In elk deel van de wereld en in elk tijdsgewricht zijn er afwijkende jaren, periodes die eruit springen. Een van de eerste gebeurtenissen in deze reeks in Europa is de strenge winter van 1709, een jaar dat zo koud en guur was dat je het terugvindt in een enkele ring in bomen uit Engeland, Frankrijk, Duitsland, Zweden en daarbuiten. Waar je ook bent in de wereld, deze tijdreistechniek kun je altijd toepassen.

Bomen groeien naar buiten toe, dus staat de buitenste ring voor het recentste groei-jaar. De binnenste ring stamt uit de vroege jeugd van de boom. Onthoud altijd welke ring of welk ringenpaar jou het meest opvalt als je een verse boomstronk ziet met mooi afgetekende ringen. Tel vervolgens van buiten naar binnen en trek dat aantal ringen af van het jaar waarin de boom werd geveld: dit is jouw plaatselijke referentiedatum.

Ga nu op zoek naar andere boomstronken of boomstammen in de buurt. Als er een jaar is geweest waarin de omstandigheden dusdanig waren dat je het kunt aflezen aan het hout van één boom, zal dat jaar ook zijn sporen hebben nagelaten in andere bomen. Het is leuk om uit te zoeken wat er dat jaar is gebeurd: was er sprake van een abnormaal hete en droge zomer of was het juist extreem nat? In het Verenigd Koninkrijk waren de periodes 1975-1976 en 1989-1990 uitzonderlijk zwaar voor bomen. Dit zie je terug aan een dubbel signaal, dat ik in een vorig boek (*The Walker's Guide to Outdoor Clues & Signs*) al eens de 'twaalfjaarsandwich' heb genoemd. In de eiken en dennen van Europa is informatie vastgelegd die tot wel twaalfduizend jaar teruggaat. Maar tenzij je een baan hebt met het woord *dendro* erin, raad ik je aan om je te beperken tot de afgelopen honderd jaar.

Elke soort heeft zijn eigen patronen en hoe sneller hij groeit, des te breder zijn de ringen gemiddeld. Naaldbomen groeien sneller dan loofbomen, dus zijn hun ringen in het algemeen breder (dit is ook de reden dat naaldhout zachter is – hoe sneller een boom groeit, des te minder compact is zijn hout). Om deze patronen hoef je je in de tropen overigens niet te bekommeren: daar groeien de bomen het jaar rond, dus hoef je niet op zoek te gaan naar ringen. Grofweg bepalen het weer en het klimaat de breedte van elke ring, maar ook andere factoren spelen een rol.

De vuistregel is eenvoudig: stress leidt tot minder groei en dus tot smallere ringen. Er zijn allerlei soorten stress en die zijn niet altijd ongunstig. De ringen van loofbomen zijn smaller in 'mastjaren', wanneer bomen met grote zaden, zoals eiken en beuken, enorme hoeveelheden zaden voortbrengen. Ouderschap kan stressvol zijn. Het verschijnsel mastjaren komt nog uitgebreider aan bod in hoofdstuk 13, 'Verborgen seizoenen'.

Het stronkkompas

Zo nu en dan betrap ik mezelf op het uitspreken van de volgende zin: 'Het midden van een boom is niet het midden.' Dit is uiteraard flauwekul: natuurlijk is het midden van een boom het midden. Wat ik bedoel, is dat het hart van de boom zich niet precies in het midden bevindt.

Het hart is het oudste deel van de boom, het deel waar je uitkomt als je alle ringen volgt vanaf de bast tot je niet meer verder kunt. (Officieel heet het middelste deel van de stronk de 'kern', maar ik vind 'hart' intuïtiever en makkelijker te onthouden.) Het hart bevindt zich slechts zelden precies in het midden; meestal ligt het iets dichter bij de ene kant van de stronk dan bij de andere. Daarvoor is altijd een goede reden.

We hebben gezien dat bomen reactiehout laten groeien als antwoord op stress en dat naaldbomen compressiehout aanmaken en loofbomen tensiehout. Reactiehoutringen zijn breder dan gewone ringen en ze groeien altijd asymmetrisch. Dat is nu juist het idee: de boom probeert een kracht te compenseren die meer naar de ene dan naar de andere kant duwt of trekt. Vandaar dat aan de ene kant van het hart meer reactiehout groeit dan aan de andere. Zodoende bevindt het hart zich slechts zelden precies in het midden van de stronk.

Bomen in het volle licht krijgen grotere en langere takken aan de zuidkant, aangezien daar het meeste licht vandaan komt. Het extra gewicht aan de ene kant leidt tot spanning in de stam en de boom maakt meer hout aan om de disbalans te herstellen. Bij loofbomen verwacht je het hart daarom dichter bij de zuidzijde. In theorie zou het hart van naaldbomen dichter bij de noordzijde moeten liggen, maar naaldbomen groeien in het algemeen een stuk evenwichtiger, zodat het zonne-effect bij naaldbomen slechts in bescheiden mate optreedt.

Als licht de enige factor zou zijn waarmee je rekening moet houden, zou het allemaal niet zo moeilijk zijn, maar ook minder interessant. De overheersende wind duwt bomen in een bepaalde richting, zodat er eveneens hout groeit om deze kracht te compenseren. Bij naaldbomen bevindt het hart zich iets dichter bij de kant die naar de wind is gericht; bij loofbomen ligt het iets dichter bij de luwe kant. (Dit is een van de redenen waarom boomstammen dunner lijken als je ze in lijn met de wind ziet en dikker als je ze dwars op de wind bekijkt.)

Land is nooit helemaal vlak; de gradiënt ervan heeft grote invloed op de ligging van het hart van de boom. Bij loofbomen bevindt het hart zich dichter bij de laaggelegen kant, bij naaldbomen dichter bij de hooggelegen kant.

Het laatste waarop je moet letten, is het *lonely heart*-effect, zoals ik het noem. Een heel jonge boom die zijn topscheut al vlak bij de grond verliest, overleeft waarschijnlijk wel en zal nieuwe loten aanmaken. Vele jaren later kan dit uitmonden in een vork en meer dan één stam. Zulke bomen zijn minder stabiel dan hun eenstammige neven; daarom worden ze vaak geveld door bosbeheerders. De harten van zulke bomen bevinden zich relatief dicht bij het midden van de groep, dus dichter bij de andere stammen. Alsof ze elkaar missen.

Al deze factoren spelen tegelijkertijd een rol, zodat het eindresultaat vaak het gevolg is van een combinatie hiervan. Als je voor het eerst gaat zoeken naar dit verschijnsel, raad ik je aan om te beginnen met eenvoudige en opvallende voorbeelden. Een boomstronk in een bos op een steile helling is bijvoorbeeld ideaal: de invloeden van zon en wind zullen minimaal zijn, zodat het hellingeffect eruit zal springen.

Stronken zijn als het ware een röntgenapparaat dat ons van

alles laat zien wat verborgen blijft als de boom in goede gezondheid verkeert. Je zou wel gek zijn om daarvan niet optimaal gebruik te maken. Ik weet zeker dat je bloed wat sneller zal gaan stromen wanneer je voor het eerst opmerkt dat tensiehout lichter van kleur is dan compressiehout, doordat het een hoger ligninegehalte heeft. Tenzij je aan houtbewerking doet: dan heb je aan beide een hekel, aangezien ze vervormen als je ze bewerkt. Tensiehout krijgt bovendien een ruwe textuur bij machinale verwerking.

Elke soort heeft een eigen nervatuur en het is altijd een goede oefening om te proberen een boom te identificeren op basis van het hout van zijn stronk. Sommige soorten zijn makkelijker dan andere: kersenhout heeft een rijke rode tint en elzenhout krijgt kort nadat het is blootgesteld aan de lucht een levendige rode kleur.

Maar je kunt ook je neus gebruiken. Dennenhout bevat hars met een prettige, maar bittere geur; taxusstronken hebben nauwelijks geur. Als je een taxusstronk tegenkomt, wil je misschien proberen zijn leeftijd te bepalen door de ringen te tellen. Maak dan je borst maar nat: taxusringen zijn notoir moeilijk te onderscheiden.

Ook uit de wijze waarop een stronk veroudert, kun je het een en ander afleiden; bovendien laat het zien hoe de boom heeft geleefd. Het hout en de bast van snel groeiende bomen, zoals berk, kers en es, vergaan in hoog tempo. Eikenhout bevat tannine, dat de afbraak ervan vertraagt, zodat het langzaam en elegant veroudert. De harsen die dennenhout zijn karakteristieke geur geven, vertragen het verval ervan eveneens, zodat het langer standhoudt dan het hout van veel andere boomsoorten.

Naaldbomen zijn eerder ontstaan dan loofbomen en hebben een eenvoudigere structuur, wat je kunt zien aan de nerven. Naaldboomstronken verrotten meestal van buiten naar binnen, loofbomen van binnen naar buiten. Ceders zijn de grote naaldboomuitzondering: ze verrotten van binnen naar buiten.

De ontbrekende stronk

Soms kom je een boom tegen die eruitziet alsof hij op korte stelten staat, met wortels die de stronk van de grond lijken te tillen. Wat is hier voor wonderlijks aan de hand?

Gezond levend hout heeft een zekere natuurlijke resistentie tegen infecties, maar wanneer een stronk eenmaal is gaan rotten, worden de weefsels afgebroken en ontstaat een milieu dat nieuw leven verwelkomt. Zaden van andere bomen kunnen de voedingsstoffen in een rottende stronk gebruiken voor een goede start van hun nieuwe leven, bijna alsof de stronk een bloempot vol compost is geworden. Zulke stronken of rottende stammen fungeren als een soort kinderkamer.

In de loop van de tijd vormt de nieuwe boom wortels die zich uitspreiden om en over de vergaande stronk. Uiteindelijk rot de oude stronk weg, zodat de nieuwe boom overblijft met een merkwaardige bodem en wortels die een lege ruimte lijken te overkappen. Zulke fraaie bouwwerken worden uiteraard gebruikt door elfjes en feeën, maar laat die maar in het ongewisse over de oorsprong ervan: ze hebben een voorkeur voor mysteriën.

Een afwerende stronk

Terwijl ik dit hoofdstuk schreef, vielen op een avond enkele zware sneeuwbuien. In zulke gevallen sta ik altijd vroeg op, omdat ik in Zuid-Engeland slechts zelden de kans krijg om sneeuwtekens te bestuderen.

Nadat ik een tijdje door het bos had genavigeerd met behulp van de sneeuwstrepen op de noordkant van de bomen, kwam in het zuidoosten de zon op. Een wolkenpartij in het noordwesten lichtte op in prachtige roze en oranje tinten.

Rond lunchtijd was de sneeuw alweer aan het wegdooien en rond theetijd was er vrijwel niets meer van over, behalve op de heuveltoppen, waar aan de noordkant van elke boom kleine bergjes sneeuw waren blijven liggen. Terwijl ik mijn huis naderde, liep ik minutenlang zonder enige sneeuw te zien. Totdat ik een perfect laagje poedersneeuw zag op een brede essenstronk. Dat viel extra op doordat verder in geen velden of wegen meer sneeuw te bekennen was. Het was een fijn raadsel: waarom lag op deze ene plek sneeuw en verder nergens?

De oplossing ervan is drieledig. Om te beginnen was de grond opgewarmd doordat af en toe de zon had geschenen; de stronk had als koelkast gefungeerd door de sneeuw een eindje boven de warmere grond te tillen. Op een meter hoogte was de lucht kouder dan de grond: ik droeg geen handschoenen en voelde het aan mijn vingers.

Bovendien had de stronk als isolator gewerkt, zodat de warmte in de grond de sneeuw niet kon bereiken. Ten slotte, en het interessantst voor bomenlezers, betekent een grote stronk dat de hemel ter plaatse een grote verandering heeft ondergaan. Op deze ene stronk lag sneeuw omdat zich erboven geen bladerdak bevond, zodat de sneeuw onbelemmerd op de grond kon vallen. Maar het effect gaat veel verder dan alleen sneeuwval.

Stel jezelf elke keer dat je een grote stronk ziet de vraag hoe het verdwijnen van de betreffende boom het landschap heeft veranderd. Kijk bijvoorbeeld of je de ‘voetafdruk’ van de ontbrekende boom kunt terugvinden in de vorm van de naburige bomen. Ik ken een grote alleenstaande eik die er bizar uitziet: hij helt over naar het zuiden en heeft aan zijn noordzijde geen noemenswaardige takken. Je zou in de verleiding kunnen komen om te concluderen dat deze vreemde vorm uitsluitend door lichtinvloed tot stand is gekomen, maar daarvoor is hij te extreem en te raar. Het antwoord is de grote stronk die zich ongeveer acht meter ten noorden van de eik bevindt. Tot voor kort stond de eik verborgen achter een reusachtige es, die nu is geveld. De stronk is het enige wat is overgebleven van de enorme boom die zijn buurman decennialang in de schaduw had gesteld en waaraan de eik zijn vreemde scheve vorm te danken heeft.

Als je erop let, zul je algauw takken zien die wegbuigen van de grote stronk. Dit is het gevolg van de schaduw die werd geworpen door een boom die er niet meer is. Ik kijk er echter liever anders naar: het lijkt wel alsof levende bomen een hekel hebben aan grote stronken, hun takken vinden ze afstotend.

Stekels en cirkels

Kijk eens goed van dichtbij als je de volgende keer een verse boomstronk tegenkomt. Als de stronk knoestig en ruw is, kan het zijn dat de stam tijdens een storm is geknapt. Maar de meeste stronken zullen een glad oppervlak hebben omdat een bosbouwer of boomchirurg de boom expres heeft geveld. En als je goed kijkt naar een gladde stronk, zie je wellicht de stekel.

Als bosbouwers een boom vellen, zagen ze eerst het grootste deel van de stam door; hierdoor ontstaat het platte, gladde deel dat je verwacht te zien. Waar de zaag is teruggetrokken, zul je enkele lijnen, groeven en inkepingen zien, maar het grootste deel van het oppervlak is een mooie gladde snede. De laatste paar seconden voordat de boom neergaat, zal degene die hem velt voor zijn veiligheid een paar stappen achteruit zetten. Nu rust de boom alleen nog op een zwak, heel dun stukje stam dat niet is weggezaagd. Dat is niet sterk genoeg om de boom verticaal te houden en daardoor begint de boom om te vallen. Terwijl de boom omvalt, verbuigt dit smalle ongezaagde deel en breekt het af – dit veroorzaakt het indrukwekkende krakende geluid dat je hoort als je dicht bij een omvallende boom bent. Daarbij blijft een smalle, puntige stekel staan die uit het hout steekt. Ik vind het leuk om zulke stekels te zoeken en als ik er eentje vind, stel ik me het indrukwekkende, scheurende geluid voor waarmee de boom van zijn wortels is losgebroken.

Tegen de stammen van veel bomen groeien klimplanten op, zoals klimop. Als een bosbouwer zo'n boom velt, halen ze zulke klimplanten zelden weg, aangezien de kettingzaag er korte metten mee maakt. Hun stammetjes zie je als kleine houtcirkeltjes langs de hoofdstronk.

Soms laat een boom geheel of gedeeltelijk hout groeien rondom de stam van een klimmer – denk maar aan het 'kussen' uit het vorige hoofdstuk. Dit kan boeiende patronen opleveren langs de stam van een levende boom, maar ook binnen de stronken van dode bomen.

Een es waar ik jarenlang vrijwel dagelijks langsliep, had een aantal klimopstammetjes ingekapseld. Zolang de boom overeind stond, kon ik dat niet zien, maar nadat de boom was neergehaald, zag ik de stammetjes als kleine rondjes binnen de rand van de grote stronk. Het deed denken aan close-upbeelden van het oppervlak van de planeet Jupiter, waarop de grote planeet de kleinere cirkels omvat.

Hoofdstuk 9

De wortels

De dood en het olifantenpad – Vier vormen – Aanpassen of sterven – Wind en heuvels – Verbindingen, steunpilaren en de trede – Twee wortels – Scheuren in de bodem – Ondiepe wortels – Claustrofobie – Kromme vingers – Aanwaaipatronen

De dood en het olifantenpad

Ik was te vroeg voor een afspraak met Kevin Martin, de manager Boomkwekerij van Kew Gardens in het zuidwesten van Londen. De Royal Botanical Gardens van Kew hebben in de plantenwereld de status van superster. Ze zijn een wereldwijd beroemd centrum voor botanisch onderzoek met meer dan vijftigduizend planten en ze zijn door de Unesco uitgeroepen tot Werelderfgoed. De mensen van Kew weten wel wat van planten af.

Kevin begroette me bij de poort en de volgende twee uur raakten we niet uitgepraat over bomen en bomenonderzoek. Het was fantastisch. Over Kevins cv hoefden we het niet te hebben: zijn functiebenaming maakt hem sowieso tot een bomengoeroe. Mijn levensloop is wat rommeliger en daarom legde ik hem uit dat ik al meer dan twintig jaar onderzoek doe naar boomtekens, vooral met het oog op spoorzoeken. We wisselden onze ideeën uit over recent baanbrekend onderzoek en degenen die dat hadden verricht.

Al jaren weet ik dat er een sterke relatie bestaat tussen de gezondheid van de wortels van een boom en die van zijn kroon daarboven. Als je het wortelstelsel aan één kant van een boom beschadigt, zal de kroon daarboven het meest te lijden hebben: hij zal nauwelijks bladeren kunnen aanmaken of zelfs helemaal afsterven. Bij het navigeren is de vorm van de boomkroon van belang, dus is het belangrijk om dit te weten. Heeft het bladerdak het aan die ene kant moeilijk vanwege gebrek aan zonlicht, vanwege de wind of omdat de bodem is omgewoeld? Decennialang was de relatie tussen wortels en bladerdak voor mij niet meer dan een droog feitje: handig bij het ontcijferen van raadsels, maar niet iets waarnaar ik actief op zoek ging. Kevin zou daarin verandering brengen door mij te vertellen over een patroon op de grond dat een 'olifantenpad' wordt genoemd.*

Zulke paden ontstaan als voetgangers ergens graag een

---

* Al mijn hele leven ben ik gefascineerd door paden. Voor een spoorzoeker zijn paden als een partituur voor een dirigent. Deze lijnen in het landschap hebben mij zo in hun greep dat ik zelfs een naam heb bedacht voor een soort pad. Een gekromd pad om een obstakel heen, zoals een omgevallen boom of een poel, noem ik een 'glimlachpad'. Zulke paden zijn nooit een afkorting van de route: ze zijn juist langer, vandaar de kromming van de glimlach. Je vindt ze overal – waarschijnlijk heb jij vandaag of gisteren nog over een glimlachpad gelopen – maar er wordt weinig aandacht aan besteed. Aanvankelijk noemde ik ze 'bananen', maar glimlachpad (*smile path*) is een mooiere en betere naam, die in 2020 is overgenomen door het Royal Institute of Navigation.

stukje afsnijden. Als een landschapsontwerper met tegels een pad aanlegt over een grasveld, maar wandelaars toch liever een stukje afsnijden door het gras, slijten ze een pad uit in het gazon: een olifantenpad. De ontwerper wilde dat mensen een bepaalde route zouden volgen, maar het nieuwe pad laat zien waar ze het liefst lopen.

Aan het begin van onze wandeling liet Kevin me Kews boom zien met het grootste volume.

'Zie je dat opschrift?' vroeg hij, wijzend op een zwart plastic rechthoekje dat tegen de bast was gespijkerd. Ik ging dichterbij staan en las de witte letters.

KASTANJEBLADIGE EIK
Quercus castaneifolia
Kaukasus, Iran

'Ja,' antwoordde ik, me afvragend waar hij op uit was.

'Bezoekers zijn gek op deze boom en willen er meer over weten. Ze liepen allemaal naar dat bordje toe, via dezelfde rechtstreekse route. Duizenden voeten legden hetzelfde traject af naar dat bordje op de boom. Daardoor was in de grond een heel pad uitgesleten – je kunt het nog steeds zien.'

Ik keek naar beneden en zag inderdaad de schim van een olifantenpad.

'We moesten er een touw voor hangen en dat plastic bordje verplaatsen, want de boom ging eraan onderdoor. Zie je waar die grote tak het loodje heeft gelegd?' Kevin wees boven onze hoofden, waar je de plek kon herkennen waar een grote tak was afgebroken. Hij legde uit dat de bijbehorende wortels niet meer konden functioneren door de voortdurende druk van alle voeten die eroverheen liepen, zodat deze kant van de boom niet meer van voeding werd voorzien. Het ontbreken van deze grote tak was het gevolg van een olifantenpad. Dit was een overduidelijke demonstratie van twee basisconcepten die in theorie geen van beide nieuw voor me waren, maar Kevin liet me zien hoe die twee samen deel uitmaakten van het verhaal van deze boom. De paden die wij kiezen, kunnen voor een deel van een boom het einde betekenen.

Nadat ik Kevin had bedankt voor zijn tijd keerde ik opgewekt en opgewonden terug naar huis, naar Sussex. Nadat ik mijn notebook op de keukentafel had gelegd, liep ik meteen via de achterdeur het bos in. Tussen de bomen die ik zo goed kende, maakte ik een korte wandeling en ik kon mijn ogen niet geloven. Ik liep een geliefde route door het beukenbos, een olifantenpaadje, en om de paar seconden zag ik ergens een tak die het moeilijk had. Aan weerszijden van het pad waren dode takken, altijd aan de kant waar ze zich het dichtst bij het pad bevonden. Hoe was het mogelijk dat ik dit niet eerder had opgemerkt? Al die dode takken moesten zich duizenden keren voor mijn ogen hebben verborgen.

Nu is het jouw beurt. Houd de komende week alle olifantenpaadjes tussen bomen in de gaten; de meeste stadsparken liggen er vol mee. Richt je blik nu op de takken die boven dat pad groeien. Het zal niet lang duren voordat je oog in oog staat met de dood door een olifantenpad.

Misschien zouden we zulke paden links moeten laten liggen. Moet je je schuldig voelen als je toch een olifantenpaadje volgt? Dat denk ik niet; ik zal zo uitleggen waarom. Maar het is mijn primaire taak om je te helpen deze verschijnselen te herkennen. Je kunt iets niet leren lezen als het voor jouw ogen onzichtbaar is. Je kunt de dode takken waar je onderdoor loopt niet meer missen wanneer je beseft dat je deel uitmaakt van hun verhaal.

Het risico aan de hele natuur schade toe te brengen, bestaat nu eenmaal als je erdoorheen loopt, maar ik ben er heilig van overtuigd dat niets een groter risico op beschadiging loopt dan het onzichtbare. En aan het einde van dit hoofdstuk weet je hoe je over boomwortels kunt lopen zonder de boom te beschadigen.

Vier vormen

Wortels zijn de krachtbron van bomen, maar ze kunnen hun functie niet vervullen zonder te weten welke kant ze op moeten.

Als een zaadje goed terechtkomt, ontspruit de wortel aan de onderkant en groeit deze eerst naar beneden alvorens zich te vertakken. Als het zaadje verkeerd om ligt, komt de worteltop aan de bovenkant tevoorschijn. Hij groeit een stukje omhoog, maakt dan een U-bocht en groeit verder naar beneden. Hier is weer sprake van geotropie: de plant groeit onder invloed van de zwaartekracht. Wortels schuwen bovendien het licht en groeien in de richting van de schaduw, een fenomeen dat onder botanici bekendstaat als 'negatieve fototropie'. Als de worteltop een eindje is gegroeid, komen zijwortels tevoorschijn. Ook deze weten welke kant ze op willen: weg van de hoofdwortel en naar beneden.

De oude Griekse filosoof Theophrastus zou ik aan gene zijde graag eens ontmoeten. Hij merkte grotere en kleinere natuurverschijnselen op en was vooral gek op tekens. Theophrastus schreef verhandelingen over zuivere filosofie, maar ook een boek over weertekens en twee boeken over planten. Iets meer dan 2300 jaar geleden merkte hij op dat in het voorjaar de wortels beginnen te groeien nog voordat dit gebeurt met de hogere delen van de plant. Dat is logisch: de boom komt niet ver zonder water en mineralen, dus is het zaak om de toevoer ervan zo snel mogelijk op gang te brengen. Tot op de dag van vandaag hebben botanici moeite om het gedrag van wortels in kaart te brengen, maar dat iemand erin is geslaagd zulke trends meer dan tweeduizend jaar geleden al waar te nemen, is indrukwekkend en inspirerend. Goed werk, Theo.

Zoals alle andere plantendelen groeien boomwortels volgens een plan dat door de genen is voorgeschreven en zich vervolgens aanpast aan de omstandigheden. Daarbij volgt elke soort een eigen uniek programma, maar we kunnen wel vier hoofdtypen onderscheiden: oppervlakkig, zinkerwortel, hartwortel en penwortel. Deze namen beschrijven wat de boom als prioriteit heeft voor zijn wortels: verbreiden ze zich dicht onder het bodemoppervlak, als een schotel, of proberen ze zich diep in te graven, zoals een penwortel?

Wanneer een van de hoge beuken in het bos bij mijn huis wordt geveld door een storm, laat hij een kenmerkende opening in de grond achter. De boom neemt een brede en ondiepe plak aarde mee, ongeveer zoals je zou krijgen als je een wijnglas zou begraven tot aan zijn steel en het dan omver zou duwen. Direct onder de stam is de holte iets dieper, maar daarbuiten is de opening breed en verbazingwekkend ondiep. Beuken hebben een oppervlakkig wortelstelsel, net als sparren en zilversparren.

Sommige bomen, waaronder een aantal eiken, breiden zich eerst in de breedte uit en laten dan een aantal nieuwe wortels verticaal zakken vanuit hun laterale wortels, zodat 'zinkerwortels' ontstaan.

Berken, lariksen en lindebomen kiezen voor een compromis: hun wortelstelsels zijn tamelijk breed en tamelijk diep, zodat een hartvormig geheel ontstaat.

Sommige eiken hebben op jonge leeftijd een diepe centrale wortel, maar bij oudere exemplaren is deze minder uitgespro-

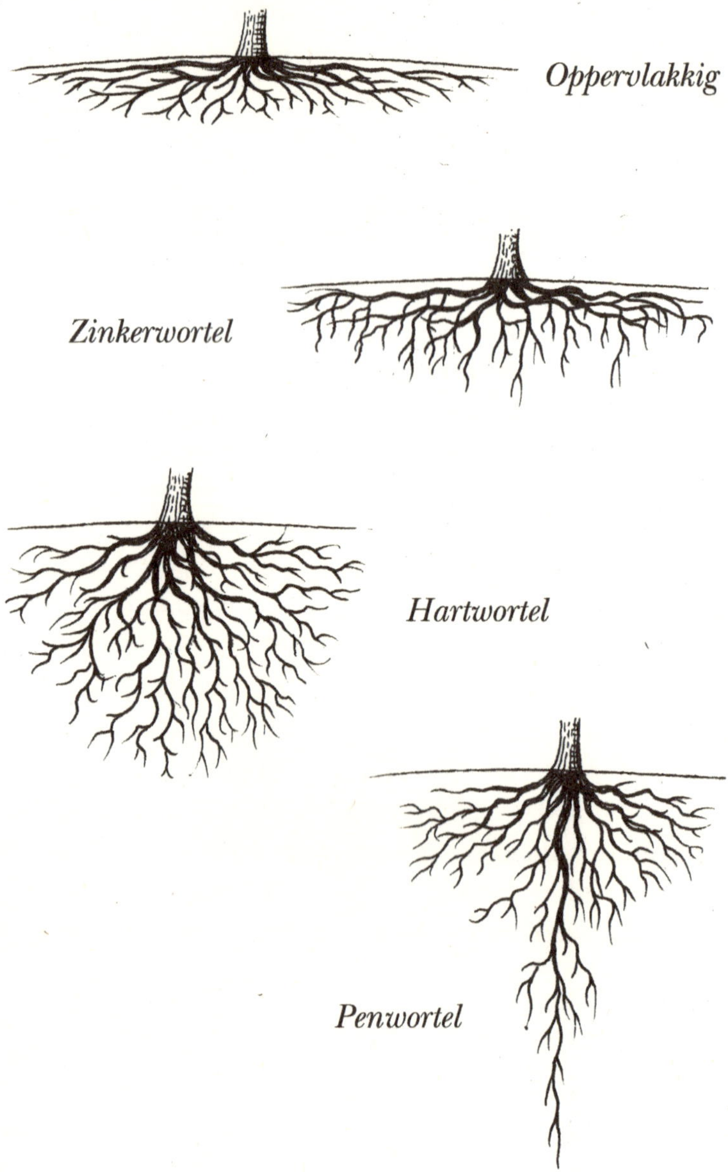
Oppervlakkig
Zinkerwortel
Hartwortel
Penwortel

ken. Bij dennen is deze penwortel een langer leven beschoren; daarom blijven dennen vaak staan als een storm de naburige sparren omverblaast. De walnoot is een van de weinige bomen waarbij een omvangrijke penwortel blijft bestaan als ze volwassen zijn – vandaar dat ze niet graag worden verpoot door wispelturige tuinders. De walnoot stamt uit Centraal-Azië; dankzij zijn penwortel is hij beter bestand tegen droogte.

Het is een hele kunst om de vorm van wortelstelsels in droge gebieden te begrijpen. Als een plant overleeft door gedurende lange periodes water te onttrekken aan een diepe bron, heeft hij een penwortel nodig. Maar als hij zich verlaat op de regen die zo nu en dan valt, zoals in de woestijn vaak het geval is, komen breed uitwaaierende oppervlakkige wortels beter van pas. In vochtige, gematigde gebieden zijn penwortels zeldzaam; de weinige bomen die ze wel hebben, zoals walnoten, deden het echter relatief goed tijdens de hete en droge zomer van 2022.*

De vuistregel is dat wortels zich ongeveer tweeënhalf keer zo ver kunnen uitbreiden als de breedte van de boomkroon. Een nog grovere vuistregel over de diepte: de wortels van loofbomen blijven oppervlakkiger dan je in eerste instantie waarschijnlijk zou denken. De meeste dingen die wortels willen, waaronder voedingsstoffen en zuurstof, bevinden zich dicht onder het oppervlak: het meeste werk dat wortels verrichten, vindt plaats op een diepte van slechts 0,6 meter.

---

* In mijn boek *De geheimen van het weer* heb ik geschreven over mijn ontmoeting met de woestijnbloem *bindii* in de Arabische woestijn. Aan de mooie gele bloemen kon ik zien dat het kort daarvoor had geregend. Ik onderzocht hoe deze plant kon overleven in zo'n ruig en droog gebied en leerde daarbij twee interessante dingen. In de eerste plaats combineert de *bindii* een penwortel met een fijn netwerk van kleine worteltjes. In de tweede plaats zou de gedroogde wortel goed zijn voor je seksuele prestaties, al is dit nooit wetenschappelijk onderbouwd. Ach ja, die wetenschappers.

Over penwortels wordt veel gedebatteerd, maar net als bij politici wordt er veel over ze gepraat, maar worden ze zelden in het echt waargenomen. Mensen lijken het een aantrekkelijk idee te vinden dat elke boom een sterke centrale hoofdwortel diep de grond in stuurt. Maar als je ontwortelde bomen bekijkt, zie je slechts heel zelden zo'n beroemde penwortel. Dat heeft drie goede redenen. Om te beginnen hebben de meeste bomen een voorkeur voor een breed en ondiep wortelstelsel. Ten tweede zien we de meeste ontwortelde bomen na een storm en worden oppervlakkig wortelende bomen eerder omvergeblazen dan bomen die dieper wortelen. Ten slotte zijn penwortels belangrijker als bomen jong zijn dan wanneer ze volwassen zijn. In zekere zin hebben alle bomen een penwortel als ze een paar weken oud zijn en hebben nog maar weinig bomen een penwortel als ze volwassen zijn.

Naaldbomen hebben gemiddeld diepere wortels dan loofbomen. Sparren en fijnsparren hebben brede, ondiepe wortelstelsels, maar de meeste andere naaldbomen gaan liever wat dieper.

Aanpassen of sterven

In het kustgebied Kalaloch in het nationaal park Olympic in de staat Washington staat een sitkaspar met de liefdevolle bijnaam 'Levensboom', een eerbetoon aan de vastberadenheid waarmee de boom zich vastklampt aan het leven, ook al maakt de natuur dat vrijwel onmogelijk.

De sitkaspar van Kalaloch is groot en sterk geworden hoewel hij voortdurend is blootgesteld aan de kustelementen. Hij begon goed met prima grond, voldoende licht en vers water uit een beek. Maar gaandeweg bleek de aanvankelijk weldadige zoetwatertoevoer een probleem: de hoeveelheid water was te groot en het water kwam te dichtbij. De beek, die onder de boom door liep, voerde gaandeweg steeds meer grond van onder de boom af naar zee. De spar groeit tegenwoordig boven een kloof en houdt zichzelf alleen nog staande met wortels die ver genoeg zijn uitgewaaierd om deze kloof letterlijk te overbruggen.

Deze boom heeft geluk met zijn oppervlakkige wortelstelsel: een boom met een smal penwortelstelsel zou niet kunnen overleven met een groot gat onder zich. Net als de vingertoppen van een actieheld die zich vastklampt aan de rand van een klif, hebben de wortels aan weerszijden net genoeg kracht om de boom boven het gat in de lucht te houden. Het interessantst is echter niet de vorm of de kracht van de wortels bij aanvang van dit probleem, maar hun vorm toen het moeilijk begon te worden.

In de loop van de tijd nam de beek steeds meer aarde mee naar zee; de kloof werd dieper en breder, tot de arme sitkaspar in de lucht leek te hangen. De stam en alle hoofdtakken bevonden zich inmiddels boven een gat dat even breed en diep was als de boomkroon. De reactie van de boom op deze heikele situatie vertelt ons iets over de tweede belangrijke factor die bepaalt hoe wortels groeien.

Vanuit zijn genen hadden de wortels van de sitkaspar een goed algemeen bouwplan meegekregen: breed en oppervlakkig uitwaaieren, als een schotel. Maar de genen weten niet waarmee een organisme te kampen gaat krijgen: hun instructies vertellen hoe je door een deur moet gaan, maar niet wat je aan de andere kant moet doen. De groeiende delen van planten reageren op stimuli en de wortels hanteren diezelfde benadering onder de grond: als ze worden blootgesteld aan stress, worden ze groter en sterker.

De wortels aan de rand van de Levensboom kregen een

enorme spanning te verduren, maar gelukkig niet allemaal tegelijk. Als het gat in één nacht was ontstaan, zoals een zinkgat, zou de boom niet voldoende kracht hebben gehad om hiermee om te gaan en zou hij zijn verdwenen in de afgrond. Maar de waterstroom had de grond onder de boom zo geleidelijk verzwakt dat de spanning op de wortels gestaag toenam, zodat ze de gelegenheid kregen om hun houtige spieren te ontwikkelen. De wortels aan de rand van de wortelschijf zijn nu veel dikker en sterker dan ze zouden zijn geweest wanneer de waterstroom geen kloof zou hebben gevormd. Sommige van die wortels zien er meer uit als takken – en dat is geen slechte manier om over wortels te denken. Ze hebben zelfs groeiringen, net als de stam en de takken.

Wortels reageren niet alleen op stress: ze zijn ook op zoek naar het goede leven. Ze groeien in de richting van water en voedingsstoffen. En net als de bovenkant van de boom splitsen en vertakken ze zich als de hoofdwortel wordt afgekapt.

Wortels kunnen makkelijk geblokkeerd worden, maar laten zich niet zomaar ontmoedigen. Als een worteltop een obstakel tegenkomt, probeert hij er eventjes doorheen te gaan. Als dat niet lukt, neemt hij de minimale omweg eromheen en zet hij zijn weg voort. Over het vermogen van wortels om door dingen heen te groeien heerst een wijdverbreid misverstand. De meeste wortels zijn niet in staat om tunnels te maken door een harde barrière heen. Wel zijn ze heel goed in gaandeweg steeds dikker worden. Waarschijnlijk is deze mythe als volgt ontstaan: we weten dat wortels naar buiten groeien en we weten dat ze sterk genoeg zijn om asfalt en stoeptegels omhoog te drukken, maar die twee dingen zijn niet hetzelfde.

Nu kennen we de twee belangrijkste factoren die de vorm van het wortelstelsel bepalen. De algemene vorm wordt bepaald door de genen: oppervlakkig, zinkerwortel, hartwortel of penwortel. En je hebt de aanpassingen aan de omgeving: waar zijn de wortels groter, sterker en langer geworden, en waarom? Deze patronen zijn lastig te bepalen zolang de boom er nog staat. Daarom moet je elke mogelijkheid aangrijpen om te genieten van de vormen die je kunt zien als een boom is omgevallen en zijn wortels uit de grond steken.

Wind en heuvels

De wind heeft veel invloed op boomwortels. Om dit te begrijpen moeten we onszelf er om te beginnen aan herinneren dat wind geen willekeurig verschijnsel is, hoezeer dat soms ook zo lijkt te zijn. Waar op de wereld je ook bent, de wind zal altijd vaker uit de ene richting waaien dan uit de andere. In gematigde zones gaat het daarbij meestal tevens om de richting waaruit de krachtigste winden waaien. In Nederland en België is dit het zuidwesten; die kant van de boom noem je de loefzijde. De tegenovergestelde kant, in ons geval het noordoosten, noem je de luwe of lijzijde.

De wortels moeten de effecten van de wind het hoofd bieden. Dit resulteert in twee tegengestelde krachten: onze oude vrienden tensie (trekspanning) en compressie (druk). Beide leiden tot grotere en langere wortels, maar ook tot verschillende vormen. Aan de loefzijde fungeren de wortels min of meer als de scheerlijnen van een tent: ze staan onder trekspanning (tensie). Aan de lijzijde worden de wortels samengedrukt (compressie): ze fungeren als steunberen die een oude overhellende muur overeind houden.

Gemiddeld worden de wortels aan de naar de wind gerichte kant van de boom groter, sterker en langer dan andere wortels. Dit kun je zien bij de voet van de stam, waar de wortels uitwaaieren alvorens onder de grond te verdwijnen: een verschijnsel waarvan je goed gebruik kunt maken bij het navigeren. De dikste en langste wortels kun je zien als een kompas: ze wijzen in de richting vanwaaruit de overheersende winden waaien.

De wortels aan de lijzijde zijn meestal de grootste wortels na die aan de loefzijde. Het gevolg hiervan is dat boomwortels in Nederland en België aan de zuidwestkant en de noordoostkant normaal gesproken meer uitwaaieren en zich verder uitstrekken vanaf de boom.

Als je een wortel doorsnijdt en tegen de dwarsdoorsnede aan kijkt, wat voor vorm zie je dan? De meeste mensen denken dat wortels groeien als lange, dunne cilinders en een ronde

Scheerlijnwortels verankeren de boom tegen de overheersende winden: je kunt ze gebruiken om de windrichting te bepalen

dwarsdoorsnede hebben, net als een tuinslang. Maar aangezien elke wortel weer met andere spanningen te maken heeft, hebben de wortels aan de verschillende kanten niet allemaal dezelfde vorm. Wortels aan de loefzijde staan onder trekspanning (tensie) en hebben een zandloper- of achtvorm. Wortels aan de lijzijde hebben te maken met compressie en groeien meer in een T-vorm. Dit effect kun je uiteraard niet zien zolang de wortels zich ondergronds bevinden, maar let er eens op als je een ontwortelde boom tegenkomt.

Wanneer ik langs een omgevallen boom loop, voel ik altijd even met mijn vingers aan de wortels: zo herinner ik mezelf aan de bovengenoemde patronen, maar het is ook een goede manier om vormen waar te nemen die aan mijn ogen zijn ontsnapt.

Verbindingen, steunpilaren en de trede

Als de stam loodrecht in de aarde zou verdwijnen en de wortels zich van daaruit horizontaal zouden uitbreiden, zou dit een rechte hoek opleveren en daarmee een zwak punt. Elke keer dat het stevig waait, zou op deze verbinding een enorme spanning komen te staan. Vandaar dat de voet van de stam en de wortels elkaar vlak boven de grond ontmoeten, in een gekromde verbinding. Zo wordt de spanning verminderd en meer verdeeld. Dit verschijnsel varieert per soort, maar hoe geleidelijker de ronding verloopt, des te groter is de spanning op de boom.

Van een afstandje kun je de wortels niet zien, maar de ronding aan de voet van de stam is wel zichtbaar. Normaal gesproken is die aan één kant van de boom uitgesprokener – de loefzijde van de boom – zodat de voet van de stam asymmetrisch oogt. De vorm doet mij altijd denken aan een olifantenpoot, met de tenen in de richting waar de wind meestal vandaan komt.

Bij sommige soorten leidt dit ertoe dat de wortels als het ware steunpilaren vormen. Daarbij is de verbinding tussen stam en wortels vervangen door imposante steunberen, gevormd vanuit de wortels, die tot een behoorlijke hoogte tegen de stam op groeien. Zulke steunpilaren komen met name veel voor bij bomen die groeien in zachte, natte bodems, zoals populieren, en zijn wijdverbreid in de tropen, waar de bodem vaak behoorlijk week is.

Als een boom op een helling groeit, passen de wortels zich aan. Bomen weten niet welke richting heuvelopwaarts of -afwaarts is en dat geldt ook voor de wortels, die uitsluitend kunnen reageren op de krachten waaraan ze zijn blootgesteld. De wortels aan de naar beneden gerichte kant zullen meer compressie ervaren; de wortels aan de naar boven gerichte kant ervaren tensie. Aan beide kanten worden de wortels dikker en sterker onder invloed van de spanning, maar hun lengtes vari-

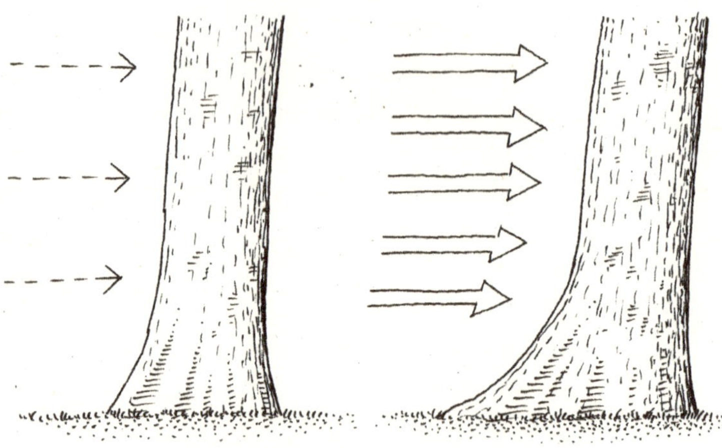

De 'olifantentenen' wijzen in de richting vanwaaruit de wind meestal waait

eren enorm. Soms weet een boom zichzelf overeind te houden door heuvelafwaarts korte, solide wortels te laten groeien om de extra compressie en de zwaartekracht te compenseren. Heuvelopwaarts werkt dit niet, aangezien de wortel daar meer lengte nodig heeft om de boom door hefboomwerking overeind te houden.

Deze logica is makkelijker te doorgronden door zelf de uitdaging aan te gaan. Stel je voor dat je een vat vol water perfect verticaal wilt laten staan op een steile helling met behulp van stukken hout. Wanneer je dit zou doen aan de heuvelafwaarts gerichte kant, zou je een paar korte, dikke blokken hout nodig hebben om het vat onder zijn bodem te ondersteunen. Maar als je dit zou doen van de andere kant, zou je een lange balk nodig hebben die een eindje heuvelopwaarts in de grond is verankerd. Een boom die op een helling groeit, past beide strategieën toe, vandaar de verschillende wortelvormen aan weerszijden. Zoals altijd hebben naaldbomen een voorkeur voor compressie en druk van beneden; loofbomen hebben een voorkeur voor tensie en trekkracht van boven. Bovendien verschillen de wortels in hun doorsnede: de zandloper en T-vorm die hiervoor zijn besproken. Op steile hellingen zijn de wortels beter zichtbaar: ze liggen meer bloot, zodat we deze effecten makkelijker kunnen observeren.

Door het verschil in hoeken tussen de wortels aan de heuvelopwaartse en de heuvelafwaartse kant van bomen ontstaat een tweede patroon waarop je kunt letten. Als je een beboste helling afdaalt, kom je een verschijnsel tegen dat ik 'de trede' noem. Aan de heuvelopwaartse kant van de boom strekken de wortels zich vrijwel horizontaal uit vanaf de voet en vormen zo een klein en vlak platform. Aan de heuvelafwaartse kant steken de wortels juist vrijwel verticaal de grond in, waardoor een klein afstapje ontstaat. Dit effect viel me enorm op toen we

De trede

een steile helling afdaalden en de bomen gebruikten als houvast. Op die manier kun je zelfs over zeer oneffen terrein naar beneden komen, via een aantal treden – je armen moeten dan heel wat werk verrichten, wat merkwaardig kan aanvoelen, maar op een lange tocht kan het een welkome afwisseling vormen.

Twee wortels

Het leven van boomwortels speelt zich af onder de grond, aan het oppervlak en ver daarboven. In de hogere delen van de boom wordt hun leven weerspiegeld. Eerder las je al hoe door intensief belopen de takken aan de kant van de beschadigde wortels kunnen doodgaan. Als je hierop let, zul je algauw opmerken dat sommige bomen ernstig te lijden hebben van een nauwelijks belopen paadje, maar dat er ook bomen zijn pal naast een veelbelopen pad die volkomen gezond lijken. Dat kan verwarrend zijn, totdat je begrijpt waarom dit zo is. Uiteraard is de ene boomsoort gevoeliger dan de andere, maar dat biedt geen verklaring voor de variatie binnen exemplaren van dezelfde soort.

Wij wonen in de buurt van de stad Chichester, waar ooit het Romeinse legerkamp Noviomagus Reginorum was gevestigd. De Romeinen legden een van hun beroemde rechte, goed ontworpen wegen aan van Noviomagus naar Londinium; deze weg heeft nog altijd goed herkenbare sporen nagelaten in het landschap. Een deel van de oude weg ligt nu onder de druk bereden A29, maar niet ver van onze achterdeur kunnen we terug in de tijd reizen en een wandeling maken over het brede, rechte voetpad dat de plaatselijke bossen doorsnijdt.

Op sommige plekken wordt dit oude pad smaller en zoekt het vervolgens slingerend zijn weg tussen en over de wortels van beuken, meidoorns, essen, vlieren en andere bomen. De oude Romeinen zouden ontstemd geweest zijn over de bochtige en hobbelige staat van hun vroegere weg, maar ik vind het juist prachtig: het is een betoverend pad dat wordt gedeeld door wandelaars, fietsers, honden, schapen, herten, konijnen en een nauwelijks waarneembare echo van leren legersandalen die ritmisch weerklinken op de gladde stenen.

Jarenlang ben ik verbaasd geweest dat de bomen langs de randen van zo'n veelgebruikt pad nog leven en dat zelfs hun takken aan de kant van het pad geen schade hebben opgelopen. Zeker de smallere delen van het pad worden zeer intensief belopen en op sommige plekken glimmen de boomwortels doordat ze door zo veel voeten zijn betreden. En toch zie je boven je hoofd grote, dikke en gezonde takken. Hoe kan het dat de bomen langs dit drukke pad gedijen, terwijl andere bij minder betreding al een kwijnend bestaan leiden of zelfs afsterven?

Sommige kleinere bomen, zoals vlieren, zijn zodanig geëvolueerd dat ze het goed doen in drukke gebieden; hun wortels zijn goed bestand tegen verdichting. Maar hier speelt een eenvoudiger en fundamenteler mechanisme een rol, dat opgaat voor alle bomen: niet elk deel van de wortel heeft dezelfde functie. Wortels hebben twee taken: ondersteuning en grondstoffenvoorziening. De dikke delen van de wortels dicht bij de stam hebben een structuurfunctie; de dunnere, uitwaaierende tentakels verder bij de stam vandaan vervoeren water en mineralen.

De worteldelen die het verst van de stam verwijderd zijn, zijn het kwetsbaarst; lichte betreding ervan is schadelijker voor de kroon dan veelvuldig gestamp op de dikkere, houtige wortels dicht bij de stam. Betreding leidt normaal gesproken niet tot breuk, maar het verdicht de grond en veroorzaakt cavitaties – luchtbellen – in de gevoelige worteldelen, die problemen met de watervoorziening veroorzaken.

Als je zodanig staat dat je de stam van een grote boom kunt aanraken, sta je boven of misschien zelfs op het dikste deel van de wortel; dit is het sterkste gedeelte, dat heel wat wandelende voeten kan hebben. Maar als je achteruitstapt, tot aan de rand van de boomkroon, sta je boven een aantal van de gevoeligste wortels. Dit gebied wordt ook wel de druppellijn genoemd; de gevoelige wortels die zich hier vlak onder het oppervlak bevinden, verzamelen de regen die hier terechtkomt vanaf de rand van de kroon. Als je een boom van water of meststof wilt voorzien, is dit de plek om dat te doen. Als zich precies over dit gebied een pad vormt, zullen de takken erboven daaronder lijden en uiteindelijk het loodje leggen en afbreken.

De oude Romeinse weg is tegenwoordig een pad dat over de dikke, sterke delen van de wortels loopt. Het loopt te dicht langs de grote bomen om ze schade te berokkenen. Ook nu het vroegere geluid van marcherende soldaten is vervangen door het klikkende gespin van mountainbikes, doen ze het prima.

Niet alleen door de mens gemaakte paden kunnen bomen beschadigen. Veel dieren volgen telkens dezelfde route op hun weg tussen voedsel, water en beschutting. Ooit wandelde ik samen met iepenfanaat John Tucker tussen de buitengewone iepen van Preston Park in Brighton. Hij vertelde over een schapenpad dat hij kende en dat je zowel aan de grond als aan de bomen kon herkennen: boven dit pad, dat de schapen volgden naar hun drinkbakken, liep een spoor van dode takken.*

Scheuren in de bodem

Aan de bodem boven de wortels kun je van alles aflezen. Als je heel droge grond tegenkomt dicht bij de stam van een grote boom, loont het de moeite om op onderzoek uit te gaan. Droge grond scheurt makkelijk en de breuklijnen zijn een indica-

* Inmiddels heb ik de nodige tijd besteed aan het zoeken van iets waarvan ik weet dat het er moet zijn, maar wat ik nog niet heb gevonden. Aangezien de wortels onder de rand van de kroon veel water opzuigen, in tegenstelling tot de wortels dicht bij de stam, zouden er kringen moeten zijn van nattere en drogere bodem als we bij een boom vandaan lopen. Dit zou invloed moeten hebben op de kleur van de grond en van de planten die er groeien, zoals altijd het geval is bij wisselende vochtgehaltes. Tot nog toe heb ik hiervan echter geen duidelijke indicatie kunnen vinden. Misschien is de hoeveelheid regenwater die langs de rand van de kroon naar beneden loopt exact gelijk aan de hoeveelheid vocht die de wortels ter plaatse opnemen, maar dat lijkt me iets te perfect. De zoektocht gaat door.

tie voor hoe stevig de boom verankerd staat. Als je meer scheuren ziet aan de kant waar de overheersende wind vandaan komt, is dat een teken dat de boom kwetsbaar is voor sterke wind. Als de scheuren zich verwijden en halve cirkels vormen (met de stam in hun midden), kan het zijn dat de boom de volgende klap niet overleeft.

Bomen in steden staan beschutter dan bomen op winderige heuvels, maar ook in steden heb je plekken die soms zijn blootgesteld aan sterke windvlagen. Soms zie je scheuren in beton, straatstenen of asfalt, met name als bomen langs lange lanen staan waar de wind doorheen geleid wordt, en in de buurt van heel hoge gebouwen die sterke rukwinden veroorzaken.

Ondiepe wortels

Ooit verkende ik een ongerept en nat gedeelte van Devon. Ik was omringd door waterminnende bomen en lagere planten, waaronder wilgen en biezen, en ik zag veel wortels aan het oppervlak. Er is een verband tussen deze twee observaties.

Alle bomen hebben hun wortels het liefst een kleine stukje onder de grond, zelfs de oppervlakkige wortelaars. Als je wortels aan het oppervlak ziet uitwaaieren vanaf de stam, is dat een teken dat de bodem iets bevat wat de wortels niet bevalt. Een van de mogelijkheden is dat de bodem verzadigd is met water: een abnormaal hoge waterstand dwingt de wortels daarbovenuit te stijgen. Niet omdat ze het water niet willen, maar omdat ze zuurstof nodig hebben; stilstaand water bevat te weinig van dit levensnoodzakelijke gas. Naaldboomwortels zijn gevoeliger voor waterverzadiging dan loofboomwortels, maar beide ondervinden er de gevolgen van.

Als water de oorzaak is van oppervlakkige wortels, is de

boom dubbel kwetsbaar voor krachtige wind: de wortels bevinden zich te dicht onder het oppervlak en zijn niet goed in de grond verankerd, en de bodem is week. Lage bomen, zoals veel wilgen en vlieren, kunnen dit aan omdat de sterkste winden over ze heen waaien, maar als hoge bomen met oppervlakkige wortels toch overeind blijven, is er iets aan de hand. Waarschijnlijk bevinden ze zich in een luwte, bijvoorbeeld van een bos of een naastgelegen hoogvlakte. Zulke bomen zijn heel gevoelig voor de zeldzame stormen die uit een ongebruikelijke richting waaien. Zo'n storm was Arwen, die eind november 2021 uit het noordoosten kwam en in het Lake District tal van bomen omverblies die daar al minstens een eeuw hadden gestaan.

Als je wortels aan het oppervlak ziet en water niet de oorzaak is, is er sprake van een dun laagje aarde, waarschijnlijk met rotsbodem eronder. De wortels zijn als het ware naar het oppervlak gedwongen. Als dit het geval is, zul je op en in de bodem veel keien zien; ook de kleur van de bodem zal hierop wijzen.

Kijk vooral ook omhoog naar de kroon als je wortels aan het oppervlak ziet die uitwaaieren vanaf de stam. Grote kans dat de bladeren niet in optimale conditie verkeren. Als de verzorgende wortels het moeilijk hebben, krijgt de boom vermoedelijk niet alle voedingsstoffen die hij nodig heeft voor een volle bladerkroon.

Claustrofobie

Ik stond eens in Texas te wachten bij een zebrapad over een druk kruispunt tot het voetgangerslicht op groen zou springen. Ik had op het knopje gedrukt en hoopte dat het niet al te lang zou duren tot ik zou mogen oversteken. De ene rij auto's kreeg groen, toen de andere en toen weer de eerste; nog altijd mocht ik niet oversteken. Ongeduldig begon ik langs de snelweg te lopen in de richting waarin ik wilde, tot ik een gat zag tussen het drukke verkeer en naar een eilandje halverwege de acht rijbanen rende.

Helaas had ik hiermee niet zozeer een klein probleem opgelost, maar een veel groter probleem geschapen. Nu stond ik op een betonnen eiland tussen acht rijbanen met voortrazende voertuigen. Een oud dametje passeerde me in een pick-uptruck met monsterachtige wielen en een chagrijnige uitlaat. Waarschijnlijk verklaart Texas' oliegeschiedenis waarom zelfs de kleinste auto op deze wegen een tractor had kunnen voorttrekken. Hoe dan ook bleef het verkeer dicht en ondoordringbaar. Er leken uren voorbij te gaan terwijl ik daar stond op mijn eiland, te midden van de uitlaatgassen en zonder een legale of veilige ontsnappingsmogelijkheid. Ik begon me neer te leggen bij een nieuw leven midden op de snelweg en keek om me heen om mezelf af te leiden. Er waren een paar saaie reclames te zien en een aanzienlijk interessantere zwarte gier, die de resten opat van een onfortuinlijk schepsel aan de overkant van de weg. Maar toen had ik beet: een rijtje kleine bomen, seringen meen ik me te herinneren, die groeiden in een smal en droog stukje aarde op mijn betonnen eiland.

Om de tijd te doden wandelde ik langs het rijtje bomen en zag dat ze langer werden en daarna weer korter. De bomen aan de twee uiteinden van het rijtje waren het kortst, de twee volgende waren iets langer en de middelste was het langst. Allemaal waren ze klein, maar de trend van kort naar langer in de richting van het midden van het rijtje was onmiskenbaar. Met leeftijd had dit niks te maken: de bomen waren even oud en vermoedelijk op dezelfde dag geplant.

Aanvankelijk dacht ik aan het 'wigeffect' waarover ik al eerder schreef – de bomen aan de beide uiteinden zouden korter zijn omdat ze het leeuwendeel van de wind opvingen, wellicht deels veroorzaakt door de passerende auto's – maar toen zag ik de werkelijke oorzaak. Het bloembed was niet overal even breed: aan de uiteinden was het smal en naar het midden toe werd het steeds breder. De wortels van de bomen aan de beide uiteinden waren grotendeels overdekt met asfalt, vandaar dat deze bomen het moeilijk hadden en minder hoog waren dan de boom in het midden, die de meeste grond tot zijn beschikking had.

Uiteindelijk wist ik te ontsnappen dankzij een kleine opening in de voortdurende voertuigenstroom, maar eerder al had zich een zinnetje vastgezet in mijn door koolmonoxide aangetaste brein:

> 'Een boom kan niet goed stijgen als de wortels geen ruimte krijgen.'

Nu ik op dit effect ben geattendeerd, zie ik het overal, in rotsige gebieden en uiteraard regelmatig in steden. Stadplanners planten vaak bomen op plekken waar er onvoldoende ruimte is voor de wortels. Als je in de stad een rijtje aangeplante bomen ziet waarvan eentje, meestal die aan een uiteinde, korter is dan de rest, is de kans groot dat die claustrofobische, overkapte wortels heeft.

Kromme vingers

Tijdens een winterse wandeling door een taxusbos in Sussex voelde ik de duistere, dichte atmosfeer van de oude bomen overal om me heen. Het was al aan het schemeren en de roep van uilen droeg bij aan de naargeestige uitstraling van de omgeving. Ik liep verder en rilde toen ik gekromde vingers uit de aarde zag steken. Ik was al vele keren langs deze plek gelopen, maar in het wegstervende decemberlicht joeg de donkere houten hand mij de stuipen op het lijf.

Er bestaat een vreemd boompatroon dat vrijwel iedereen in de war brengt die de voorgeschiedenis van de boom niet kent. Als lage takken de grond raken, voelt de boom dat en zet hij een reactie in gang: er ontspruiten nieuwe wortels aan de tak, die zich in de aarde laten zakken. Hierdoor krijgt de lage tak een onafhankelijke bron van water en voedingsstoffen, zodat hij de ouderboom niet langer nodig heeft. In de loop der tijd kan de verbinding tussen de tak en zijn ouder verdorren en verdwijnen, waardoor een boomkloon op een paar meter van de ouder ontstaat. Dit proces heet 'afleggen'; het vindt met name plaats wanneer de ouderboom ergens onder te lijden heeft.

De nieuwe boom heeft bijna altijd een eigenaardige vorm doordat hij zijn leven is begonnen als horizontale tak. Hoe groot hij ook wordt, dicht bij de grond zul je altijd een kenmerkende buiging of knik zien. Soms raken meerdere takken van de ouderboom de grond en vindt dit proces bij allemaal plaats, zodat een kring of, meestal, een boog van nieuwe bomen ontstaat. Als dit gebeurt, beginnen de jonge bomen altijd in een radiaal patroon: ze groeien weg van de ouderboom, in dezelfde richting als waarin de takken gingen op het moment dat ze de grond raakten.

Als de ouderboom nog leeft, is de recente afleggeschiedenis relatief eenvoudig te reconstrueren. Je ziet een paar lage takken afbuigen naar de grond en kunt je de rest wel voorstellen. Maar bij langlevende soorten, zoals taxussen, kunnen de nieuwe bomen hun ouder vele jaren overleven. Het resultaat is een vreemd patroon: een gedeeltelijke kring van gekromde bomen, als vingers die uit de aarde klauwen.

Als je een opvallende kring van bomen ziet die min of meer horizontaal aan hun leven zijn begonnen en daarna in verticale richting zijn afgebogen, kun je eens een blik werpen op het middelpunt van de bomencirkel. Wellicht zie je daar een rottende stronk of een ander overblijfsel van de ouderboom.

Aanwaaipatronen

Rond de voet van bomen kun je boeiende patronen waarnemen. De wortels die uitwaaieren vanaf de voet vormen een soort net, dat van alles opvangt dat door de wind over de grond wordt aangevoerd – dode bladeren, stof, twijgjes, veren en meer. Als een boom in de weg staat van deze windstroom, blijft een deel van het aangewaaide materiaal liggen en begint zich op te hopen aan de voet van de boom. In de kleine bergjes die je rond de wortels ziet liggen, vallen altijd wel patronen te ontdekken.

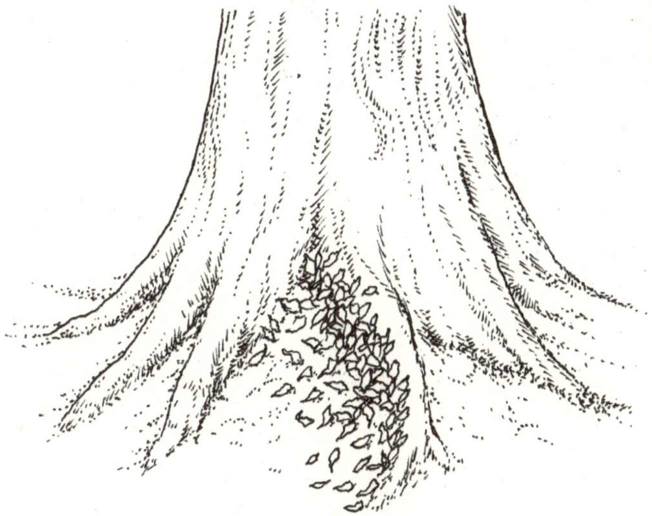

Aanwaaipatronen

In of nabij bosgebied zul je vooral dode bladeren aantreffen, als aanwaaisel. Als je de holtes tussen de steunwortels bestudeert, zul je zien dat de bladeren een voorkeur hebben: ze verzamelen zich op kleine, diepe stapels aan één kant van de boom. Aan de andere kant ligt vrijwel niks. En op hellingen zul je meer bladeren zien aan de heuvelopwaartse kant (wat samenhangt met het trede-effect). Op vlakker terrein worden patronen gevormd door de wind. Dit heeft twee aerodynamische oorzaken.

Alles wat door de wind wordt meegedragen, zal op enig moment neervallen of -dwarrelen als de lucht wordt afgeremd. Als de wind een obstakel tegenkomt, kan hij sommige plaatsen niet bereiken; zoals we eerder zagen, is daar sprake van een 'windschaduw'. Zulke plekken fungeren als een magneet voor dode bladeren, die vallen doordat de lucht er stilstaat en er blijven liggen omdat de wind ze niet kan bereiken om ze weer weg te blazen. Zo stapelen ze zich op in dat ene luwe hoekje.

De tweede oorzaak is dat de vorm van de wortels verschillend is aan verschillende kanten van de boom. Aan de loefzijde steken de wortels meer uit; aan de lijzijde slechts een klein stukje. Daardoor ontstaan aan de loefzijde bredere, diepere holtes waarin bladeren kunnen blijven liggen.

Laatst liep ik over een beboste heuvel waar beuken overgingen in eiken en vervolgens in reuzenlevensbomen. Het afgevallen blad veranderde met de soorten mee, maar de patronen onder de bomen waren gelijkaardig, opvallend en handig bij het spoorzoeken. Aan de noordoostkant van de boomwortels lagen grote aantallen kleine bladerbergjes, aan de zuidwestkant lagen ze nauwelijks. Aan ons de keuze of we deze patronen gebruiken om onze route te bepalen of alleen om het door ons gekozen pad een beetje te verlevendigen.

Hoofdstuk 10

Intermezzo: bomen beter bekijken

Een paar dagen geleden was ik een tijdje in een klein, rond bos boven op een heuvel in de buurt van ons huis. Daar merkte ik in de bomen een zo simpel, elegant en praktisch patroon op dat ik ervan schrok dat ik het niet eerder had ontdekt.

Het betreffende patroon komt later in dit hoofdstuk aan bod; eerst wil ik aandacht besteden aan de wetenschap en de kunst van de waarneming. Iets wat je nog nooit bewust hebt waargenomen, kun je niet lezen of opmerken. Dat is niet zo makkelijk als het klinkt – zoals ik zelf meerdere keren heb vastgesteld. De sleutel tot het waarnemen van dingen zit verstopt in het volgende eenvoudige verhaaltje.

Ik besloot een wandeling te maken over de begraafplaats van East Sheen in Zuidwest-Londen. Ik wilde wat tijd doden en waarom zou ik dat niet doen tussen de graven?

Via een klein en keurig veldje met zo'n honderd graven kwam ik door een opening in de heg bij duizenden graven, verspreid over het gras. De vale rechthoekige stenen stonden tot in de verte opgesteld. Elke steen behoorde toe aan een individu, elke steen ging op in de massa.

Tussen twee rijen graven kwam een blauwe, antieke Ford Escort aangereden en stopte. Ik was verbaasd: ik had geen idee dat een auto zo ver de begraafplaats op kon komen. Een oudere dame stapte uit, wit haar, donkere jas, schoon, verzorgd. Haar bewegingen verliepen in een bekend, voorzichtig ritme – een been naar voren, andere been, hand op het portier en zo verder. Ik was bang dat ze mijn ogen op zich gericht zou voelen en dat ik zo een emotioneel beladen privémoment zou verstoren. Daarom draaide ik me om en liep in de tegenovergestelde richting. Als je niemand van de doden op een begraafplaats kent, kun je je een indringer voelen.

Her en der stonden groepjes bomen, minder dan er graven waren, maar veel meer dan ik had verwacht. En heel gevarieerd: taxussen, uiteraard, maar ook ceders, dennen, berken, eiken en esdoorns. Mij viel op hoeveel bomen in groepjes van twee, drie of meer stonden. Een paar taxussen, een paar esdoorns, vier platanen; keurige en afgemeten variatie, teken van een menselijke hand.

Er waren weinig mensen: het geringe aantal bezoekers werd ruimschoots overtroffen door de hoveniers en hun lawaaiige machines. Luidruchtige benzinemotoren probeerden de doden tot leven te wekken. Een stel negeerde mijn vriendelijk 'hallo' en algauw was ik zelfs opgehouden te glimlachen naar degenen die ik passeerde. Ik nam de gedragscode van deze plek over van de overige aanwezigen: we keken niet naar elkaar, we groetten elkaar niet. Ieder voor zich.

Ik liep naar een ruwe berk waarvan de takken heen en weer zwaaiden op een manier die mij intrigeerde. En toen moest ik wel een blik werpen op een groep van drie vrouwen, eentje van middelbare leeftijd, twee piepjong, mogelijk nog tieners. Ze schikten bloemen in vazen op een schraagtafel. En ze lachten.

'Geen idee wat er nu nog moet gebeuren,' zei de oudste.

'Nee. We zijn er zowat, dus dan is het tijd om te... feesten,' zei een van de jongere vrouwen. Er klonk gelach, mogelijk enigszins ingehouden omdat ik me binnen gehoorafstand bevond.

'En te shoppen,' voegde nummer drie toe. Meer gelach.

Ze waren duidelijk een informele herdenkingsbijeenkomst of iets dergelijks aan het voorbereiden, maar ze konden onmogelijk de dood van een familielid aan het vieren zijn. Ik snapte er niks van en voelde de aanvechting om naar hen toe te lopen – ik wilde dolgraag meer weten. Maar het was mijn zaak niet; brandende nieuwsgierigheid deed daar niks aan af.

De dingen die we opmerken, zijn op de een of andere manier opvallend. Beweging trekt onze aandacht, vandaar dat veel prooidieren, zoals herten en konijnen, bevriezen als ze ons ontdekken. Ik zag niet elke boom op de begraafplaats, maar het zwaaien van de berkentakken was me niet ontgaan.

Afwijkende vormen, patronen en kleuren dringen zich op aan onze gedachten. De vale grafstenen stonden in rechte lijnen die zich aftekenden tegen het gras. Ik had niet verwacht die oude auto te zien, in dat ouderwetse pastelblauw, midden op een begraafplaats. Hij bewoog en schokte, dus moest ik hem wel opmerken. Ook contrasten vallen op – het witte haar van de vrouw tegen haar donkere jas.

In dit weinig opzienbarende, maar waargebeurde verhaaltje heb ik allerlei kleine observaties vermeld. Ik wil me concentreren op een paar van die observaties die je makkelijk over het hoofd ziet.

Waarneming heeft twee kanten: een fysieke en een psychologische. We kunnen onze fysieke waarnemingsmogelijkheden uitbreiden met lenzen – van telescopen tot contactlenzen. Maar we kunnen ook onze psychologische mogelijkheden doen groeien. Een van de beste manieren om dat te doen is het vergroten van onze motivatie. We merken meer op wanneer we geven om hetgeen waarnaar we kijken.

Dit heeft persoonlijke aspecten: we bemerken zelfs de kleinste glimlach en elk teken van droefheid op het gezicht van iemand van wie we houden. Zo heeft de evolutie ons geprogrammeerd. (We zijn er ook op afgestemd om de motieven van anderen te begrijpen; de reden waarom we zo vaak in de verleiding komen om te luistervinken.) Achter deze sterke motivatie gaan pragmatische redenen schuil: als wij gebruikmaken van de natuur om te navigeren of om voedsel te verzamelen, zullen bepaalde patronen eruit springen, zeker als ons leven ervan afhangt. Maar ook in situaties waarin er geen sprake is van een dringende persoonlijke of praktische noodzaak kunnen we onze motivatie vergroten.

Er gebeurt iets magisch wanneer je net genoeg ontdekt om te verwachten dat je betekenis zult vinden. De Amerikaanse gedragseconoom George Loewenstein heeft meerdere baanbrekende ideeën geformuleerd, waaronder de warm-koud-empathiekloof (*Hot-Cold Empathy Gap*): de stelling dat we een gemoedstoestand slecht kunnen begrijpen wanneer we zelf in een onverschillige staat verkeren. Het is moeilijk om je voor te stellen dat je het te heet hebt terwijl je het zelf juist te koud hebt, of dat je een enorme honger hebt als je net bij een *all you can eat*-restaurant bent geweest.

Begin jaren negentig van de vorige eeuw opperde Loewenstein een verklaring voor nieuwsgierigheid. Wetenschappers, zelfs sociale wetenschappers, onderzoeken graag zaken die makkelijk te definiëren en te meten zijn. Geld voldoet aan beide eisen en wordt dan ook door elke econoom onderzocht. Maar nieuwsgierigheid voldoet aan geen van beide. Er is veel minder onderzoek gedaan naar de oorzaken en gevolgen van nieuwsgierigheid dan naar de effecten van het besparen van geld. Toch zal iedereen die bij zijn volle verstand is, onderschrijven dat nieuwsgierigheid de wereld vormgeeft op veel meer intrigerende manieren dan rekeningen met spaargeld. De informatiekloof (*Information Gap*) is de poging van Loewenstein om deze onevenwichtigheid te corrigeren. Onder nieuwsgierigheid verstaan we:

> 'Een door de cognitie teweeggebracht tekort als gevolg van het ervaren van een kloof tussen kennis en begrip.'

Nieuwsgierigheid is als jeuk. We voelen haar wanneer we beschikken over een beperkte hoeveelheid informatie, maar aanvoelen dat er nog het een en ander ontbreekt. Als dat niet heel spectaculair klinkt, komt dat doordat we geneigd zijn om ons te richten op wat er ontbreekt; de originaliteit zit hem echter juist in wat we al wel weten. Een kloof dankt zijn bestaan aan beide kanten. Het werk van Loewenstein heeft verstrekkende implicaties – het laat zien dat iets weten ons nieuwsgieriger maakt dan niets weten. Een beetje informatie ontsteekt de vlam der nieuwsgierigheid op een manier waaraan volledige onwetendheid niet kan tippen.

Het goede nieuws is dat wij onze eigen kloof kunnen bewerkstelligen – we kunnen onze eigen nieuwsgierigheid aanzetten. Om jezelf nieuwsgierig te maken naar een willekeurige puzzel hoef je alleen maar een paar vakjes in te vullen. Een bijna volledig ingevuld kruiswoordraadsel waaraan nog twee woorden ontbreken, is veel prikkelender dan een geheel blanco puzzel.

Elke keer dat je een boom ziet, kun je snel en eenvoudig een groot aantal lege vakjes invullen: vorm, kleuren, bladeren. En ook een ander deel van de puzzel kun je snel invullen, door waar te nemen dat deze kenmerken op de een of andere manier afwijken van de norm. Voor die verschillen moet een reden zijn. Dat is het gat in onze kennis. Het is er altijd en als je je daarvan eenmaal bewust bent, zul je het altijd vinden. Dit gat brengt onze nieuwsgierigheid op gang. We leren om te letten op deze verschillen en kunnen vervolgens niet anders dan ons af te vragen wat ze betekenen. En dan zien we de boom voor het eerst echt goed.

De geweldige waarneming waarover ik het had aan het begin van dit hoofdstuk betreft een patroon in de vorm van boomwortels. In het vorige hoofdstuk hebben we gekeken naar allerlei wortelpatronen, waaronder het gegeven dat wortels groter, sterker en langer zijn aan de loefzijde, de kant waar de overheersende wind vandaan komt, bij ons het zuidwesten.

Die middag in het ronde stukje bos deden twee gebeurtenissen mij iets inzien wat decennialang verborgen voor me was gebleven, hoewel het zich pal voor mijn neus bevond. Het grootste deel van de middag ging de zon schuil achter de wolken, maar uiteindelijk kwam hij eronder tevoorschijn en bescheen met oranje licht het bos waarin ik stond. Het grootste deel van de bosbodem lag in de schaduw van het bladerdak, maar het licht viel op de laagste delen van een aantal bomen voor me. Dit leverde een boeiend effect op waarbij de plek waar de stam ontspringt aan de wortels werd uitgelicht. Door de contrasterende kleuren en de beweging die ontstond doordat de onderzijde van de wolken over een gedeelte van de zon bewoog, werd mijn aandacht naar de boomwortels getrokken. Mij viel op dat ze duidelijk in één richting wezen.

Mijn hersenen wilden al de snelle conclusie trekken dat ze naar het zuidwesten wezen, zoals ik verwachtte dat het geval zou zijn, maar algauw besefte ik dat dit niet waar kon zijn – dankzij de zon kon ik me prima oriënteren en kon ik mezelf niet toestaan tot zo'n verkeerde slotsom te komen. De wortels wezen noordwaarts.

Wat vreemd, dacht ik. Wat is hier aan de hand? Er was sprake van een kloof in mijn begrip en ik voelde een brandende nieuwsgierigheid – ik wilde uitvinden wat de betekenis was van deze terloopse waarneming. Het gevoel was sterk genoeg om me een halfuur op deze plek te laten doorbrengen, fanatiek speurend, tot ik het raadsel had opgelost – tot ik de informatiekloof had gedicht. Dankzij beweging, kleuren, contrasten en nieuwsgierigheid zag ik dingen die ik anders misschien had gemist.

Nadat ik een tijd heel nauwkeurig de boomwortels aan de rand van dat kleine, ronde bos had bestudeerd, zag ik een nieuw patroon: de wortels wezen allemaal in de richting van de bosrand. Plotseling was het volstrekt logisch. Aan de rand van een bos is de wind veel sterker dan in het midden, los van de windrichting. En aan de kant waarvandaan de krachtigste wind komt, worden de boomwortels groter en langer. Uiteraard wijzen de wortels in de buurt van de rand van een bos op een heuvel naar de bosrand. Ze wijzen je de weg uit het bos!

Dit boek gaat over het begrijpen van de kenmerken die we zien in bomen. Dat maakt deel uit van een positieve vicieuze cirkel: hoe meer we weten waarop we kunnen letten, des te meer nemen we waar en des te meer zien we. En gaandeweg beginnen we ook kenmerken te zien waarnaar we niet op zoek waren en die hun eigen vragen opwerpen: onze nieuwsgierigheid is gewekt.

Hieraan kleeft een bijzonder leuk aspect: wanneer we eenmaal iets nieuws hebben opgemerkt en ontcijferd, hoe bizar onze route ernaartoe ook is geweest, zal het de volgende keer en alle keren daarna onmiddellijk in het oog springen. Het kan zich niet langer verbergen.

Hoofdstuk 11

Wispelturige bladeren

Formaat doet ertoe – Gedaanteverwisseling – Niet met jezelf concurreren – Vinkje andersom – Groeien naar de stroom – Hetere en hogere lobben – Je bent veranderd – Glimmen in het droge licht – Licht- en donkergroen – Blauw genot – Vergelen – Vanzelfsprekend en onzichtbaar – Witte lijnen – Ik voel je pijn – Steelse bladeren – De heuvel op – Een web van naalden

Wanneer in het oude Griekenland iemand een moeilijke beslissing moest nemen, kon diegene om raad vragen bij priesteressen die bekendstonden als orakels. Twee van de beroemdste orakels bevonden zich bij Delphi en Dodona. Pythia, het orakel van Delphi, stond bekend om haar cryptische, haast absurde uitingen. Volgens één theorie was ze bedwelmd door het kauwen op laurierbladeren of het inhaleren van hun rook.

De eik was in het oude Griekenland een heilige boom: het was de boom van Zeus. Nadat reizigers in Dodona waren aangekomen, gingen ze op zoek naar de priesteres, die sliep onder een speciale eik. Het orakel luisterde naar het dilemma van de reiziger en wendde zich vervolgens tot de eik; diens tekens vond ze in het ruisen van de eikenbladeren, dat de stem van Zeus zou vertegenwoordigen.

Boombladeren bevatten daadwerkelijk tekens en in dit hoofdstuk leer je hoe je die moet interpreteren, zonder dat je daarvoor een hogepriesteres hoeft te raadplegen.

Formaat doet ertoe

Alle boombladeren proberen dezelfde eenvoudige taken te vervullen: zo efficiënt mogelijk zonlicht oogsten en gassen uitwisselen. Aangezien ze allemaal dezelfde twee taken hebben, is het opmerkelijk dat er zo veel verschillende vormen boombladeren bestaan. De zon verandert niet noemenswaardig en de gassen evenmin. Waarom zie je dan tijdens één korte wandeling dikke bladeren, dunne naalden, ovalen, driehoeken, lobben, tanden, stekels, rimpels, matheid, glans, lange stelen, korte stelen, eenvoudige patronen en grote complexiteit? Bladeren aan een boom hebben vele kenmerken en elk ervan heeft een betekenis; het gaat erom dat je weet welke kenmerken de interessantste boodschappen bevatten.

De natuur is geen wispelturige kunstenaar die haar creativiteit botviert op ons landschap in de hoop daarvoor een prijs te winnen. Elk van de verschillen die we zien, heeft een reden; wanneer we die kennen, zien we het teken. Bomen worden al op korte afstand van elkaar geconfronteerd met sterk wisselende hoeveelheden water, wind en licht, en grote temperatuurverschillen. Hun bladeren weerspiegelen deze veranderingen.

Kijk de volgende keer dat je over straat loopt eens of mensen hun ellebogen dicht bij hun lichaam houden of juist erbij vandaan. Bij guur weer zie je zelden mensen lopen die hun armen bij zich vandaan of omhooghouden. Als de wind koud is, maken dieren zich klein: ze trekken hun ledematen in en maken hun lichamen zo compact mogelijk, zodat ze minder warmte verliezen. Naaldbomen hebben kleine naalden of schubben omdat die door hun compacte formaat beter bestand zijn tegen gure omstandigheden. En in koude of onbeschutte gebieden hebben loofbomen kleinere blaadjes. De vuistregel luidt: hoe meer een blad is blootgesteld aan wind of kou, des te kleiner is het.

Een boom die groeit op een winderige plek zal kleinere en dikkere bladeren hebben dan als hij op een beschutte plek zou groeien. Ditzelfde verschijnsel kun je waarnemen op kleinere schaal: de onbeschutte delen van een individuele boom hebben kleinere bladeren dan de meest beschutte delen. Als je tijdens een wandeling twee bomen van dezelfde soort passeert, eentje boven op een heuvel en de andere beneden in een dal, zullen de bladeren boven in de boom op de heuveltop het kleinst en dikst zijn. De bladeren onder aan de boom in het dal zijn waarschijnlijk het breedst en dunst.

Bladeren reageren ook op lichtniveaus. Bomen hebben twee hoofdtypen bladeren: zonbladeren en schaduwbladeren. Zonbladeren zijn kleiner, dikker en lichter van kleur. Zonbladeren vind je vooral aan de rand en de bovenkant van de kroon en aan de zonnige zuidzijde. De bredere, dunnere en donkerdere schaduwbladeren groeien vooral lager aan de boom, binnen in de boomkroon en aan de noordzijde.

Bladeren spelen in op hun omgeving. Als een boom in de schaduw komt van een andere boom of een nieuw gebouw, veranderen zijn bladeren van zon- naar schaduwbladeren: ze worden breder, dunner en donkerder. Dit vermogen van bladeren om van vorm te veranderen in reactie op veranderingen in hun omgeving heet ‘plasticiteit’. Het ‘besluit’ om van de ene vorm over te stappen op de andere wordt genomen als de boom tegen het einde van het vorige groeiseizoen nieuwe knoppen vormt, klaar voor het begin van het volgende.

Gemiddeld zijn bladeren in droge gebieden kleiner. Grote bladeren raken snel oververhit; de kleintjes houden beter water vast. In schaduwrijke en vochtige gebieden heb je de meeste kans op grote, slappe bladeren; de grootste tref je aan in het regenwoud.

Al met al zul je abnormaal kleine bladeren of naalden aantreffen in gebieden die zonnig, droog, koud en winderig zijn. Vergelijk eens een blad van nabij de boomgrens – de bovengrens van het bos op een berghelling – met een blad van vlak bij de rivier in het dal. Het verschil in formaat is immens.

Gedaanteverwisseling

De ene plek is winderiger, donkerder of natter dan de andere; geen wonder dus dat er zulke grote verschillen zijn in formaat. Maar vanwaar die enorme variatie in vormen? Plantkundigen hanteren een breed palet aan termen om de vormen van bladeren te beschrijven, variërend van eirond, hartvormig en ruitvormig tot gelobd, getand en even of oneven geveerd.

Er bestaat een interessant verband tussen het bladformaat en het vertakkingspatroon waarnaar we eerder hebben gekeken vanuit het perspectief van de tak. Laten we het eens vanuit het bladperspectief bekijken: hoe kleiner de bladeren aan een grote boom, des te meer takken zul je kunnen tellen. De reden hiervoor is simpel: om een reuzenblad vast te houden is één stevige tak voldoende, maar om de gaten op te vullen met kleine blaadjes heb je heel veel takken nodig. Achteraf gezien is dat logisch, maar dit is nu precies zoiets wat zich schuilhoudt in het volle zicht totdat je het bewust opmerkt. Ook dichter bij

Enkelvoudig

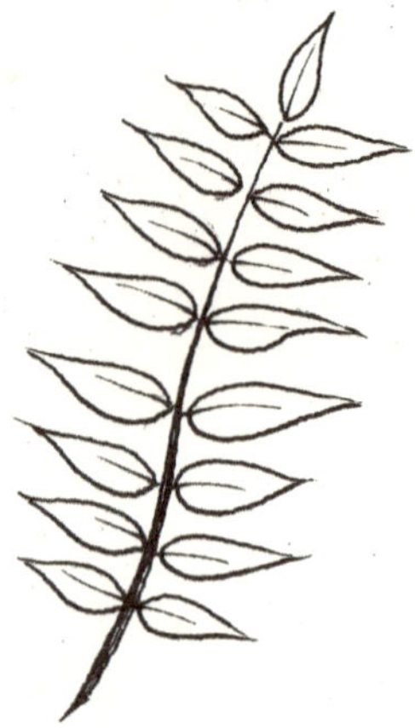

Samengesteld

de grond kun je dit patroon waarnemen: let eens op hoe grootbladige planten, zoals rabarber, onder elk blad één dikke steel hebben en hoe kruiden met honderden miniblaadjes zich juist vertakken in heel veel kleine stengeltjes.

Als je bladvormen bestudeert, moet je om te beginnen onderscheid maken tussen enkelvoudig en samengesteld. Kijk je naar een individueel blad (enkelvoudig) of maakt het deel uit van een club van blaadjes (samengesteld)? Enkelvoudige bladeren zitten met een steel of *petiool* vast aan een met bast bedekte twijg. Samengestelde bladeren ontspruiten aan een groene hoofdnerf of *rachis.* Als de blaadjes paarsgewijs aan de hoofdnerf ontspruiten, heet de bladvorm veervormig samengesteld.

In koele, gematigde zones stellen veervormig samengestelde bladeren een boom in staat om snel een heleboel bladeren te produceren en zo veel licht te oogsten zonder de noodzaak een houtige twijg te laten groeien, wat tijd en energie kost. Deze gang van zaken maakt snelle groei mogelijk en werkt het best op heldere of winderige plekken. Deze twee kenmerken hebben met elkaar te maken: een pionierboom op een open plek zal snel willen groeien en daarbij te maken krijgen met grote hoeveelheden direct zonlicht en weinig beschutting tegen de wind. Samengestelde bladeren hebben bovendien openingen waardoor het licht valt, zodat ook de lagere regionen van meerlaagse bomen een deel van het licht kunnen oogsten.*

Samengevat: bomen met veervormig samengestelde bladeren, zoals de es en de vlier, laten zien dat de boom een open plek optimaal heeft benut: hij heeft een kans gegrepen. En zoals altijd het geval is bij pioniers betekent het tevens dat het bomenlandschap nog jong is en de komende decennia ingrijpende veranderingen zal ondergaan.

Niet met jezelf concurreren

Een paar jaar geleden hielden we een keer een picknick met het gezin op een kleedje in een Londens park. We zaten dicht bij een verhard pad dat langs de rand van het park loopt; elke paar seconden passeerde een hijgende hardloper. Ik weet niet hoe dat bij jou zit, maar ik vind sporten prima zolang ik zelf degene ben die het doet. Het ziet er echter tamelijk belachelijk uit als ik zelf met iets heel anders bezig ben of net mijn tanden zet in een broodje ei. Een van de hardlopers droeg een T-shirt met de tekst 'Ik vs. mezelf' erop. Ik moest mijn lachen inhouden tot de hardloper voorbij was. Sommige spor-

* In hetere en drogere delen van de wereld betekenen samengestelde bladeren iets anders. In droge periodes kan de boom namelijk de hele hoofdnerf laten vallen; zo kan de boom snel van een heleboel bladeren afkomen om water te besparen.

ters zeggen in interviews dat ze niet zozeer strijden tegen andere sporters, maar alleen tegen zichzelf. Dit is volstrekte onzin, maar het is een geliefde manier om lastige vragen te ontwijken.

Alle organismen strijden met elkaar om hulpbronnen, vaak met andere individuen van dezelfde soort. Het leven is al moeilijk genoeg en het laatste waar een plant op zit te wachten, is een gevecht met zichzelf. Als in een bos een boom omvalt, gaan de twee naburige bomen de strijd met elkaar aan en zal een pionier zich op het nieuwe licht storten. Ze kunnen het zich beslist niet veroorloven om ook nog eens met zichzelf te concurreren.

Stel je voor dat alle takken en bladeren aan een boom naar elkaar toe zouden groeien in een poging om boven de ander uit te komen en elkaar in de schaduw te stellen. Met deze strategie zou de boom het niet ver schoppen. Het doen groeien van bladeren kost veel energie: er zijn niet genoeg hulpbronnen beschikbaar om bladeren aan dezelfde tak over elkaar heen te laten groeien. Ze moeten samenwerken; de boom zorgt daarvoor door planmatig te werk te gaan.

Het eenvoudigste plan is dat een tak zijn bladeren in hetzelfde vlak houdt, dus als een schotel. Als zich boven deze brede, platte schotel van bladeren geen andere tak bevindt, is er geen risico op schaduw. Beuken en esdoorns hebben een voorkeur voor deze aanpak, maar dit betreft wel een idealistisch scenario dat uitsluitend werkt bij eenlaagse bomen. Veel bomen hebben hier dus niks aan – ze zullen bladeren moeten laten groeien boven bestaande bladeren aan een lagergelegen tak. Dankzij een paar slimme strategieën is daarbij toch samenwerking mogelijk in plaats van concurrentie; een van de populairste is het aanpassen van de hoek of de lengte van de bladstelen.

Als de plant ervoor zorgt dat het hogere blad onder een andere hoek groeit dan het lagere blad, neemt het risico op schaduw af. Van boven ziet het resultaat eruit als een wenteltrap, waarbij elke trede een nieuw blad is. Bij lagere planten is deze strategie makkelijker te herkennen dan bij bomen. Kijk eens omlaag als je langs een kleine, bladerrijke struik of plant loopt. Algauw zul je in de gaten hebben hoe de plant twee handige dingen doet. Om te beginnen zie je nauwelijks bodem, omdat de plant het grootste deel van de open plek afdekt met zijn bladeren. En trek eens een denkbeeldige verticale lijn van je ogen naar de grond. Deze lijn passeert slechts één blad, aangezien de plant zijn bladeren zodanig heeft gerangschikt dat inefficiënte dubbelingen worden vermeden.

Er is nog een manier waarop een boom een blad kan laten groeien zonder het eronder gelegen blad in de schaduw te stellen. Als de boom de bladsteel verkort zodat het hogere blad zich dichter bij de stam bevindt, zal het geen directe schaduw werpen op het blad eronder. Ook is het hoger gelegen blad kleiner; dat is logisch, want het zou stom zijn om de grotere bladeren helemaal bovenin te hebben. En planten zijn niet stom.

Deze strategieën zijn dicht bij de grond veel makkelijker herkenbaar dan hoog in het bladerdak, dus stop wanneer je ergens bladeren ziet aan takken dicht bij de grond en vogel uit volgens welk plan de bladeren samenwerken. Is er sprake van een brede schotel, handige hoeken, kortere bladstelen, kleinere bovenbladeren of een ingenieuze combinatie van dat alles?

Vinkje andersom

Zoals we al eerder zagen, groeien de takken aan bomen in de richting van het licht. Dit veroorzaakt het 'afvinkeffect' – takken aan de zuidkant zijn vrijwel horizontaal, takken aan de noordkant zijn vrijwel verticaal.

Bladeren hebben hun eigen afvinkeffect, maar dat werkt precies andersom. De bladeren aan de zuidkant van de boom zijn vrijwel verticaal: ze wijzen in de richting van de grond. De bladeren aan de noordkant zijn vrijwel horizontaal. De reden hiervoor is eenvoudig: takken groeien naar het licht, maar bladeren gaan juist haaks op het licht staan omdat ze het willen oogsten. Aan de zuidkant komt meer licht laag van onderen, aan de noordkant komt het meeste licht van boven.

Dit is misschien enigszins verwarrend. Het kan helpen om je het volgende scenario voor te stellen. Stel je voor dat we in een boom zitten met één arm rond de stam en met een klein zonnepaneel in onze vrije hand. Dicht bij de stam is het donker en we willen zo veel mogelijk licht opvangen. Wat is de beste strategie?

Dat hangt af van de kant van de boom waar we ons bevinden. Als we aan de zuidkant zitten, voelen we daar de zon en steken we het zonnepaneel uit in die richting (horizontale groei van de tak). Bij de rand van de kroon aangekomen houden we het zonnepaneel (het blad) zodanig dat het richting zon wijst (min of meer verticaal).

Als we echter aan de noordkant zitten, voelen we geen licht van de zuidkant – de boom zit in de weg – maar bemerken we wel een beetje licht boven ons. Dus houden we het zonnepaneel boven ons hoofd (verticale groei van de tak) en als we het licht van boven hebben bereikt, houden we het zonnepaneel vlak om zo veel mogelijk van dat hoge licht op te vangen (min of meer horizontaal).

Dit effect doet zich voor bij iedere loofboom en ook bij lagere planten. Een enkele keer zie je een blad dat in een andere richting staat dan logisch lijkt. Dat is altijd een goed mo-

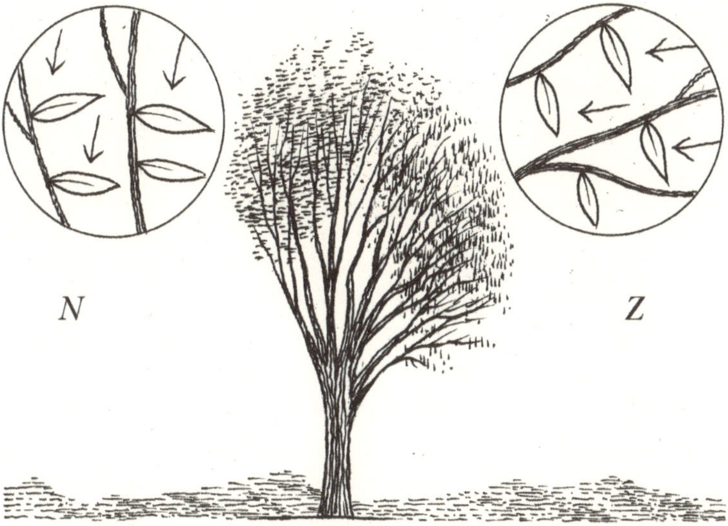

Het 'afvinkaffect' in de takken en het 'omgekeerde afvinkeffect' in de bladeren

ment om even te pauzeren en jezelf iets belangrijks voor de geest te halen. De bladeren zijn niet geïnteresseerd in noord of zuid; ze zijn geïnteresseerd in licht. Net zoals takken in de richting van een rivier of een weg of pad groeien, onafhankelijk van de windrichting, richten bladeren zich op de lichtere zones. Dus naar welke kant van het bos je ook loopt, je zult altijd aankijken tegen brede bladeren, aangezien je altijd van de lichte kant komt.

Groeien naar de stroom

Er zijn zo veel soorten wilgen en zo veel hybriden dat er weinig lol aan is om ze te determineren of te proberen om ze exact op naam te brengen. De vorm van hun bladeren is echter wel interessant en makkelijk leesbaar. Als ik dicht bij huis een wandeling maak, zie ik altijd een wilg die veel mensen niet meteen als zodanig zullen herkennen omdat zijn bladeren ovaal en breed zijn, althans voor wilgenbegrippen. Het is een boswilg. Andere wilgen, zoals de kraakwilg, zie ik minder regelmatig. Zij hebben meestal de klassieke wilgenbladeren – lang en heel smal. Deze vorm heet *lanceolaat* of lancetvormig.

Zonder dat ik de boom op naam hoef te brengen, volgen de wilgenbladeren die ik zie een eenvoudige regel: hoe dichter bij stromend water ik ze aantref, des te smaller zijn hun bladeren. De ovaalbladige boswilg staat weliswaar in vochtige grond, maar vrijwel nooit dicht bij stromend water. De kraakwilg en andere smalbladige voorbeelden vertellen me echter dat ik de rivieroever nader. Dunne, smalle bladeren zijn namelijk veel beter bestand tegen stromend water dan brede, ovale bladeren.

Elzen groeien ook bij stromend water en hebben bredere bladeren. Dat lijkt in tegenspraak met het voorgaande. Maar dit is een andersoortig teken. Elzen en wilgen groeien beide aan de waterkant, maar hanteren verschillende strategieën. Wilgen gaan ervan uit dat ze de strijd met een snelle stroom zullen verliezen en weten dit zelfs in hun voordeel te gebruiken. Als het stromende water een dunne, zwakke wilgentak afbreekt, voert het deze tak mee, tot hij ergens stroomafwaarts blijft steken in de modder. Daar begint de boom een nieuw leven vanuit deze natuurlijke stek. Zo kan één enkele wilg zich stroomafwaarts uitbreiden; dit is een van de strategieën die wilgen toepassen om rivieroevers over langere afstanden te koloniseren. Zo verliezen de wilgen een veldslag, maar winnen ze de oorlog.

Elzen kiezen een andere tactiek. Hun stammen en wortels zijn sterker; ze zijn gebouwd om de stroming te weerstaan. En dat niet alleen, ze beschermen de rivieroever zelfs tegen erosie. Maar deze strategie heeft haar beperkingen, vandaar dat elzen het vooral goed doen bij rustige beken en rivieren, en met name in grote gebieden met stilstaand of traag stromend water, waar ze moerasbossen kunnen vormen die 'broekbossen' worden genoemd. Bovendien houden elzen hun bladeren hoog boven het water, anders dan wilgen, waarvan de bladeren soms het water raken of er slechts een paar centimeter boven hangen.

Er is een nat gebied waar ik graag rondzwerf, Amberley Brooks, met wilgen en een elzenbroekbos. Op een zomermiddag bracht ik daar eens een prettig halfuurtje door, zittend op een aantal stammen op een droog, hoger gelegen gedeelte, vlak bij het broekbos. Daar zat ik te staren naar een paar elzen terwijl ik wachtte op mijn medewandelaars. Zulke momenten van gedwongen stilzitten zijn een weldaad voor de geest. De anderen waren verlaat, maar dat maakte me niks uit: het was heerlijk weer en mijn brein hield zich bezig met het verschil tussen elzen- en wilgenbladeren. Tegen de tijd dat mijn metgezellen arriveerden, had ik deze zinnen in mijn hoofd:

De elzenbladeren hangen lekker hoog.
Die van de wilg blijven niet altijd droog.

Hetere en hogere lobben

Veel bomen hebben gelobde bladeren. De meest voorkomende variant is die met vijf vingers of lobben per blad, met name bij esdoorns. Lobben zien er fraai uit, maar de natuur doet niet aan zomaar mooi, dus waarom zijn er gelobde bladeren? Lobben breken de bladrand, zodat de luchtstroom over en om het blad verandert. Hierdoor is het makkelijker voor een blad om overtollige warmte kwijt te raken. Lobben fungeren als een ventilator op een warme dag.

Van bomen met gelobde bladeren hebben de zonbladeren dieper ingesneden en duidelijkere lobben, dus verwacht je markantere lobben te zien op grotere hoogte en aan de zuidkant van de boom. Bij dieper ingesneden lobben zijn de inkepingen opvallender. Je kunt je het als volgt voorstellen: als je een lijn rond de rand van het blad volgt, zorgen lobben ervoor dat je af en toe een klein uitstapje maakt richting het midden van het blad. Hoe dichter je bij het midden komt, des te dieper ingesneden is het blad.

Op een aangename ochtend in december bracht ik een paar uurtjes door in de Kensington High Street in Londen. Helaas stond de dag in het teken van het kopen van kerstcadeautjes. Het bedenken en geven van cadeaus vind ik leuk, maar winkelen vind ik hoogst inspannend. Nadat ik me in drie winkels had gewaagd en een paar cadeautjes had aangeschaft, stond het zweet op mijn voorhoofd en gunde ik mezelf een pauze in de frisse buitenlucht.

Ik stond op de brede stoep en blies de vermoeide adem uit van een consument met tegenzin. In de vitrine van een chique bakkerij zag ik cupcakes met meer glazuur dan cake en een prijskaartje waarvan het glazuur volgens mij zou moeten smelten en de cake in brand zou moeten vliegen. Somber wendde ik mijn blik af van deze zoete afzetterij en liet ik mijn ogen rusten op een stel oosterse platanen.

De oosterse plataan heeft diep ingesneden bladeren, en toen ik mijn blik van beneden naar boven liet gaan, zag ik de inkepingen steeds dieper worden. Dicht bij de top van de boom waren de lobben uitzonderlijk lang, zodat de bladeren deden denken aan de poten van een of andere vijftenige monstervogel. Het zien van deze vormverandering van de bladeren deed mijn humeur meer opklaren dan welke dure cupcake dan ook ooit voor elkaar zou krijgen.

Je bent veranderd

Een oud spreekwoord luidt: generaals vechten altijd de vorige oorlog uit. Dat geldt soms ook voor leerkrachten. Toen ik in mijn tienerjaren op school zat, was er een eenvoudige regel met betrekking tot haarlengte: het mocht de kraag niet raken. De school dacht dat dit een simpele manier was om te voorkomen dat wij dezelfde fouten zouden maken als de generatie van onze ouders, die vergeven was geweest van de hippies.

Maar wij waren pubers en wisten dat regels zijn bedoeld om er creatief mee om te gaan. We lieten onze lokken groeien totdat ze tot onze kin reikten. Vervolgens staken we ons haar zodanig op in onze nek dat het net niet tot onze kraag kwam. Zodra de schooldag was afgelopen, schudden we ons haar los en illustreerden onze woeste kapsels wat een uitbundige en opstandige idioten wij toen waren. De generatie van mijn zoon heeft besloten dat het matje weer nieuw leven moet worden ingeblazen, dus knipt iedereen zijn haar aan de voorkant en aan de zijkant kort, en laat het achter ongehinderd groeien. Het is krankjorum, maar... elke generatie haar eigen gekte.

Het leven kent slechts weinig zekerheden, maar een ervan is dat ons uiterlijk verandert als we ouder worden. Datzelfde geldt voor veel bladeren. Als je een aantal bomen van dezelfde soort bekijkt, valt je wellicht op dat de bladeren aan oudere bomen er anders uitzien dan die aan hun jongere buren.

Bij sommige plantensoorten is er een verschil tussen juveniele en volwassen bladeren: de bladvorm verandert dan met de overgang van het jeugdstadium naar het volwassen stadium in het plantenleven. Wetenschappers doen nog altijd onderzoek naar de reden hiervoor. De meest logische theorie die ik ben tegengekomen, zegt dat jonge bomen bouwers zijn, die veel koolstof nodig hebben; oudere bomen zijn overlevers, die vooral te maken hebben met de hen omringende elementen. De bladvorm verandert mee met deze verschuiving van prioriteiten. Onderzoekers hebben ontdekt dat omgevingsstress, bijvoorbeeld door een hitte- of koudegolf, de aanleiding kan vormen voor de overgang van de plant van het jeugd- naar het volwassen stadium – wat de boom niet ombrengt, maakt hem volwassener.

Bij sommige bomen is de vormverandering van de bladeren zo groot dat je de boom alleen aan het blad niet zou kunnen herkennen: eucalyptussen hebben bijvoorbeeld ronde bladeren op jonge leeftijd, maar lange en dunne bladeren als de boom ouder is. Op zich is er geen reden om op jacht te gaan naar individuele soorten waarbij de veranderingen extreem zijn: het is veel bevredigender om op zoek te gaan naar alle subtiele vormveranderingen om ons heen. De bladeren aan jonge naaldbomen ogen en voelen bijna altijd anders dan die van hun oudere buren. Dit varieert per soort, maar het blad van jonge naaldbomen is in het algemeen korter, smaller, zachter en borsteliger dan dat van oudere exemplaren.

Hierbij schuilt nog een addertje onder het gras: niet alle delen van een boom zijn even oud. Wij denken dat alle mensen één leeftijd hebben, van een baby van één maand tot iemand van veertig of negentig jaar oud. Je zult nooit het idee hebben dat iemand alle drie die leeftijden tegelijk heeft. Deze uniforme leeftijd is echter slechts een culturele conventie, want in zekere zin kan iemand alle drie de leeftijden hebben, met vingernagelcellen van één maand, hartcellen van veertig jaar en oogcellen van negentig jaar oud.

Als je de bovenkant van een jong boompje bekijkt, zie je het jongste deel van de boom; als je blik omlaaggaat, ga je terug in de tijd, tot je vlak bij de grond de oudste delen ziet. Naaldbomen maken bovenin jonge bladeren aan; lager in de boom en aan zijtakken produceren ze volwassenere bladeren. Verder vind je de jongste delen van de boom het verst van de stam, aan het einde van elke tak.

Soms zie je jonge bladeren dicht bij de stam en volwassen bladeren aan de rand van de kroon. Dit laat zien hoe oud de bladeren zijn, maar ook dat het leven aan de randen stressvoller is, wat de overgang van juveniel naar volwassen in gang zet. Een traumatische gebeurtenis die de boom dwingt om opnieuw te beginnen, zoals knotten, leidt tot de groei van jonge bladeren, niet van volwassen bladeren, hoe oud de ouderstronk ook is.*

Glimmen in het droge licht

Het kost enige tijd om echt tot je te laten doordringen dat de vele vormen, patronen en kleuren die je ziet bij boombladeren allemaal samenhangen met de micro-omgeving waarin ze

---

* Dit verschijnsel treedt op bij bomen, maar ook bij lagere planten. Ik zie het dagelijks bij de klimop (*Hedera helix*), een plant waaraan ik veel botanische kennis heb te danken. Blad van jonge klimop heeft lobben en punten en wijkt heel sterk af van een volwassen klimopblad, dat slechts één punt heeft. Als ik een excursie geef, maak ik soms gebruik van dit verschil om mensen voor de gek te houden. Als niemand kijkt, pluk ik een jong en een volwassen blad van een klimop die tegen een stam op groeit. Dan loop ik een eindje verder. Vervolgens laat ik beide bladeren aan een deelnemer zien, eentje in elke hand, en vraag of ze beide bladeren kan determineren. Een enkeling lukt het, maar meestal kijkt diegene enigszins verdwaasd, wijst dan op het donkere, gelobde onvolwassen blad en zegt: 'Dat is klimop, maar dat andere herken ik niet.'

groeien. Deze vaststelling leidt tot een eenvoudige voorspelling: in delen van de wereld waar de milieuomstandigheden vergelijkbaar zijn, kun je dezelfde trends verwachten.

Tijdens trektochten in Zuid-Spanje, Griekenland en Australië heb ik veel verschillende bomen gezien, waarvan de meeste in de felle zon stonden. Op het eerste gezicht lijken ze weinig met elkaar gemeen te hebben, maar zodra je een overeenkomst hebt opgemerkt, zal die je niet meer ontgaan.

Olijf- en eucalyptusbomen komen van oorsprong uit heel verschillende delen van de wereld, maar doen het beide goed in hete gebieden. Olijven gedijen in het hete en droge klimaat van Zuid-Europa en eucalyptussen zijn dominant in de hete en droge delen van Australië, voor zover bomen daar kunnen overleven. Deze twee boomgeslachten zijn op verschillende halfronden zodanig geëvolueerd dat ze bestand zijn tegen intense hitte en zon. Veel van hun eigenschappen verschillen van elkaar, maar van beide hebben de bladeren een grijze tint. Die kleur reflecteert een deel van het zonlicht en maakt het leven in hun hete leefomgeving iets dragelijker.

Licht- en donkergroen

Je hebt vast al eens opgemerkt dat veel bomen bladeren hebben met boven en onder verschillende tinten en soms zelfs verschillende kleuren. Dit effect zie je terug bij de meeste boomsoorten; bij sommige loofbomen springt het op een winderige dag nogal in het oog. Enkele soorten, zoals de witte abeel, danken zelfs hun naam aan dit opvallende verschijnsel. (De witte abeel heeft ook sterk gelobde bladeren; geen wonder dat het heet en droog is in het deel van de wereld waar hij oorspronkelijk voorkomt en waar onder andere Marokko deel van uitmaakt.)

Het uiterlijke verschil tussen de boven- en onderkant van bladeren komt doordat hun functie verschilt. Het meeste directe licht valt op de bovenkant van het blad, dus is daar het meeste chlorofyl geconcentreerd. De onderkant is vooral belangrijk voor de gaswisseling.

Groen betekent chlorofyl, maar daarmee ben je er nog niet. Om precies te zijn: er zijn verschillende typen chlorofyl, die in tint variëren van licht- tot donkergroen. Het type chlorofyl wisselt per blad, afhankelijk van de rol ervan. Bladeren die zijn aangepast aan een lagere lichtintensiteit en oudere bladeren bevatten meer donkergroen chlorofyl. Dit is een van de redenen waarom schaduwbladeren donkerder groen zijn dan zonbladeren en waarom bladeren donkerder worden naarmate de zomer vordert.

Blauw genot

Vanwege mijn werk breng ik meer tijd door op de weg dan me lief is, maar ik heb mezelf een eenvoudige techniek bijgebracht waardoor dit positiever uitpakt dan anders het geval zou zijn geweest. Zoals meestal heb ik dit door schade en schande moeten ontdekken, maar de boodschap was duidelijk. En vervolgens heb ik hierdoor een geweldig nieuw bomenteken ontdekt.

In 2008 begon ik met mijn school voor natuurlijke navigatie. Ik wist dat het niet makkelijk zou zijn. Zelfs aan de ogen van vrienden en familieleden die me gelukwensten, kon ik zien dat ze het een onverantwoorde professionele gok vonden. Dus koesterde ik, zoals vrijwel iedereen die tegen de gevestigde mening in gaat, een stille vastbeslotenheid om mezelf te bewijzen.

Een van mijn eenvoudige filosofieën was altijd ja zeggen als iemand me vroeg om iets te doen. In die begintijd kreeg ik een e-mail met de uitnodiging om een praatje te komen houden voor een kleine groep mensen in het noorden van Engeland, op een heel aantal uren rijden. Ik keek in mijn agenda, die nog volop lege gaten vertoonde, en zei ja.

Een paar maanden later bleek dat ik een probleem had. Nu lach ik erom, maar toen was ik nog niet zo bedreven in agendabeheer. Op de betreffende datum om 20.00 uur was ik vrij, maar inmiddels had ik een andere uitnodiging geaccepteerd voor de volgende ochtend om 9.00 uur, diep in Cornwall, acht uur rijden van mijn afspraak de avond ervoor.

Na mijn eerste praatje reed ik die nacht terug naar het zuiden; elke paar uur deed ik even mijn ogen dicht en zo kreeg ik beide klussen gedaan. Ik verdiende minder dan de kosten van de brandstof, maar zoals altijd wanneer je met iets nieuws begint, leerde ik in plaats daarvan een paar waardevolle lessen. De eerste was dat je bij het maken van een afspraak op meer moet letten dan alleen of je op die datum ruimte hebt in je agenda. De tweede was dat het gestoord is om meteen weer weg te moeten racen uit een nieuw gebied vanwege een waardeloze planning. Als ik na mijn eerste afspraak een paar uur extra had gehad, had ik een fantastisch wild landschap kunnen ontdekken zonder dat het me verder iets had gekost.

Sindsdien is het voor mij een principekwestie om op elke bestemming op z'n minst een beetje tijd te kunnen doorbrengen, net als op sommige plaatsen onderweg. Dit is het afgelopen decennium een van mijn nuttigste gewoontes gebleken. Wanneer er nu een klus op me wacht aan het einde van een lange rit, plan ik vrijwel altijd een paar kleine momenten om een microverkenning te doen: op de heenweg, dicht bij de plaats van bestemming en nog een keer op de terugweg. Deze kleine gewoonte heeft me meer onverwachte ontdekkingen opgeleverd dan de meeste van mijn geplande reizen bij elkaar opgeteld. En zo ontdekte ik het blauwe boomkompas.

Op een dag in november was ik op de terugweg van een klus in Galloway, in Schotland. Daarbij reed ik een stukje om via een aantal bergen die ik nog nooit had bezocht in het gebied de Glenkens. Ik parkeerde en maakte me klaar om de heuvels in te gaan voor een kleine navigatieoefening. Zulke korte oefeningen ter onderbreking van een reis verlopen bij mij vrijwel altijd als volgt: ik loop zolang het goed voelt en laat de natuur me vervolgens via een andere weg terugbrengen bij de auto.

Ik stond me te oriënteren voordat ik zou vertrekken toen mijn oog viel op een spar die opmerkelijk blauw was. Het is je vast weleens opgevallen dat het soms lijkt of bepaalde naaldbomen zijn bedekt met een vaag blauw waas – vaak gepaard gaande met de lekkere geur van naaldbomen in de zon. Maar met deze spar was iets bijzonders aan de hand: hij was echt heel blauw. Als we naar naaldbomen kijken en het hebben over blauw, bedoelen we meestal blauwgroen, maar deze boom sprong eruit doordat hij meer blauw was dan groen, althans in mijn ogen.

Ik bleef even staan om hem beter te bekijken en wandelde een rondje om hem heen. De spar stond aan de zuidrand van een aangeplant naaldbos. Zodra ik mijn eerste stappen had gezet, oogde de boom al minder blauw. Eerst dacht ik dat het kwam door een verandering in de lichtinval: de zon scheen tussen de wolken door en naar mijn idee had de invalshoek van het zonlicht grote invloed op de kleuren die ik zag. Dat was ook wel zo, maar hier was sprake van een werkelijk blauwe kleur, die alleen te zien was aan de zuidzijde van de zuidelijkste boom.

Op dat moment wist ik nog niet dat deze blauwe kleur wordt veroorzaakt door was. Wat ik zag, was een dikke laag beschermende was op de naalden, die de naalden beschermt tegen een gevaarlijk type uv-straling van de zon. Aan de zonnige zuidkant van deze bomen is die waslaag dikker en dus is hun zuidzijde blauwer. Sinds ik deze kleine ontdekking heb gedaan, let ik altijd op het blauwe boomkompas. Een reis waarop je zo'n soort ontdekking doet, zal altijd de moeite waard zijn.*

Vergelen

Met het naderen van de herfst trekken bomen het chlorofyl terug uit hun bladeren: deze stof is te kostbaar om hem verloren te laten gaan. De geliefde herfstkleuren van veel bladeren – geel, oranje, bruin – zijn in feite de bladkleuren min het chlorofyl.

Soms zie je bladeren die lang voor het aanbreken van de herfst al geel zijn geworden. Dit is een schreeuw om voedsel. Dit vergelen, officieel *chlorose* genaamd, betekent dat de boom een tekort heeft aan een of meer essentiële voedingsstoffen, zoals stikstof of magnesium. In het wild komt dit zelden voor; je ziet het vooral wanneer mensen te veel vragen van een boom in arme grond, met name in stedelijke gebieden of wanneer we ergens weer een stuk natuur naar de gallemiezen hebben geholpen.

Die gele kleur is interessant omdat dit een negatief effect

---

* Als je een dergelijke ontdekking hebt gedaan, vallen soortgelijke verschijnselen vaak extra op. Nadat ik uit Schotland was teruggekeerd, zag ik nog wekenlang allerlei kleurvariaties in naaldbomen. Vrijwel dagelijks zag ik de blauwe tint, maar ook andere kleureffecten, die ik soms al jaren had genegeerd, sprongen weer in mijn oog. Sommige door de zon beschenen naaldbomen hebben bijvoorbeeld een gezonde gouden kleur, met name aan de zuidkant. Dit is een fraai genetisch fenomeen dat geliefd is bij boomkwekers; vandaar dat je het vaak ziet bij aangeplante naaldbomen.

betreft: we zien geel, maar feitelijk kijken we naar de afwezigheid van groen. Chlorose betekent dat de boom over onvoldoende ingrediënten beschikt om chlorofyl te maken. Deze wetenschap kan helpen bij het oplossen van andere bladkleurraadsels. In plaats van je af te vragen hoe een gele of oranje kleur ontstaat, kun je het mysterie vaak sneller ontrafelen door je af te vragen waar het groen is gebleven en waarom?

Water, pH-waarden en verstoring hebben allemaal invloed op de kleur van boombladeren. Je zult kleurverschuivingen zien als je bijvoorbeeld vanuit vochtig laagland naar droger hooggelegen gebied gaat, of vanuit een ongerept natuurgebied naar intensief gebruikt bos. Dat is dus ook de reden dat je altijd kleurvariaties waarneemt binnen dezelfde soort wanneer je van boven over een bos uitkijkt.

Soms heeft een hoge zuurgraad van de bodem een sterke invloed op de bladkleur. Een zure bodem bevat weinig voedingsstoffen en geen enkel landschap heeft overal dezelfde pH-waarde. Hier let ik op als ik vanaf een berghelling uitkijk over een gebied waar mijnbouw plaatsvindt. Dit leidt namelijk altijd tot sterke schommelingen in het grondwaterpeil, bodemverstoring en wisselende pH-waarden. Meestal zie je duidelijke kleureffecten waar de mijnbouwactiviteit het grootst is.

Er zijn ook soorten die juist gedijen op zure grond, met name naaldbomen zoals de fijnspar. Zulke bomen verliezen gedeeltelijk de rijke groene kleur van hun bladeren als de bodem te basisch is. Ook de aanwezigheid van rivieren en wegen leidt tot schommelingen in de grondwaterstand, dus zul je slechts zelden een volledig uniform gekleurd bladerdak aantreffen tot aan de bosrand.

Altijd spelen meerdere variabelen een rol. Je kunt er het best zo naar kijken: als de bomen een eenvormige rijke groene kleur hebben, liggen de waarden van alle sleutelfactoren binnen de bandbreedte waarvoor deze bomen een voorkeur hebben. Als je een aantal bomen ziet met een afwijkende kleur, betekent dit dat de waarde van een van deze factoren een voor deze boomsoort gevaarlijk niveau heeft bereikt. Wanneer je problemen met water en verstoring kunt uitsluiten, kun je de blik het best richten op de chemische samenstelling van de bodem.

Vanzelfsprekend en onzichtbaar

Een paar jaar geleden lette ik tijdens een wandeling speciaal op de kleur van de boombladeren, voor zover de glibberige kalksteen onder mijn voeten dat toeliet. Tevreden stelde ik vast dat de schaduwbladeren een donkerdere kleur hadden en dat de bladeren hoog boven in een eik aan de loefzijde deels hun kleur hadden verloren als gevolg van stormschade.

Ik hield halt bij een Spaanse aak naast het pad en besloot een aantal van zijn bladeren wat nauwgezetter te bestuderen, ervan uitgaande dat de kleuren die we zien altijd een betekenis en een zekere waarde in zich dragen. Toch kon ik die niet vinden. Dat bracht me niet af van mijn overtuiging dat er een betekenis was; ik slaagde er alleen tot nog toe niet in om die te vinden. Enkele minuten later herhaalde ik dezelfde oefening bij een jonge eik, iets verderop langs het pad. Opnieuw lukte het mij niet om iets van betekenis af te lezen uit de kleuren van de eikenbladeren. Ik zal er geen doekjes om winden: het was tamelijk frustrerend. De kleuren in elk groepje bladeren leken op elkaar en op die in de andere boom.

Toch had ik het gevoel dat er verschil was tussen de kleuren die ik zag. Op basis van mijn herinnering aan de eerdere bladeren kwam ik er niet uit, dus plukte ik een paar eikenbladeren en liep terug naar de Spaanse aak. Toen ik de eikenbladeren tegen die van de Spaanse aak aan hield, waren de kleuren min of meer gelijk. De bladeren van beide soorten hebben diep ingesneden lobben, maar hun vorm is zo verschillend dat het onmogelijk was ze met elkaar te verwarren. En er was sprake van een onmiskenbaar verschil in tint, duidelijk zichtbaar en toch verborgen. Hadden de eikenbladeren meer glans? Nee, dat leek het niet te zijn. En toen zag ik het. Een kenmerk van de bladeren dat zich vele jaren lang aan mijn oog had onttrokken, was plotseling overduidelijk: de nerven waren totaal verschillend.

Het blad van de Spaanse aak heeft nerven die ontspringen aan de bladvoet en als lijnen naar elke lob lopen. De eik daarentegen heeft één centrale nerf waarvandaan zwakkere lijnen als zijwegen aftakken naar elke lob. De lijnen van de nerven hebben een doffere kleur dan de rest van het blad en hun patronen breken de kleur van het blad op een andere manier. Onmiddellijk leken de kleuren die ik zag niet meer hetzelfde. Deze openbaring deed me denken aan het bekijken van een luchtfoto van een grote stad. Alles ziet er zo'n beetje hetzelfde uit. Plotseling herken je een buurt die je goed kent en op dat moment verdwijnt het algemene plaatje en springt een aantal specifieke kenmerken eruit. En het mooie is dat je hersenen dit gevoel heerlijk vinden en eraan vasthouden. Als je het patroon eenmaal hebt herkend, kan het zich nooit meer aan je zicht onttrekken.

Veel van de subtielere kleurvariaties die je ziet, vallen te verklaren uit het gegeven dat sommige bomen, waaronder esdoorns, hoofdnerven hebben die ontspringen aan een centraal punt bij de bladsteel en dat andere bomen, zoals eiken en beuken, één centrale nerf hebben. In de herfst kun je bijvoorbeeld op een enkel blad kleurverschuivingen waarnemen die veelal samenhangen met het voornaamste nerfpatroon. De schijnbaar willekeurige stukjes geel of oranje op een enkel blad blijken zich dan allemaal op dezelfde afstand van de hoofdnerf te bevinden. Zo hebben we een kaart die de kleuren verklaart.

Bladnerven zijn uniek en maken deel uit van het eenmalige karakter van elke boom. En zoals bij veel visuele kenmerken, gaat het herkennen van bepaalde patronen vooraf aan het beschrijven ervan. Inmiddels kan ik heel wat boombladeren herkennen aan hun nerfpatronen, ook zonder te beschikken over enig ander kenmerk. Een goed voorbeeld is kornoelje. Ik heb weleens oude, gescheurde of gebroken bladeren op de grond zien liggen die ik ogenblikkelijk herkende als kornoeljebladeren doordat hun nerven op een unieke manier parallel gekromd zijn – ook al ontbraken andere aanwijzingen als bladvorm en bladkleur vanwege ouderdom en slijtage. Ook jij zult op een gegeven moment de nerfpatronen van de bladeren die je ziet gaan herkennen, vaak meteen. En het gekke is dat je deze patronen algauw beter zult kennen dan de lijnen in je eigen handpalm.

De duidelijkste en opvallendste patronen zijn het makkelijkst om te leren kennen, maar je zult ook een aantal wonderlijke en grillige voorbeelden tegenkomen. De nerven van een walnootblad ontspringen bijvoorbeeld aan de hoofdnerf en lijken zich vastberaden naar de bladrand te bewegen, maar bedenken zich op het allerlaatste moment en krullen dan weg van de rand.

Ik vind het bizar dat ik duizenden bladeren van eiken en esdoorns moet hebben gezien zonder dat eenvoudige en duidelijke verschil in hun nervatuur op te merken. Nu straalt het me tegemoet als een bliksemflits in de avondschemering. Door te vertragen en te kijken kan het onzichtbare vanzelfsprekend worden.

Witte lijnen

Sommige naaldbomen hebben bladeren met witte lijnen erop, andere niet. Veel soorten zilversparren – waaronder de douglasspar, de gewone zilverspar en de reuzenzilverspar – hebben twee parallelle witte lijnen onder op hun bladeren, maar de meeste sparren hebben die niet. Wat is de reden voor die witte lijnen?

Ze worden veroorzaakt door een verschijnsel dat te maken heeft met de huidmondjes – de kleine openingen die elk blad gebruikt voor gaswisseling. Deze openingen zijn onmisbaar, maar ook een zwak punt. Bladeren kunnen niet waterdicht zijn; ze moeten gassen uitwisselen omwille van de fotosynthese, maar ieder huidmondje betekent ook dat water kan ontsnappen. En water is een van de hulpbronnen waarop een boom zuinig moet zijn. Logischerwijze hebben de meeste bladeren meer huidmondjes aan de onderkant, waar ze minder zijn blootgesteld aan hitte en vochtverlies, en waar de ruimte voor fotosynthese minder belangrijk is.

Onder een vergrootglas zijn huidmondjes goed zichtbaar, maar ze zijn te klein om ze met het blote oog te ontdekken. Bij sommige soorten zit er echter nog een witte, wasachtige beschermlaag rond deze kleine openingen. De witte lijntjes die dit oplevert, kun je wel goed zien aan de onderkant van veel sparrenbladeren.

Het is prettig te weten wat deze witte lijnen zijn, maar als je dieper op dit kleine mysterie ingaat, duiken nieuwe vragen op. Sommige soorten hebben ook witte lijnen aan de bovenkant van hun bladeren: waarom is dat? Het antwoord op deze vraag hangt samen met het blauwe boomkompas waarover ik eerder in dit hoofdstuk vertelde. Bomen met deze lijnen op de bovenkant van hun blad beschermen de daar aanwezige huidmondjes tegen uitdroging en de schadelijke effecten van zonnestraling. Dit komt meer voor bij soorten die het goed doen in direct zonlicht. (Schaduwtolerante bomen hebben de bovenkant van hun bladeren nodig voor fotosynthese, dus tref je op de bovenkant van hun beschaduwde bladeren geen witte lijnen aan.)

De kans dat je witte lijnen aan de bovenkant van bladeren te zien krijgt, is het grootst bij apart groeiende naaldbomen die in het open veld staan of boven de algemene boomgrens – de plekken waar zonminnende soorten het best gedijen. Bij het navigeren kun je gebruikmaken van de witte lijnen aan de bovenkant van bladeren: ze vormen een aanwijzing dat je kijkt naar de zuidkant van het bos.

Langzamerhand heb je waarschijnlijk wel in de gaten hoe het werkt. Als je bladeren ziet met interessante kleuren, heeft dat altijd een reden. Als die kleur zilver, blauw of wit is, heeft het vermoedelijk met de zon te maken. En als hetgeen je ziet door de zon is beïnvloed, kun je het als kompas gebruiken.

Ik voel je pijn

Als je iets afwijkends voelt aan een blad, mag je best tegen de boom zeggen dat je zijn pijn voelt. Wanneer een blad dikker, steviger, plakkeriger, hariger of scherper aanvoelt dan je verwacht, kun je er zeker van zijn dat de boom te kampen heeft met de een of andere uitdaging. De vraag is: welke uitdaging?

Als een blad stevig aanvoelt, is dat een teken dat het te maken heeft met lastige weersomstandigheden, heet of koud. Laurier, eucalyptus, olijf en steeneik zijn in hun oorspronkelijke leefgebied blootgesteld aan hete en droge periodes. Hun bladeren voelen dan ook ruw en leerachtig aan. We zagen eerder al dat grote bladeren in koude winters een zwakke plek vormen, vandaar dat er maar weinig groenblijvende loofbomen bestaan; degene die ook 's winters hun bladeren houden, zoals hulst, hebben allemaal stevige bladeren. Hulstbladeren overleven het hele jaar: ze zijn ongebruikelijk dik en voelen anders aan dan vrijwel alle andere bladeren. Toch nemen slechts weinig mensen de tijd om een hulstblad te voelen, vanwege hun stekels, die wijzen op een andere uitdaging.

Bomen die stekels aan hun bladeren laten groeien, verdedigen zichzelf tegen grazende dieren. Bij veel soorten, waaronder hulst, is dit een dynamische reactie: hoe meer stekels je aan de bladeren ziet, des te harder probeert de boom dieren af te weren. Vandaar dat hulstbladeren bij de voet van de stam meer stekels hebben dan die bovenin. En vandaar dat hulstheggen die regelmatig begraasd worden door een snoeischaar extreem stekelig zijn.

Doorns zijn iets anders dan stekels aan bladeren: ze ontstaan uit twijgen. Maar beide dienen als verdediging tegen dieren. Ironisch genoeg is het altijd de moeite waard om op zoek te gaan naar diersporen wanneer je een boom tegenkomt met stekels of doorns. De meeste stekelige bomen zijn een stuk korter dan de bomen die tot het bladerdak reiken – dertig meter boven de grond hoef je je niet te verdedigen tegen grazende herten. Sommige dieren, waaronder veel kleinere vogelsoorten, hebben ontdekt dat doorns en stekels roofdieren afschrikken; zulke bomen en struiken zijn voor hen daarom ideaal als toevluchtsoord en woonplek. In sommige jaargetijden valt dit extra op: in de winter en het voorjaar passeer ik slechts zelden een hulst, meidoorn of sleedoorn zonder het een of andere teken te zien van activiteit van een klein dier, al is het maar een zangvogeltje dat tussen de stekels en doorns heen en weer fladdert. Later in het jaar tonen de vogels hun dankbaarheid door de vruchten van deze bomen te eten en vervolgens hun zaden te verspreiden. Mijn idee is: doorns en stekels zijn vingers die naar dieren wijzen.

Sommige lagere planten hebben haren met afweerstoffen als verdedigingsmechanisme, zoals de met zuren gevulde haren van de bekende brandnetel. De haren op veel boombladeren zijn vriendelijker; bladeren die opvallend zacht aanvoelen, zijn voorzien van een donslaag van korte haartjes. Zulke korte haren houden een luchtlaagje vast bij het blad, dat het blad beschermt tegen evapotranspiratie – ze voorkomen dat het blad uitdroogt. Zo'n luchtlaagje kan ook vorst afweren en er zijn bladeren waarvan de haren ze beschermen tegen insecten. In elk geval hebben ze altijd een functie. Bij veel soorten, waaronder de beuken bij mij in de buurt, is de donslaag duidelijk aanwezig op jonge bladeren, maar verdwijnt deze als de bladeren ouder worden.

Grote bladeren die glimmen en wasachtig aanvoelen, combineren zonnebrandcrème met een regenjas. De waterafstotende waslaag beschermt het blad tegen overmatige zon en regen, en komt veel voor in tropische regenwouden. Zulke bladeren hebben een duidelijke punt aan het uiteinde; regenwater loopt via het wasachtige oppervlak zo snel mogelijk naar de punt en van daar van het blad af. Een vuistregel luidt: hoe puntiger de bladeren, des te meer regen kun je in het gebied verwachten.

Wanneer je probeert deze verschillen te zien en te voelen zul je merken dat de boven- en onderkant van veel bladeren er niet alleen heel verschillend uitzien, maar ook verschillend aanvoelen. De bovenkant is wasachtiger omdat die meer bescherming nodig heeft tegen schadelijke straling; de onderkant is vaak hariger omdat die beter beschermd moet worden tegen uitdroging. De bladeren van de witte abeel danken hun heldere onderkant aan een donzige laag fijne haartjes.

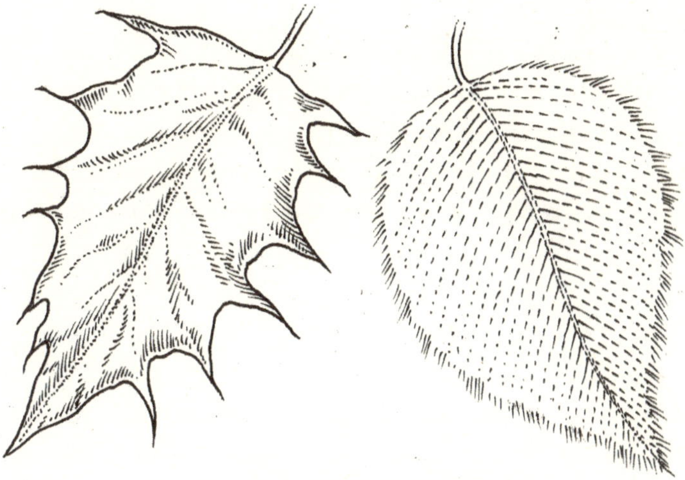

Stekelig hulstblad en beukenblad

Mijn laatste tip over het voelen van bladeren luidt: betrek je voeten erbij. Ik beweer niet dat je op blote voeten moet gaan lopen, al valt daar best wel wat voor te zeggen. Telkens wanneer ik een voet voel wegglippen, in de stad of op het platteland, ga ik op zoek naar een esdoorn. Meestal staat er eentje in de buurt. Esdoornbladeren vormen als ze vergaan een glad, slijmerig laagje. In bossen kan een verende bodem een aanwijzing zijn dat lariksen boven je hun naalden hebben laten vallen. En op de mooiste trage dagen voel je soms kegels onder je voeten terwijl je je blik over de takken boven je laat glijden. Sparappels zijn stil en sponzig, dennenappels kraken veel meer.

Steelse bladeren

Ben je weleens langs een eetkraampje gelopen in de overtuiging dat je deze verleiding zou kunnen weerstaan, om – nadat je één vleugje had opgesnoven – daarna alsnog voor de bijl te gaan? Ik ben immuun voor zulke scenario's, maar ik heb me laten vertellen dat dit effect tamelijk krachtig kan zijn rond de crêperies in het zuiden van Engeland.

Fruitbomen zijn verwikkeld in een strijd om aandacht. Ze hebben insecten nodig voor hun bestuiving; elke andere van insectenbestuiving afhankelijke plant is hun concurrent en de tijd dringt. Bloemen zijn prima uithangborden, maar zijn niet altijd doorslaggevend. Vandaar dat veel fruitbomen en sommige notenbomen beschikken over nectarklieren, verdikkingen aan de voet van de bladeren die zoete, energierijke nectar uitscheiden die onweerstaanbaar is voor insecten.

Ik voel graag aan deze uitsteeksels bij de bladvoet van kersen-, pruimen-, amandel- en perzikbomen. En wanneer ik dat doe, denk ik aan de bijen die proberen langs deze bloesems te vliegen, maar dan hun wilskracht voelen verpulveren en koers zetten naar de crêperie – ik bedoel nectarklier.

Als je aan de bladvoet voelt, zul je wellicht opmerken dat elke bladsteel eveneens zijn eigen kenmerken heeft. De kleuren variëren – sommige hebben een duidelijk rode kleur, met name op jonge leeftijd – en er zijn meer verschillende vormen dan je zou denken. De dwarsdoorsnede van de meeste bladstelen is grofweg rond, maar elke afwijking van deze regel is de moeite van het overdenken en onderzoeken waard. Als een bladsteel plat is in plaats van rond, is hij zodanig geëvolueerd dat hij het blad meer beweeglijkheid geeft.

Alle bladeren bewegen in de wind, maar hun beweeglijkheid varieert sterk per soort. De bladeren van bomen die op heldere open plekken groeien, wiegen in de wind. De bladeren van de meeste pionierbomen, zoals berken, zijn nogal fladderig; de bladeren van veel schaduwtolerante bomen, zoals laurier, zijn standvastiger. Ook bij naaldbomen zie je dit verschijnsel: dennen en lariksen zijn dol op zonlicht en hun naalden bewegen een beetje mee met de wind. Taxussen en hemlocksparren groeien op schaduwrijke plekken; hun bladeren komen alleen in beweging als het stormt.

De lichtminnende populieren hebben superbeweeglijke bladeren; de ratelpopulier (esp) dankt hieraan zelfs zijn naam. Natuurschrijvers nemen deel aan cursussen waarbij ze honderd keer 'trillend als een espenblad' en 'bevend' of 'sidderend als een esp' op het bord moeten schrijven. Daarna worden ze opgesloten met de Dikke Van Dale met de opdracht om alternatieven te verzinnen voor deze dreunende clichés. Even later komen ze naar buiten en schrijven dan over nerveuze, opgewonden en zenuwachtige espen, zonder dat iemand daar werkelijk beter van wordt. Maar ik dwaal af. Bomen met bladeren die bij het minste of geringste windvlaagje beginnen te draaien, hebben een manier gevonden om al hun bladeren te wapenen tegen de wind en te laten delen in het licht. En daarom hebben ze platte bladstelen.

Is het je weleens opgevallen dat bouwers weliswaar veel stalen balken gebruiken, maar dat die slechts zelden rond zijn of massief? Je ziet H-, I-, L-, T- en U-vormige balken, maar geen ronde massieve. Dat is niet omdat ronde balken zwak zijn, maar omdat ze in verhouding tot hun kracht heel zwaar zijn.

Ingenieurs weten dat sommige vormen je alle kracht opleveren die je nodig hebt, zonder overbodig gewicht. Wat je ook bouwt, je hebt nooit kracht nodig in alle richtingen. Gewicht levert een betrouwbare neerwaartse kracht op. Dat zal altijd zo zijn; ingenieurs liggen niet wakker van de vraag wat er zou gebeuren met een door hen ontworpen brug als de zwaartekracht plotseling van richting zou veranderen. Ze kiezen de vorm van hun balken uit op basis van de krachten die erop uitgeoefend gaan worden, niet op basis van krachten waarmee de balk nooit te maken zal krijgen. De natuur heeft deze werkwijze iets eerder ontdekt, meer dan honderd miljoen jaar eerder om precies te zijn.

Soms zie je een U-vormige bladsteel. Dit betekent dat de plant iets zwaars wil vasthouden zonder het hele gewicht van een ronde steel te hoeven torsen. Dit verschijnsel doet zich in wisselende mate voor bij allerlei planten en bomen, maar hoe groter het blad, des te groter is de kans dat het je opvalt. Als je ooit een palmblad hebt gezien dat van een palmboom is gevallen, heb je wellicht gemerkt dat de steel een duidelijke U- of V-vorm heeft. Het blad ligt op de grond als gevolg van een ongebruikelijke kracht, bijvoorbeeld een windvlaag waartegen de vorm niet bestand was. Dit verschijnsel kun je ook waarnemen bij kleinere planten, zoals rabarber.

De heuvel op

Bladeren oriënteren zich zodanig dat ze het licht van de zon opvangen. Dat geldt niet alleen voor loofbomen, maar ook voor naaldbomen. Ga er zo vroeg mogelijk op uit, liefst op een dag met lekker weer en vlak voor zonsopkomst, kies een plant die uit de wind staat en bestudeer een blad. Kijk waarheen het blad gericht is en markeer dat.

Herhaal dit experiment kort voor zonsondergang en merk het verschil op. Het is hierbij wel van belang dat je een geschikt blad kiest, dat gedurende de dag kan draaien, en niet een blad dat al beweegt bij een zuchtje wind. Ik selecteer meestal een aantal bladeren aan dezelfde plant en bepaal dan de gemiddelde richting waarheen ze wijzen. Je kunt het best beginnen met brede bladeren van een plant op de grond. Later kun je overstappen op loofbomen en uiteindelijk zelfs op naaldbomen.

Veel plantenbladeren reageren op temperatuurveranderingen, naar warm en naar koud. Tijdens hittegolven verliezen planten via hun bladeren meer vocht dan ze kunnen aanvullen, waardoor de waterdruk in de plant afneemt. En aangezien die druk de bladeren in vorm houdt, gaan deze hangen. De plant verwelkt.

De rododendron is een kleine boomsoort die zelden hoger wordt dan vijf meter. Velen zullen zeggen dat hij meer een struik is dan een boom. Hij heeft enkele liefhebbers en veel vijanden vanwege zijn invasieve aard: wanneer de rododendron eenmaal voet aan de grond heeft gekregen in een gebied, verbreidt hij zich vastberaden en neemt daarbij de plaats in van inheemse soorten. Er zijn veel soorten rododendrons; de meeste daarvan hebben een voorkeur voor zure grond.*

De laatste jaren hebben we heel wat zachte winters gehad, maar Koning Winter zal zich wel weer melden en als dat gebeurt, rijd ik een halfuur noordwaarts, naar de heuvel Black Down. Dit hoogste punt in West Sussex is een fantastische plek om rond te struinen als er sneeuw ligt. De Black Down is geen reus, hij is nog geen driehonderd meter hoog, maar dat maakt hier al een groot verschil als het gaat om de hoeveelheid sneeuw. (Het effect is groter doordat ik ook nog eens landinwaarts rijd: de sneeuw wordt dieper als je je van de kust verwijdert.)

De Black Down bevindt zich op de Greensand Ridge, een

---

* Letterlijk rozenboom: *rodo* – roos, *dendron* – boom. Het Kennisnetwerk Invasieve Exoten schrijft op zijn website (november 2023): 'Dat rododendron zich op dit moment nog niet sterk invasief gedraagt, betekent niet dat dit niet alsnog kan gebeuren, getuige de ervaringen met de problematiek rondom de soort op de Britse eilanden.'

strook van zure zandsteenrotsen die minder verweerd zijn dan de rotsen ten noorden en ten zuiden ervan. Voordat ik uit de landrover ben gestapt, heb ik al opgemerkt hoezeer het zuur in de grond het mij omringende planten- en dierenleven heeft beïnvloed. De naaldbomen domineren, en brem en hei doen het hier goed.

Nadat ik de auto heb geparkeerd, loop ik de heuvel op naar de top om het gebied te verkennen. Door de dikke laag sneeuw moet ik daarbij mijn voeten hoog optillen. De rododendrons begroeten me; hun bladeren wijzen naar de grond en vertellen me zo dat het hier koud is. Rododendronbladeren staan erom bekend dat ze bij koud weer opkrullen en gaan hangen, zodat ze naar de grond wijzen.

Een web van naalden

Als je een soort inham ziet in de zijkant van een naaldboom, loont het de moeite om die nader te bestuderen. De naalden daarin fungeren als een soort net waarin allerlei interessante dingen blijven hangen. Afhankelijk van seizoen en weer kun je onder meer dode bladeren, veren, poep, stof, insecten, spinrag en stuifmeel aantreffen. Menigmaal was een veer in een donkergroen naaldenbed voor mij de aanleiding om op zoek te gaan naar een vogelnest.

Het is een goede gewoonte om dit naaldenweb nader te inspecteren, want algauw zul je nog iets anders vaststellen. Het kan je niet ontgaan hoe de vorm van de bomen verandert met het terrein waar je je bevindt. Je zult merken dat het bijvoorbeeld een stuk makkelijker is om te zoeken in zo'n naaldenweb van een taxus in een bos dan in een naaldenweb van een den in het open veld. Zoals je weet, is de vorm van de bomen die je onderweg tegenkomt een weerspiegeling van het landschap: dennen houden van open terrein en hebben maar weinig lage takken; taxussen houden van schaduw en hebben er juist heel veel.

Hoofdstuk 12

Basttekens

Dun, dik, ruw of glad – Passende kleding – Basttijd – De ommezwaai – Late verandering – Stresskaart – Van tak naar bast – Het vorkenprobleem – Wondhout – Knobbel en bobbel – Dierenverhalen – Krommingen en scheefgroei – Baanbrekers

Ik heb het voorrecht gehad een aantal van de schilderijen van Vincent van Gogh te mogen bewonderen, maar er is er één die ik tot mijn spijt nog nooit van dichtbij heb gezien: *De grote platanen*. Dit oogverblindende schilderij gaat niet speciaal over bomen, maar een onderdeel ervan vind ik bijzonder interessant in relatie tot het onderwerp bast.

In feite gaat het om twee schilderijen. Van Gogh schilderde de eerste versie in 1889 en noemde die *De grote platanen*. Later schilderde hij een tweede versie, die hij *De wegwerkers bij Saint-Rémy* noemde. In grote lijnen zijn de twee schilderijen identiek, met dezelfde bomen, personen en gebouwen op dezelfde plaats. Het tweede schilderij is echter beslist geen kopie; het belangrijkste verschil zit hem in de kleuren.

Van Gogh staat bekend om zijn baanbrekende gebruik van

levendige kleuren en op het tweede schilderij zet hij een tandje bij. Dat doet hij niet uniform: de personages verliezen juist veel kleur. Een vrouw met een mand verandert in een silhouet. Maar de bomen krijgen een extra kleurbehandeling. De herfstbladeren op de tweede versie zijn geschilderd in zelfverzekerde goudgele tinten, maar voor mij springt met name de bast eruit.

De bast van platanen is iets speciaals; hij is wel omschreven als 'legercamouflage' of als 'omgekeerd luipaard' vanwege het ongebruikelijke kleurenpatroon. Van Gogh was uitzonderlijk gevoelig voor kleur, maar zelfs hij zag het schouwspel van de plataanbast over het hoofd. Het kijken naar bast valt niet mee, maar wij zijn wel in het voordeel omdat we op zoek zijn naar betekenis. Als het om bast gaat, zijn geen twee bomen gelijk.

Dun, dik, ruw of glad

Bruin, grijs, olijfkleurig, roestkleurig, rood, wit, zilverkleurig, glad, papierachtig, ruw, gestreept, vezelig, pukkelig, gekringeld, afbladderend, bloedend... Boombast is er in allerlei kleuren en texturen. Waar zullen we beginnen? Met een aantal van de grootste verschillen en duidelijkste tekens.

Het contrast is vanzelfsprekend het grootst tussen de verschillende boomgeslachten. Vergelijk de gladde, dunne bast van een beuk eens met de ongepolijste, knoestige bast van een volwassen ruwe berk. Beide bomen hebben hetzelfde doel – bladeren omhooghouden naar het licht – dus vanwaar die grote verschillen tussen hun bast? Uiteindelijk komt het neer op nichespecialisatie: beuken zijn gebouwd voor een bestaan in een dicht bos, samen met honderden andere beuken, een schaduwrijke, beschutte wereld. Berken zijn voorbereid op een eenzaam bestaan, waarbij ze niet alleen de elementen, maar ook dieren moeten trotseren. Bomen die zijn geëvolueerd met het oog op een schaduwrijk bestaan hebben een dunnere bast; pionierbomen en andere bomen die alleen of in kleine groepjes groeien, zoals sommige fruitbomen, hebben in het algemeen een dikkere bast. Vanuit mijn schrijfhut kan ik een wilde kersenboom zien, met zijn fraaie, stevige bast. Hij staat aan de rand van een bos en zijn grove huid beschermt hem tegen de zon, wind, regen, hagel en sneeuw die hem gedurende het jaar zullen teisteren.

(Hiermee hangt een tweede aanwijzing samen: gladde bast is een teken dat de boom langzaam is gegroeid en de tijd heeft genomen om gaten in zijn bast op te vullen tijdens het uitdijen van de stam. Een ruwe bast betekent dat de boom snel is gegroeid en uit zijn eigen vel is geknapt. Zoals we eerder zagen, kunnen alleen bomen die een schaduwleven leiden het zich veroorloven om langzaam te groeien: de schildpadden, zoals beuken.)

Kun je door alleen maar te kijken zeggen hoe dik een bast is? Als de bast scheuren of verwondingen heeft, is dat makkelijk, maar je kunt de dikte van de bast altijd inschatten door te kijken naar de huid op een gezonde stam. De textuur is een goede indicator. Ruwheid is een teken van dikte; gladde bast is normaal gesproken heel dun. Deze methode is niet perfect, maar werkt in de meeste gevallen.

Als je in het open veld loopt, niet in een bos, zul je veel vaker ruwe bast tegenkomen. Rond mijn huis wandel ik door het bos en passeer dan de gladde huid van beuken, haagbeuken en hulst, of ik wandel in het open veld langs de ruwe, grove textuur van wilgen, populieren, meidoorns, sleedoorns, berken, lariksen en vlieren. Op elk regel bestaan uitzonderingen: taxussen gedijen in de schaduw, maar hebben een bast waarbij vergeleken het voorhoofd van een bezorgde opa spiegelglad lijkt. Misschien komt dat doordat de taxus van plan is het een paar eeuwen langer vol te houden dan zijn buren.

Dezelfde vuistregel geldt voor naaldbomen, met dien verstande dat ze allemaal een enigszins ruwe bast hebben. Dennen zijn zonaanbidders en hebben een heel ruwe bast; dieper in het bos tref je sparren aan met een minder grove bast.

Sommige bomen hebben een heel dunne bast omdat die ze in staat stelt wat te oogsten van het licht dat ze bereikt. Als je een hint van groen ziet op een plek waar de dunne bast is beschadigd, met name bij jonge bomen, is er sprake van bast die zijn steentje wil bijdragen om de bladeren te ondersteunen. Bij jonge essen komt dit veel voor. Ik beschouw dit graag als een evolutionaire samenwerkingstest. Je kent die scenario's wel waarin twee teams strijden om de winst: het team dat onderling kibbelt verliest, het samenwerkende team trekt aan het langste eind. Ik stel me voor dat miljoenen jaren geleden twee soorten bomen met elkaar concurreerden en trachtten te overleven in een schaduwrijk landschap. De bladeren van beide jonge bomen wendden zich tot de bast en zeiden: 'Zeg, vriend, zou je ons een handje willen helpen en ook een beetje aan fotosynthese willen doen? Alleen voor een paar seizoenen. Als we zijn gegroeid, mag jij je weer concentreren op je hoofdtaak: de stam en de takken beschermen.'

De bast van de ene boom heeft genen die antwoorden: 'Nee, dat valt niet onder mijn takenpakket.' Die boomsoort sterft uit.

De bast op de andere boom zegt: 'Geen probleem. Ik laat mijn wapenrusting een paar jaar zakken, neem wat zonlicht op en gok erop dat het meevalt met de elementen en beesten. Het heeft weinig zin om de stam te beschermen als we ondertussen verhongeren.' Dat is de boomsoort die je nog altijd op schaduwrijke plekken tegenkomt.

Aan het andere uiteinde van het spectrum heb je soorten

met een heel dikke bast ter bescherming tegen bosbranden. Bomen als de kurkeik zijn zodanig geëvolueerd dat ze een van de zwaarste natuurlijke aanvallen kunnen overleven. De boodschap blijft: een dikke bast betekent dat de boom zich wil beschermen tegen de elementen – zon, wind of vuur.

Passende kleding

Er zijn honderden basttinten en -kleuren, maar de meeste neigen naar bruin, met suggesties van grijs, groen of zwart. We hoeven niet bij elke tint langs te gaan; we hoeven alleen stil te staan bij de uitzonderingen. Als bast een opvallende kleur heeft of een afwijkend patroon, is het de moeite waard om deze te beschouwen en ons af te vragen: welk probleem veroorzaakt deze rebellie?

De bast van de ruwe berk is helderwit, deze kleur reflecteert zonlicht optimaal en beschermt de boom tegen de straling van de zon. Een prima oplossing voor een typisch pioniersprobleem.

In de tweede versie van zijn schilderij gaf Van Gogh wel het vlekkerige mozaïekpatroon van de platanen weer. Platanen laten grote stukken bast in één keer los; hierdoor zijn ze beter bestand tegen luchtvervuiling dan de meeste soorten. Vandaar dat we deze bomen aantreffen in steden over de hele wereld. Evolutionair gezien is luchtvervuiling een recent probleem. Misschien groeiden platanen als eerste bomen rondom de vuurplaatsen van onze verre voorouders.

Rode of paarse bast, zeker glimmende, duidt op nieuwe groei. Dit brengt ons bij de factor tijd.

Basttijd

Zoek een hoge oude boom en een lage jonge boom op en vergelijk de bast van beide. Het verschil is fors, zoals verwacht. Vergelijk nu de bast op verschillende hoogten van elke boom eens met elkaar. Kijk naar de bast aan je voeten en de bast op ooghoogte. Het verschil daartussen is groter dan veel mensen zouden denken.

Bast verandert naarmate de boom ouder wordt. We weten dat het laagste deel van de boom het oudst is; de bast bij de voet van de stam oogt dan ook ouder. Sommige bomen hebben bast die heel elegant veroudert: de bast van een honderd jaar oude beuk ziet er ongeveer net zo uit als die van een vijfentwintig jaar oude beuk. Maar bij de meeste bomen wordt het karakter van de bast steeds uitgesprokener. Als de bast van een jong exemplaar ruwe delen bevat, worden die in de loop der tijd steeds ruwer; als er barsten zijn, worden die steeds dieper.

Het verliezen en vervangen van huid is voor veel planten en dieren een uitdaging. Je moet huid vervangen, maar je kunt ondertussen niet zonder: hoe los je dat op? Je kunt regelmatig een dunne buitenlaag van je af schudden, zoals slangen en mensen doen, in de wetenschap dat je daaronder nog meer lagen hebt. Of je kunt telkens stukken loslaten, zoals veel bomen doen.

Een van de technieken die bomen gebruiken, is het vasthouden van een gedeelte van de buitenste laag, terwijl ondertussen de meer naar binnen gelegen lagen groeien en uitzetten. Dit resulteert in de gemengde patronen die je ziet. Als je een kriskraspatroon op bast tegenkomt, bestaat dit ofwel uit een serie diamantvormige verhogingen, omringd door lagergelegen dalen, ofwel uit lagergelegen diamantvormige stukken met tussenliggende verhogingen. In beide gevallen zijn de lagergelegen gedeelten openingen die ontstaan doordat de binnenlaag onder de oudere bovenlaag groeit en de bovenlaag uiteen drijft. Bij elke soort ontstaan kenmerkende patronen wanneer de nieuwe bastlagen tevoorschijn komen. Bast van de fijnspar ziet eruit als opdrogende modder, dennen hebben dikke schubben, haagbeukbast lijkt uit een te klein jasje te barsten.

Alle bomen laten bast los en vervangen deze als ze ouder worden. In het algemeen verliezen ze hogerop meer bast dan beneden – nog een reden waarom de voet van veel bomen zo'n karakteristiek uiterlijk heeft. Elke soort heeft zo zijn eigenaardigheden. Volwassen grove dennen verliezen meer bast bovenin dan bij de voet, waardoor hun hoger gelegen delen enigszins oranje kleuren. Dit verschijnsel is het best te zien tegen het einde van de zomer – in die tijd van het jaar verliezen de bomen meer bast en bovendien staat de zon lager aan de hemel dan midden in de zomer, waardoor het effect wordt versterkt.

De gewone plataan verliest meer bastschubben aan de zuidzijde, zodat de noord- en de zuidkant van deze bomen er heel verschillend uitzien. Dit is me al honderden keren opgevallen – het is een van de leukste manieren om in de stad te navigeren – maar de wetenschappelijke verklaring ontgaat me nog altijd. Het zal wel iets met de zon te maken hebben. Misschien probeert de boom aan fotosynthese te doen met de binnenkant van zijn bast, of zijn zonnebrand en vorst-dooicycli aan de zuidkant een stuk schadelijker. Of misschien raakt de bast verstopt door de aangroei van algen en korstmossen aan de zuidkant. Of het is een combinatie van al deze factoren. Hoe het ook zij, het is een waardevol verschijnsel, want nu je ervan op de hoogte bent, kun je ook in de stad navigeren met behulp van de bast van bomen.

De ommezwaai

Elke zomer is de bosbodem bezaaid met kleine groene zaailingen. Bij mij in de buurt zijn dit vooral essen. Met elke hand en voet zou ik tegelijkertijd een ander exemplaar van deze zaailingen kunnen aanraken, maar dat doe ik niet, omdat het zou bevestigen dat ik een vreemde snuiter ben.

Een zaailing die net boven de grond uit komt, is groen en zacht; zijn huid lijkt in niets op die van de hoge, dikstammige veteraan naast hem. Je verwacht dat de huid van een boom in de loop der tijd grote veranderingen doormaakt, en de meeste mensen denken dat dit een geleidelijk proces betreft. In de loop van het leven van een boom vinden inderdaad allerlei geleidelijke veranderingen plaats, maar de bast maakt ook één ingrijpende transformatie door.

Als een boom nog heel jong is, heeft hij een zachte huid die opperhuid of epidermis wordt genoemd. Op een gegeven moment, dat varieert per soort, wordt de epidermis vervangen door het stevigere en dikkere periderm. Dit heeft levende cellen aan de binnenkant en dode cellen aan de buitenkant, een beetje zoals onze eigen huid. Bij veel soorten versterkt de boom de beschermende kracht van het periderm door de gaten op te vullen met tannine, hars of gom.

Deze grote verandering in de bast kun je voelen. Het krassen met een vingernagel in de buitenste bast van een machtige oude eik richt geen schade aan, maar als je hetzelfde zou doen bij een boom die nog geen twee meter hoog is, zou dat voelen alsof je de boom verwondt – en dat is ook zo. In dit vroege stadium is de boom extra kwetsbaar omdat zijn huid zo dun is, maar ook omdat de boom onmisbare voedingsstoffen transporteert via een laag die vlak bij de buitenkant ligt. Als een dier of een mens een volledige ring van de jonge bast verwijdert, blokkeert hij deze essentiële voedselvoorziening, zodat de boom boven de ring zal afsterven. Deze werkwijze wordt 'ringen' genoemd. De epidermis is een makkelijke prooi voor eekhoorns, herten, bevers en metalen snijbladen.

De secundaire huid, het periderm, groeit onder de jonge bast. Vervolgens vervangt het periderm de epidermis; de manier waarop dit gebeurt, verklaart een groot deel van de variatie die je tegenkomt. Er zijn vier hoofdtypen bast: dun, gelijnd, met een patroon en vlekkerig. De wijze waarop de grote transformatie plaatsvindt, verklaart elk van deze typen. Laten we eerst eens kijken naar de eenvoudigste variant.

Dunne bast. Sommige bomen, waaronder veel citrusvruchtbomen en soorten hulst en eucalyptus, behouden hun jonge bast, de epidermis, wanneer ze volwassen worden. Deze bomen hebben een dunne, kwetsbare huid. Eucalyptussen staan bekend om hun afbladderende schilferige bast; de bast van citroen- en limoenbomen is veel strakker en de meeste bomen uit deze groep zien er gladjes uit. In elk geval is de bast opvallend dun. Meestal is hij ook licht van kleur in vergelijking met de bast van de meeste andere boomsoorten.

Gelijnde bast. Het is je vast al eens opgevallen dat de bast van veel bomen lange verticale lijnen laat zien. Denk hierbij aan jeneverbessen en de levensbomen, zoals de reuzenlevensboom en de westerse levensboom. Het periderm van deze bomen vormt zich in een volledige ring, een hele cirkel rondom de boom.

Bast met een patroon. Deze brede categorie omvat de vele bastsoorten met een ruwe textuur en een zekere orde, zonder dat ze helemaal strak zijn. Hieronder vallen de dennen en de eiken. Meestal is er sprake van kleine verhogingen in de bast, altijd kleiner dan de palm van je hand. Bij deze bomen vormt het periderm zich in gebogen stukken.

Vlekkerige bast. Platanen vormen hun periderm net als de boomsoorten uit de vorige categorie, maar de stukken of schubben zijn zo groot dat dit een kenmerkend effect oplevert, vandaar het 'camouflage-uiterlijk'.

Late verandering

Overigens, wanneer je in detail gaat uitzoeken hoe elke soort deze transformatie doormaakt, wordt het al snel ontmoedigend ingewikkeld en technisch. Bovendien voegt deze kennis weinig toe aan het aflezen van de bast. Het is geruststellend om te weten dat er een eenvoudige reden is voor de patronen die we zien en dat je de precieze wijze waarop een specifieke boomsoort zijn periderm vormt, kunt opzoeken als je dat wilt.

Er is nog een ander aspect aan de grote transformatie waarop je moet letten en dat is de timing. De meeste bomen zijn overgegaan op hun periderm als ze tien jaar oud zijn, maar er zijn interessante uitzonderingen op deze regel en het is de moeite waard om daarnaar op zoek te gaan.

Wilde kersen fascineren mij en veel anderen bij wie kennis van de wilde natuur hoog in het vaandel staat. De bast van de wilde kers wordt vanouds gebruikt in de traditionele geneeskunde en zou van alles kunnen genezen, van hoesten tot jicht en artritis. Wanneer de bast van een kersen- of pruimenboom beschadigd raakt, produceert deze een dikke gom die smakelijk en voedzaam is. De achttiende-eeuwse Zweedse reiziger en natuurvorser Fredrik Hasselqvist beschrijft zelfs, enigszins dubieus, hoe honderd mensen gedurende twee maanden een belegering overleefden door uitsluitend de gom van kersenbomen te eten.

De meeste wilde kersenbomen herken je onmiddellijk aan hun bast met zijn donkere rode kleur met smalle horizontale strepen, de lenticellen, die gaswisseling mogelijk maken. Veel bomen hebben lenticellen. Ze zijn algemeen aanwezig op bast en op vruchten – die kleine bruine spikkeltjes op een appel zijn lenticellen – maar de lenticellen op wilde kersenbomen zijn relatief groot en opvallend. (Een handige truc tijdens het navigeren kun je als volgt onthouden: stel je voor dat de horizontale lijnen van de lenticellen in kersenbast de spijlen zijn van het hek dat de bomen in het bos houdt. Wilde kersenbomen staan namelijk aan de randen van bossen.)

Maar zelfs na al die jaren dat ik al vertrouwd ben met deze soort, was ik in de war door de bast van een wilde kers die ik dagelijks zie, totdat ik zijn geheim wist te ontsluieren. Een deel van de bast van deze boom bevat de bekende lenticellen, maar grote delen ook niet; deze delen ogen ruwer. Ik dacht dat de boom een ziekte had, maar nu weet ik dat deze combinatie van texturen laat zien dat het periderm de epidermis vervangt. Deze overgang vindt bij de wilde kers veel later in het leven plaats dan bij de meeste andere boomsoorten, vandaar dat ik het nooit geraden zou hebben als ik deze eigenschap van de wilde kers niet had ontdekt.

Deze eigenschap – het laat wisselen van epidermis naar periderm – wordt gedeeld door een wat merkwaardig samenraapsel van boomsoorten, waaronder kers, berk, zilverspar, spar, pruim, abrikoos, nectarine en amandel. Bij deze soorten kan de overgang tot wel vijftig jaar op zich laten wachten; de bast op jonge exemplaren is totaal verschillend van die op oude bomen.

Grote stukken bast van mijn kersenboom hebben de transformatie al doorgemaakt; andere delen bestaan nog steeds uit de oorspronkelijke, dunnere, gestreepte epidermis. Over een jaar of tien zal het periderm de overhand hebben gekregen en zal de hele boom een stuk ruwer ogen.

Stresskaart

Heb je weleens twee dingen aan elkaar gelijmd en daarna gevoeld hoe de opgedroogde lijm op je hand ging rimpelen, scheuren en afbladderen door het bewegen van je vingers? Mij stemt dit vreemd genoeg zeer tevreden. Altijd wanneer ergens een dun laagje overheen ligt, kun je daaruit iets aflezen over de bewegingen eronder.

Als in een boom sprake is van ongebruikelijke bewegingen of spanningen zul je dat kunnen aflezen aan de bast. Volgens professor Claus Mattheck, die we ontmoetten in hoofdstuk 5 over ontbrekende takken, is bast de 'spanningen lokaliserende laag van de boom' – de barsten en patronen onthullen de onderliggende spanningen die de boom het hoofd probeert te bieden.

Wanneer je langs een boom komt die scheefstaat, loont het zeker de moeite om de bast te bestuderen. Als je je hoofd en schouders naar rechts buigt, wordt de huid aan de rechterkant van je romp in elkaar gedrukt en die aan de linkerkant juist opgerekt. Bij bomen gebeurt hetzelfde: als de stam door sterke wind scheef wordt geblazen, wordt de bast aan de lijzijde in elkaar geduwd, en opgerekt of zelfs uit elkaar getrokken aan de loefzijde, waar de wind vandaan komt. Hierdoor ontstaan grotere gaten aan de windzijde en een in elkaar gedrukt, rimpelig uiterlijk aan de andere kant. Dit effect is het sterkst bij dikke bast; bij bomen met een dunne bast is vooral het rimpelen te zien, meer dan het oprekken.

Bomen passen zich voortdurend aan aan nieuwe spanningen, ook als er geen dramatische gebeurtenissen hebben plaatsgevonden. Met een beetje oefening kun je zien hoe de bastpatronen de spanningen in elke boom onthullen. Een goede plek om dit af te lezen is de 'takkraag' waar een grote lage tak aan de stam vastzit.

Denk eraan dat bomen de maat van hun takken niet van tevoren hebben gepland. Elke tak begint klein en licht; veel takken worden algauw weer afgeworpen en de boom rekent er niet op dat hij een enorm ledemaat moet ondersteunen. Als een tak volwassen en dus lang en sterk wordt, zal de boom mogelijk worstelen met zijn gewicht en kan de tak gaan doorhangen. Hierdoor verandert de hoek waaronder de tak aan de stam vastzit. Voordat dit gebeurt, zie je hiervoor al aanwijzingen in de bast bij de takkraag. Aan de onderkant zie je tekenen van samendrukken en aan de bovenkant vertoont de bast mogelijk scheuren of gaten. Ook hier geldt: hoe dikker de bast, des te dramatischer het effect.

Als je ziet dat de verbinding is opgezwollen en de takkraag rond de aanhechting tussen tak en stam ongebruikelijk groot is, kan het zijn dat de boom zich voorbereidt op het afstoten van de tak. De boom maakt zich klaar om de opening af te sluiten nadat de tak is afgevallen, om zo te verhinderen dat ziektekiemen de boom binnen dringen. Er is een groot verschil tussen het afbreken van een tak als gevolg van stormschade en het opzettelijk afstoten van een tak door de boom. Het dikker worden van de takkraag laat zien dat er opzet in het spel is.

Van tak naar bast

Zodra je op dit soort effecten begint te letten, zul je opmerken dat er een lijn loopt over de bovenkant van de takaanhechting, die er bij veel bomen uitziet als een donker litteken. Mij doet deze lijn ook wel denken aan een lasnaad, wat niet zo vreemd is, aangezien hier sprake is van acute spanning en de boom probeert om de tak bij de stam te houden.

Bij gezonde bomen zie je zo'n lijn omdat de boom een speciaal soort hout moet aanmaken om de tak aan de stam vast te zetten en te ondersteunen. De lijn zal zich verbreden of scheurtjes gaan vertonen als het de boom moeite kost om de tak overeind te houden. (Weet je nog dat we het in het hoofdstuk over ontbrekende takken hebben gehad over zuidelijke ogen, de kleine ovale patronen in de bast waar oude takken zijn afgevallen? Deze ogen hebben vaak 'wenkbrauwen', donkere gebogen lijnen boven het 'oog'. Deze lijnen zijn een restant van de verbinding tussen tak en bast.)

Als je geen lijn ziet tussen tak en bast en het eruitziet alsof er helemaal geen verbinding bestaat, kijk je naar een bast-bastverbinding. Dit is voor de boom een zwak punt. Het lijkt wel of de bast van de tak en de stam elkaar raken, maar niet met elkaar zijn verbonden tot een geheel. Dit komt veel vaker voor bij takken die vrijwel verticaal staan dan bij min of meer horizontale takken.

Als je je duim naar opzij strekt, weg van je wijsvinger, en naar de tussenliggende huid kijkt, is er geen twijfel over mogelijk dat je duim vastzit aan je hand; de huid vormt de verbinding. Plaats nu je twee handpalmen tegen elkaar – alsof je bidt – en duw de onderkant van je duimen stevig tegen elkaar. Stel dat je ene duim de stam is en de andere een grote tak. Je huid is de bast. Weliswaar staan ze tijdelijk met elkaar in verbinding, maar als je kijkt naar de aansluiting zie je dat zich tussen beide duimen een donkere, dunne spleet bevindt. Je ziet hoe zwak een bast-bastverbinding is: zodra je de duimen niet meer tegen elkaar drukt, gaan ze ieder hun eigen weg. Zulke bast-bastverbindingen ontstaan wanneer een boom niet merkt dat ergens een tak groeit die steeds zwaarder wordt en daardoor geen steunhout aanmaakt om de tak te stutten. Wat kan hiervoor de oorzaak zijn? Een veelvoorkomende oorzaak is 'ondersteuning'.

Als een tak hogerop een andere tak raakt – van dezelfde boom of van een andere boom – kan die tweede tak steun bieden. De boom voelt dan niet dat zijn tak groter of zwaarder wordt, doordat een andere tak het tilwerk verricht. Daardoor vormt de boom niet het hout dat noodzakelijk is om zijn eigen tak overeind te houden; het resultaat is een bast-bastverbinding.

Als om de een of andere reden de tweede, ondersteunende tak afbreekt, is de verbinding in de meeste gevallen te zwak om de tak vast te blijven houden. Dat blijkt echter niet altijd meteen. Zoals elke architectonische zwakte kan ze nog een tijdlang standhouden om het dan te begeven op een moment van grote spanning, bijvoorbeeld tijdens een storm.

Hierbij spelen hoogte, schaal en tijd een rol. Als een vingerdikke tak een paar dagen op een andere tak van dezelfde omvang rust, is er niet veel aan de hand – zulke situaties doen zich voortdurend voor in de hazelaars bij mij in de buurt. Maar als een takje zich ontwikkelt tot een grote tak en hij hogerop wordt gestut door een steuntak, kan dat problematisch zijn, al kan het nog jaren duren voordat er daadwerkelijk iets gebeurt.

Het vorkenprobleem

De grootste boomproblemen beginnen altijd klein. Als zich bij de aanhechting van een takje een bast-bastzwakte voordoet en de tak uitgroeit tot een echte krachtpatser, is er sprake van een serieus probleem. De architectuur van de boom omvat een structureel zwak punt en er is geen manier om de tijd terug te draaien. Dan is het wachten op een gevaarlijk ongeluk. Dit probleem komt vaak voor bij stamvorken.

De spanningen in het geval van één enkele gezonde stam

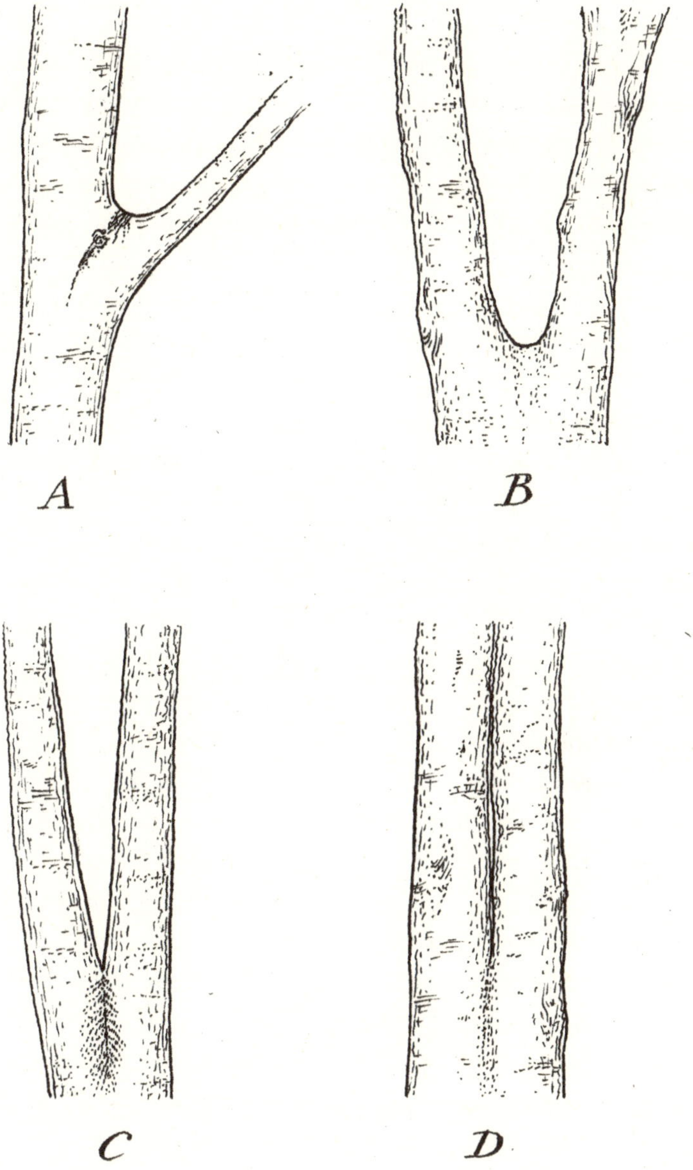

A – Tak-bastverbinding B – Sterke U-vorm C – Zwakkere V-verbinding met gezonde visgraten D – Bast-bastverbinding

zijn te overzien. Maar als er sprake is van een vork gaat de zwaartekracht meespelen; het is onmogelijk dat beide stammen helemaal verticaal omhooggroeien. Dat houden ze misschien een paar jaar vol als ze nog jong zijn, maar uiteindelijk zal een van beide of zullen ze allebei bij de ander vandaan gaan groeien. Deze divergentie resulteert in grote spanningen ter hoogte van de vorksplitsing. Als de boom deze spanning tijdig waarneemt, zal hij verbindingshout gaan aanmaken. Bij de scheidslijn ontstaat dan een zwelling en vormt zich een tak-bastverbinding. Als dat niet het geval is, vormt zich een veel zwakkere bast-bastverbinding.

Een jonge boom met een bast-bastvork ondervindt mogelijk nog geen grote problemen, maar uiteindelijk komt het moment waarop de twee massieve stammen uit elkaar beginnen te groeien. Dan is de spanning bij de splitsing niet langer houdbaar. Dit is een potentieel dodelijke situatie: de helft van een grote boom kan neergaan. Vandaar dat boomdeskundigen een dergelijke toestand nooit zullen laten voortbestaan in een park of een andere openbare ruimte.

Het goede nieuws is dat bomenlezers dit probleem kunnen vaststellen en eventuele problemen kunnen voorzien, vaak al decennia voordat het echt gevaarlijk wordt. De komende dagen kom je vast wel een keer zo'n boom tegen; dan kun je al het verschrikkelijke geluid en de grote ramp voorspellen die deze boom ergens in de toekomst zullen overkomen. Tijdens een storm denk ik weleens aan een aantal van de hachelijkste vorken die ik ken en ongeveer één keer per jaar hoor ik nadat de storm is gaan liggen dat er eentje het loodje heeft gelegd.

Bast-bastverbindingen zijn de grote vijand van boomvorken, maar ook het aflezen van de gezondheid van sterkere verbindingen is een kunst op zich. Een geleidelijk gekromde U-vormige verbinding is sterker dan een scherpe V-vormige. Ik stel het me als volgt voor: als je hand klem zou komen te zitten na een karateslag in de vork, is de verbinding zwakker dan als je je vlakke handpalm in de kromming kunt leggen.

Als je de bast bestudeert, vind je zelfs aanwijzingen binnen de zwakkere V-vormige verbindingen. In vorken is de bastlijn een soort overdreven versie van dezelfde lijnen bij takverbindingen; de mechanica is dezelfde, maar de spanningen zijn een stuk groter. Hierdoor ontstaan bij de splitsing specifieke bastpatronen. Soms zie je visgraten langs de splitsing. Probeer dan vast te stellen waarheen ze wijzen. Visgraten zijn een soort pijlen: als ze naar beneden wijzen, is de verbinding zwak; wijzen ze naar boven, dan is de verbinding sterker. Een neerwaartse pijl betekent dat dit deel van de boom kwetsbaar is: op een bepaald moment zal het waarschijnlijk afbreken en op de grond vallen. Als de pijl naar de hemel wijst, zal het langer overeind blijven. Dit onthoud ik als volgt: wanneer de pijl naar de grond wijst, gaat alles die kant op.

We hebben gezien hoe twee takken met elkaar vergroeid kunnen raken als ze elkaar raken. Als je dit vaststelt bij twee grote takken, bijvoorbeeld boven een vork in de stam, bekijk de vork dan heel nauwkeurig. Waarschijnlijk zie je een bast-bastverbinding of een andere aanwijzing dat de boom geen sterke verbinding heeft kunnen vormen. Deze boom zal ergens in de toekomst waarschijnlijk neergaan.

We kunnen een boom vanuit meerdere hoeken bekijken – iets wat je maar al te gauw vergeet. Verplaats jezelf eens nadat je een vorksplitsing hebt bestudeerd vanuit een positie waarbij je door de opening kunt kijken en bekijk de boom van de zijkant, waar je de achterste tak van de vork niet kunt zien. Richt je aandacht nu op het profiel van de boom. Zie je een zwelling ter hoogte van de splitsing? De kans is groot; de omvang van de zwelling vertelt je hoeveel spanningen de boom moet verwerken. De omvang van de zwelling is onze clou: hoe groter de zwelling, des te sterker de spanningen.

Als je al deze basttekens samenvoegt, beschik je over een groot deel van het gereedschap dat boomprofessionals gebruiken om de gezondheid en de toekomstige gevaren van tak- of stamverbindingen in te schatten.

Wondhout

Als een boom een verwonding oploopt waarbij de beschermende bast wordt doorboord, begint een wedloop. Slaagt de boom erin om tijdig een beschermlaag aan te maken en zo een pleister op de wond te vormen en zuurstof buiten te sluiten, of weet een indringer naar binnen te glippen om zich tegoed te doen aan de kwetsbare weefsels binnenin? Als een schimmel of bacterie voet aan de grond krijgt, zal de boom alsnog proberen de wond af te dekken; vaak leidt dit tot een kleurverandering en soms zie je druppels bij de wond verschijnen. Er is dan sprake van 'boomkanker', een brede term om een infectie te beschrijven.

Elke boomsoort heeft zijn eigen ziekteverwekkers – schimmels, virussen en bacteriën. Vele daarvan hebben zich helemaal op één soort gespecialiseerd. *Cytospora* is echter minder kieskeurig en daardoor heel succesvol: deze schimmel kun je aantreffen op wilgen, populieren, dennen en sparren. Ik zie hem regelmatig in het bos bij mij in de buurt, in de vorm van een witte wasachtige substantie die uit een wond in een spar loopt.

Boomkanker lijkt op een geïnfecteerde wond bij een mens. Er is sprake van een opening, een infectie, 'pus' en soms een sterke geur, met uiteindelijk een litteken als resultaat. De analogie is niet heel aangenaam, maar wel goed te onthouden.

Als een boom erin slaagt de wond af te dekken met een nieuwe laag, is er sprake van 'wondhout'. Dit groeit vanaf de randen van de verwonding naar binnen, als harde, trage stroop. Wondhout is niet hetzelfde als de bast of de onderliggende lagen; vandaar dat gewonde bomen littekens krijgen die decennialang aanwezig blijven.

Onlangs ben ik naar Texas geweest om een training te verzorgen voor het bedrijf Dauntless Air, dat brandbestrijding vanuit de lucht verzorgt. Een geweldig team van piloten en boordpersoneel blust bosbranden door met kleine vliegtuigjes naar een meer te vliegen, daar water op te scheppen, vervolgens naar de brand te vliegen en daar het water te dumpen op het heetste gedeelte van de brand. Samen met een van de leidende piloten maakte ik een trainingsvlucht, op zoek naar tekens in het water van het meer waaraan je iets zou kunnen aflezen. Die ervaring zal ik nooit vergeten. Stel je een combinatie voor van een achtbaanrit en wildwaterkanoën, zonder rails en tien keer zo luid. En alles trilt zodanig dat je oogballen in hun kassen heen en weer lijken te rollen.

Het was tijdens deze reis naar Texas dat ik de claustrofobische wortels midden in een drukke snelweg ontdekte, die ik in hoofdstuk 9 heb beschreven. En ik bracht een bezoekje aan de botanische tuin van Fort Worth, waar ik de professionele tuinbouwer, expat en mede-Brit Stephen Haydon ontmoette. Stephen liet me een aantal kersenbomen zien met grote verticale littekens aan de zuidwestkant. Ik zag het wondhout langzaam vanuit de randen de aangetaste plekken bedekken. Deze bomen waren duidelijk ernstig verwond; fascinerend was dat dit aan slechts één kant was gebeurd – ieder natuurlijk kenmerk met een tendens in een bepaalde richting is voor de spoorzoeker onweerstaanbaar. Ik vroeg Stephen wat de oorzaak was.

'Dit is zonnebrand. Het komt alleen voor aan de zuidwestkant van de kersenbomen.'

Ik was dolblij. Al decennia was ik op de hoogte van het bestaan van dit verschijnsel. Bekend is dat het zich voordoet tussen de zuid- en de westzijde van bomen; het staat ook wel bekend als zuidwestelijke winterverwonding. Het zou als een merkwaardig, maar fantastisch kompas kunnen fungeren. Na een jarenlange zoektocht, waarbij ik had geprobeerd om een paar duidelijke voorbeelden te vinden, liep ik ze hier tegen het lijf, in een botanische tuin in de Lone Star State.

Zonlicht dat op een koude ochtend rijp beschijnt, levert een prachtig plaatje op; het is moeilijk voorstelbaar welke enorme krachten hier aan het werk zijn. De krimp en expansie die het gevolg zijn van een vorst-dooicyclus kunnen letterlijk rotsen breken en kunnen planten ernstige schade toebrengen. Texas staat bekend om zijn droge hitte, maar er treden grote temperatuurschommelingen op. Gedurende de korte periode in maart dat ik er verbleef, draaide de wind in één nacht van zuid naar noord, waarbij de temperatuur tussen zonsondergang en zonsopgang met bijna twintig graden daalde. Als het 's nachts vriest en een boom in de zon snel opwarmt, kan de gevoelige laag direct onder de bast hieraan bezwijken. De middaglucht is een stuk warmer dan de ochtendlucht en de zon staat op dat moment in het zuidwesten, vandaar dat daar de verwondingen en littekens te zien zijn. De boom laat wondhout groeien over de verwonding; dat is wat we zagen in de botanische tuin. Kersenbomen zijn extra gevoelig voor deze vorm van zonnebrand omdat ze een donkere bast hebben die zonlicht absorbeert en omdat ze, zoals we eerder zagen, langer dan andere boomsoorten hun dunne epidermis houden.

(Er bestaat een bastlitteken dat gemakkelijk verward kan worden met zonnebrand. Als een boom wordt geveld, kan hij tijdens zijn val een naburige boom raken en beschadigen. Hierdoor ontstaat een verticale lijn van beschadigde bast en later littekenweefsel aan één kant van de buurboom. Dit komt veel voor in bossen waar regelmatig bomen worden gekapt. Richt je blik omhoog naar de bast als je ergens de sporen tegenkomt van bosbouwvoertuigen die zich een weg tussen de bomen door hebben gebaand.)

Knobbel en bobbel

Een enigszins beroemde vriendin vertelde me een keer welke truc ze gebruikt om zich niet te hoeven bekommeren om haar uiterlijk. Als je voordat je op pad gaat in de spiegel kijkt, kun je allerlei onregelmatigheden zien en denken dat anderen die ook opmerken. Zij heeft zich echter aangewend haar spiegelbeeld te bekijken in een winkelruit in plaats van een spiegel. 'Die vage glimp zonder details is wat andere mensen zien. Voor zover ze jou überhaupt opmerken.'

We hoeven ons gelukkig geen zorgen te maken over de ijdelheid van bomen. Als je de tijd neemt om goed naar hun huid te kijken, zie je zeker onregelmatigheden. Geen enkele boom heeft een perfecte huid; het zou er vreemd uitzien als dat wel zo was. Met enige regelmaat kom je knobbels en bobbels tegen op boombast die er beslist niet heel elegant uitzien.

Als je op een stam een gladde ronde bobbel ziet, die geheel door bast bedekt lijkt te zijn, is er sprake van een sferoblast. Het formaat varieert; de kleinste zijn zo groot als een pruim, de grootste die ik ooit zag, moet evenveel hebben gewogen als een personenauto. De officiële naam voor het verschijnsel is sferoblast, maar vergis je niet: boomwetenschappers hebben ook geen idee wat zich eronder precies afspeelt. We weten dat bomen knoppen onder hun bast hebben die kunnen uitgroeien wanneer ze daartoe de opdracht krijgen van hormonen. En bomen maken hout aan in reactie op een verwonding. Soms verloopt dit volgens plan, soms ook niet. De ronde bobbels zijn een teken dat er iets is misgegaan. Het goede nieuws is dat deze bobbels geen teken zijn van een ernstige ziekte of zwakte van de boom, zelfs niet als ze heel groot zijn. Net als bij wratten is hier sprake van een kosmetisch probleem, niet van een gezondheidsprobleem.

Als je een ruwe knobbel ziet met een gehavend oppervlak dat sterk afwijkt van de omringende bast, is er sprake van een speciaal soort sferoblast. Ook hierover tast de wetenschap nog in het duister, maar meestal zijn deze ruwe knobbels het resultaat van een verwonding, virus of schimmel die de knoppen aanzet tot een overdreven reactie, met een grove en forse uitgroei tot gevolg.

Het is een stuk makkelijker om gezonde bast te herkennen dan om een precieze diagnose te stellen van een onregelmatigheid. Dat laatste is zelfs voor experts niet eenvoudig. Het herinnert me aan de beroemde regel uit *Anna Karenina* van Tolstoj: ‘Alle gelukkige gezinnen zijn gelijk; elk ongelukkig gezin is ongelukkig op zijn eigen manier.’ Bast kan duizenden verschillende organismen huisvesten, waaronder mossen, korstmossen en andere epifyten. De meeste van deze gasten zijn onschadelijk voor de boom; sommige zijn echter een teken dat de boom in de problemen zit.

Onder de grond werken bomen samen met schimmels, maar boven de grond is elke boom kwetsbaar voor de ziektekiemen die het op hem hebben gemunt. In het algemeen kunnen mossen en korstmossen geen kwaad, maar schimmels die uitlopen of vloeistof doen lekken zijn minder gunstig.

Paddenstoelen die tussen de wortels verschijnen, zijn vaak onderdeel van een gezonde samenwerking, maar als er paddenstoelen uit de bast groeien, is er iets niet in de haak. Geen enkele boom wil dat een schimmel zich tegoed doet aan zijn stam, dus als je daar een paddenstoel ziet, wordt de boom belaagd of is hij al dood – je ziet vaak paddenstoelen ontspringen aan een stam die zo'n zes meter boven de grond uitsteekt en dan plotseling ophoudt. Er bestaat ook een grote groep van paddenstoelen, de saprofyten, die alleen op rottend hout groeien en gezonde bomen met rust laten. Hoe dan ook, paddenstoelen vanuit de bast zijn een slecht teken.

Dierenverhalen

Vaak zie je dat stroken bast ontbreken op twee plekken: dicht bij de voet van de stam en bij de aanhechting van takken aan de stam. Dieren eten van de bast, met name bij jonge bomen, en de littekens hiervan kunnen tientallen jaren zichtbaar blijven. Muizen, woelmuizen, konijnen en herten zijn allemaal basteters. Eekhoorns knagen niet alleen aan de bast om deze op te eten, maar ook om hun territorium af te bakenen. Als je bast ziet ontbreken nabij de aanhechting van een tak, is dat waarschijnlijk het werk van een eekhoorn: ze gebruiken een tak om zich aan vast te houden terwijl ze zich tegoed doen aan de bast bij de aanhechting.

Herten klimmen niet in bomen; hun vandalisme vindt dus plaats bij de voet, maar vaak wel wat hoger dan je zou verwachten. In het New Forest zag ik ooit op eiken honderden korte verticale lijnen die doorliepen tot op hoofdhoogte. Dit was het werk van hongerige damherten die zich oprichten en hun voorpoten tegen de boom zetten om zo hogerop te komen.

Zoals we hebben gezien in hoofdstuk 5 over takken is het de moeite waard om een nadere inspectie uit te voeren op plekken waar de bast is verdwenen. Richt je daarbij op de binnenbast die is blootgelegd. Soms zie je dan kleine 'pukkels', minuscule uitstulpingen: dit zijn de slapende knoppen die onder de bast liggen te wachten totdat een chemisch signaal hun vertelt dat ze actief moeten worden. Helaas zullen ze waarschijnlijk niet overleven, aangezien de beschermende bastlaag is verdwenen, maar het is wel interessant om ze te zien.

Krommingen en scheefgroei

Kom je ergens een boom tegen met een kromming of een scheve stam, kijk dan goed naar het oppervlak. Mossen en korstmossen zijn heel gevoelig voor vochtgehaltes en deze variëren enorm als een boomstam scheef of krom groeit. De bovenkant blijft na regen langer nat; deze vochtige omgeving is ideaal voor mossen en voedt verschillende korstmossen aan de onderkant.

Een kromming of bocht is niet hetzelfde als een spiraal. Sommige stammen zien er gedraaid uit; vaak zie je dan in de bast een spiraalpatroon. Dit kan twee oorzaken hebben: genetisch of onder invloed van de omgeving. Sommige soorten, zoals de tamme kastanje, zijn dol op draaiingen. Voor het huis van een goede vriend staat een hoog exemplaar – alleen al van het kijken naar de spiralende bast word ik duizelig.

Als een boom is blootgesteld aan draaikrachten, bijvoorbeeld doordat hij aan de rand van een bos van één kant door de wind wordt geteisterd of net een naburige boom is kwijtgeraakt, kunnen de takken de stam kromtrekken. Dit verschijnsel is het best te zien aan gladde bast.

Baanbrekers

Baanbreken is van alle tijden, maar heeft tegenwoordig een nieuwe betekenis gekregen. Als je vandaag de dag iets of iemand karakteriseert als 'baanbrekend', bedoel je meestal dat er snelle vorderingen worden gemaakt op een nieuw gebied. Deze populaire metafoor wijkt lichtjes af van de oorspronkelijke betekenis. Oorspronkelijk was een baanbreker een wegbereider, die een nieuw pad markeerde zodat anderen het ook konden volgen. Toen ik met een aantal Dajaks door het midden van Borneo trok, maakten ze onderweg inkepingen in bomen met hun lange kapmessen. In veel landen zou dit als vandalisme worden beschouwd, maar voor de Dajaks is het een handige manier om hun route te markeren. In volksverhalen lees je over vergelijkbare pragmatische methodes – het is makkelijk, het werkt en iedereen kan het volgen, letterlijk.

Als je onnatuurlijke markeringen ziet op bomen – heldere lijnen of gekleurde stippen op de bast die duidelijk geen natuurlijke oorzaak hebben – kijk je naar opzettelijke tekens, moderne inkepingen. Er zijn twee hoofdredenen waarom mensen bomen markeren met verf of een andere kleurige substantie. Een daarvan stamt af van de methode die ik zojuist heb beschreven. Als het parcours van een hardloop-, fiets- of andere wedstrijd door een bos gaat, markeren de organisatoren de route vaak met verf. (Een milieuvriendelijkere methode, die doet denken aan het sprookje over Hans en Grietje, wint de laatste jaren aan populariteit. Bij splitsingen wijzen witte pijlen van tarwebloem op de grond de deelnemers waar ze langs moeten. Van voorbijgaande aard, maar beter dan broodkruimels.)

De andere reden voor verf op de boom betekent voor de boom zelf meestal slecht nieuws. Bosbouwers gebruiken verf om boodschappen aan elkaar over te brengen; elke verfstip vertelt wat er met de betreffende boom moet gebeuren. Een boswachter doorkruist bijvoorbeeld een stuk productiebos, op zoek naar zieke of gevaarlijke bomen, en markeert deze met een heldere verfvlek. Vrijwel altijd is dit een doodvonnis;

een volgende ploeg zal de boom vellen. Een enkele keer is het nieuws minder slecht: de ene kleur betekent dan vellen, de andere dat een gevaarlijke tak moet worden verwijderd. Veel plezier met ontcijferen.

Tot slot is er een bastpatroon dat je kunt aantreffen op afgevallen takken of omgevallen stammen. Als er eentje op de grond ligt, probeer dan eens uit te vinden waar dieren eroverheen gaan. Als een dier over een tak of stam klimt of springt, schraapt het met zijn poten over de bast. Dieren zijn gewoontegetrouw, dus als dit eenmaal is gebeurd, gebeurt het daarna nog duizend keer. Je kunt oefenen met het waarnemen van dit verschijnsel op bospaden die door mensen zijn uitgesleten: bestudeer de schaafplekken waar mensen en honden over een omgevallen boomstam zijn geklauterd. Algauw is het betreffende deel van de boom helemaal van bast ontdaan. Als je dit hebt opgemerkt, ben je klaar om hetzelfde verschijnsel te ontdekken op hertensporen en paden van andere dieren. Bosdieren laten in de bast sporen na die wij kunnen herkennen en volgen.

Hoofdstuk 13

Verborgen seizoenen

Lenteroze en lentebleek – Bladverliezend of groenblijvend? – Klein is vroeg – Het juiste moment – Najaarsgrillen – Overdekt met klokken – Herfstwinden – Verlegen bloemen en uitslovers – Vreemde vormen – Liever lelijk – Bloemkompassen – Bloemen als architect – Vruchten en zaden – Mastjaren – Junival – Sint-jansloten – De tien levensstadia – Boomkalenders en bosklokken

Bomen zijn kaal in de winter, blaadjes komen tevoorschijn in de lente, in de zomer staan de bomen vol in blad en produceren ze vruchten, en in de herfst vallen de bladeren. Herhaling. Op naar het volgende hoofdstuk. Hoho, niet zo snel.

Mijn gezinsleden lezen me regelmatig de les omdat ik me kleed alsof ik ergens in een greppel woon. Als ik aan het werk ben, draag ik kleren die maken dat ik nooit hoef te twijfelen als ik op de modderige grond wil gaan zitten of liggen om iets beter te kunnen zien. Deze tekst schrijf ik in een warme en droge ruimte, maar ook nu draag ik vieze buitenkleding, want vroeg of laat krijg ik de aandrang om het bos in te gaan. Maar heel af en toe ontkom ik er niet aan om me op te doffen.

Zo'n vijf jaar geleden droeg ik een crèmekleurig linnen pak tijdens een lunch met mijn literaire zaakwaarnemer en mijn uitgever op het dakterras van het imposante Londense hoofdkwartier van mijn uitgeverij. We zaten in de zon van onze drankjes te nippen en keken naar de bootjes onder ons die voorbijvoeren op de Thames. Aan het tafeltje naast ons zat een groepje jonge uitgevers onder invloed van grote hoeveelheden cafeïne druk te gebaren terwijl ze plannen bespraken voor een nieuw boek. Gedurende een paar gevaarlijke seconden voelde ik me meer een Byron dan een vagebond, maar ik weerstond de aandrang om over de balustrade te leunen en tot de voorbijgangers te declameren:

Ik vind genoegen in de ongerepte bossen
Ik vind verrukking op een eenzaam strand
Ik vind gezelschap waar geen mensen hossen
Nabij de zee, de branding en het zand
Aan de natuur heb ik mijn hart verpand...

We zaten daar met z'n drieën om bij te praten en ideeën te bespreken over mijn nieuwe boek. Nadat we een minuut of tien beleefdheden hadden uitgewisseld, ging ik op het puntje van mijn stoel zitten en spuide ik mijn idee: 'Kaal, knop, ontluiken, bloem, vrucht, herfst – de zes seizoenen van bomen.'

Mijn uitgever keek alsof ik in mijn buitenkleding was verschenen. 'Dat weet ik zo net nog niet. Als je de traditionele seizoenen gaat doorbreken, kun je het jaar dan niet steeds verder opdelen? Waar eindig je dan?'

Op dat moment was ik verrast en een tikje teleurgesteld door zijn reactie, maar ergens had hij wel een punt. Volgens een Japanse traditie bestaat het jaar uit zevenentwintig microseizoenen.

De bijeenkomst eindigde in een prima sfeer, maar zonder concrete plannen. De titel vind ik nog steeds goed, maar het idee erachter nog beter.

Het idee voor dat boek was gebaseerd op mijn enthousiasme wanneer ik grote veranderingen aan bomen zie die je uit het oog verliest wanneer je uitsluitend denkt in termen van vier seizoenen. Als je erbij stilstaat, kun je er veel meer onderscheiden, weliswaar geen zevenentwintig, maar wel zoveel dat het idee van vier seizoenen naïef lijkt. De veranderingen die ik bedoel, merk je met name op wanneer je de aandacht richt op de randen van de traditionele seizoenen. We beginnen met het zien van het voorjaar voordat anderen dat doen.

Lenteroze en lentebleek

Elk voorjaar ben ik gespitst op een specifiek seizoensmoment. Dit jaar waren de omstandigheden optimaal: de zon scheen volop en er stond precies genoeg wind. Ik wandelde over een breed bospad. Plotseling begonnen kleine roze voorwerpen neer te dwarrelen, gedragen door een constante bries. De zon scheen door een opening tussen de bomen op de droge en kleurige vallende vlokjes.

Bomen plannen ver vooruit. Ze zullen wel moeten als ze aan het begin van het voorjaar meteen energiek willen gaan groeien, want zo vroeg in het jaar is er niet veel energie beschikbaar – de temperaturen zijn nog laag en de kracht van de zon is gering. Bomen lossen dit op door een deel van de energie van het voorgaande jaar te bewaren en te verpakken in kleine bundels voor het jaar erop. Die bundels heten knoppen.

Tegen het einde van het groeiseizoen maken bladverliezende bomen op hun twijgen knoppen aan die gereed zijn voor de nieuwe groei tijdens de komende lente. De knoppen bevatten alles wat nodig is voor nieuwe uitlopers, bladeren of bloemen; de opgeslagen energie stelt ze in staat tot snelle groei. Je kunt knoppen beschouwen als een combinatie van een zaad, een accu en een plan. Bij de vorming ervan spelen de omstandigheden van de voorafgaande zomer een belangrijke rol; ongebruikelijke hoeveelheden bloesems of vruchten zeggen daarom evenveel over de voorafgaande seizoenen als over het huidige seizoen.

De knoppen van bladverliezende bomen worden beschermd door schubben en hebben vaak een roze of roodachtige kleur. Voordat de bladeren tevoorschijn komen, zijn de knoppen al gezwollen en hebben ze meer kleur gekregen, zodat ze roze en rode spikkels vormen in de bomen. Let vanaf januari wekelijks op de kleuren in de kale bomen. Zo zul je het roze waas zien dat over de bomen komt voordat de bladeren verschijnen. Als je vervolgens de twijgen van dichtbij bekijkt, zie je de individuele knoppen. De vorm en kleur van deze knoppen zijn uniek voor elke soort (je kunt bomen identificeren aan de hand van de knoppen) en sommige soorten zijn roder dan andere. De beuken hier kleuren uitgesproken roze en bij jou in de buurt zijn ongetwijfeld ook zulke bomen te vinden. Vroeg in het voorjaar, voordat iedereen opmerkt dat de blaadjes weer aan de bomen komen, valt uit de bomen een droge regen. Het zonlicht wordt verstrooid door een mengsel van roze, rode en bruine tinten als de bladeren uit de knoppen barsten en hun schubben op de grond dwarrelen.

Algauw zitten de bomen in blad, maar er is nog een aantal lentekleuren die je makkelijk over het hoofd ziet, maar die zeer de moeite waard zijn. Sommige heel vroege bladeren hebben ook een roze of rode tint. Die kleur wordt veroorzaakt door een pigment, anthocyanine, dat de jonge bladeren beschermt tegen beschadiging door een teveel aan direct zonlicht. Deze roze-tot-rode verkleuring komt met name voor bij bladeren aan de zuidzijde van bomen en andere planten, zoals bramen, die zijn blootgesteld aan het licht. Ik stel me voor dat de planten hun kinderen insmeren met zonnebrandcrème.

De meeste bladeren zijn uiteraard niet roze, maar groen, maar ook dan zijn er kleine verrassingen. De vroege bladeren zijn lichter van kleur dan de bladeren die je ziet vanaf halverwege de zomer. Loofboombladeren beginnen meestal bleek en worden donkerder naarmate het seizoen voortschrijdt, met name aan de bovenkant. De meeste mensen valt dit niet op omdat ze alleen oog hebben voor de bruinverkleuring als de herfst nadert. Vandaar dat ik het leuk vind om eind augustus de diepgroene kleur van de bladeren goed in me op te nemen. (Op foto's is die ook goed zichtbaar, maar dat is een stuk minder bevredigend.)

Ik ken meerdere verklaringen voor het feit dat bladeren vroeg in het voorjaar zo bleek zijn; de overtuigendste vind ik dat de bladeren in deze periode kwetsbaar zijn en bomen niet te veel chlorofyl willen kwijtraken aan graasgrage dieren. De bladeren hebben minder kleur omdat de bomen pas voluit in ze gaan investeren als ze volwassen zijn en beter beschermd.

Kijk uit naar roze en bleek als Koning Winter zich terugtrekt en let op het donkerder worden van de bladeren als de zomer over zijn hoogtepunt is. Algauw zul je de seizoenen zien die schuilgaan achter de grote vier.

Bladverliezend of groenblijvend?

Vanaf een gunstig gelegen uitkijkpunt kun je goed zien dat in sommige gebieden de naaldbomen domineren en in andere de loofbomen. Maar er is ook nog een andere indeling mogelijk: in groenblijvend en bladverliezend. Van boven gezien zie je dat het gebied rond Crandon in Wisconsin een aantal dominante boomsoorten kent, waaronder de zwarte spar en de lariks. Sparren en lariksen zijn beide naaldbomen, maar de lariks is een ongebruikelijke naaldboom: elke herfst verliest hij zijn naalden en in de lente groeien ze weer aan.

Als je elk najaar je bladeren laat vallen, raak je een hoop water en mineralen kwijt, zelfs als je bladeren al bruin zijn – bomen trekken slechts ongeveer de helft van alle mineralen terug uit hun bladeren voordat ze die laten vallen. Rond Crandon winnen de groenblijvende sparren van de dorstige lariksen op plekken waar de grond droog is. Op nattere plekken zijn de lariksen in de meerderheid. Vochtige bodems zijn meestal ook vruchtbaarder en bevatten meer voedingsstoffen die bomen nodig hebben. Dit voorbeeld illustreert de vuistregel: als je bladverliezende bomen ziet, loofboom of naaldboom, is de grond vruchtbaar.

Iets vereenvoudigd kun je zeggen dat groenblijvende bomen hun bladeren het hele jaar houden en dat bladverliezende bomen ze in de herfst laten vallen en in de lente vervangen. Groenblijvend en bladverliezend zijn handige karakteriseringen, maar je kunt ze het best beschouwen als twee verzamelbakken die beide een heel aantal gewoontes bevatten. Er zijn namelijk allerlei interessante individuele varianten op deze basale tweedeling.

Laten we eerst de groenblijvende bomen in ogenschouw nemen. Er zijn nauwelijks bladeren die langer leven dan vijf jaar, ook niet aan groenblijvende bomen, omdat de cellen in de bladeren er tegen die tijd de brui aan geven. Groenblijvende bomen wachten echter geen vijf jaar om vervolgens al hun bladeren in één keer te laten vallen; elke soort heeft een eigen methode om bladeren te laten vallen en te vervangen. Deze methode hangt samen met de plek waar de soort van nature voorkomt.

De klerenuittrekkers

Als je op een hete dag vanuit een koude ruimte de zon in stapt, trek je waarschijnlijk een deel van je kleren uit en rol je je mouwen op. Sommige groenblijvende bomen doen iets soortgelijks: in periodes van stress, bijvoorbeeld door droogte, laten ze grote hoeveelheden bladeren vallen.

Als je in een droge omgeving woont, zul je regelmatig compleet kale takken zien. Die lijken dood, maar als je terugkomt na een natte periode zitten ze weer vol gezonde bladeren – de mouwen zijn weer naar beneden gerold. (De bomen spelen dit klaar doordat ze deels tijdelijke bladeren hebben, die ze kunnen laten vallen, en deels blijvende bladeren.)

De kledinganalogie is oké, maar niet perfect: de bomen reageren op gebrek aan water en niet op hitte. De officiële naam voor dit verschijnsel is *heteroptose.* Als we het komende decennium iedere keer dat we dat woord gebruiken tien cent in een pot doen, zullen we daarna van de opbrengst nog geen mouw van een T-shirt kunnen kopen.

Winteruitdunners

Sommige groenblijvende bomen laten in de winter een deel van hun bladeren vallen: ze dunnen hun gebladerte uit alvorens het weer aan te vullen. Voorbeelden zijn hulst en de Amerikaanse haagbeuk. In het algemeen geldt dat sommige groenblijvende bomen meer bladeren laten vallen naarmate de winter strenger is. Als zo'n soort voorkomt in meerdere klimaatzones, zul je hartje winter nauwelijks bladeren aantreffen in de koudste gebieden, maar een heleboel in mildere streken.

Dit verschijnsel doet zich voor over grote afstanden, maar dankzij microklimaten kun je het ook op een veel kleinere schaal waarnemen. Een hulststruik op een plek waar het 's winters hard vriest, kan dunner in het blad zitten dan een soortgenoot binnen gezichtsafstand, maar op een warmere plek. Je kunt dit aanduiden als 'deels bladverliezend'; ik noem het 'winteruitdunnen'.

Semi-groenblijvend

In 1762 merkte de in Devon werkzame kweker William Lucombe op dat een eikenboom die hij uit een eikel had opgekweekt merkwaardig gedrag vertoonde: hij liet zijn bladeren niet vallen in de winter.

Enkele bomen, waarvan de meeste in tropische gebieden groeien, staan bekend als semi-groenblijvend of semi-bladverliezend. Ze laten hun bladeren gedurende een korte periode vallen, maar vervangen ze vrijwel onmiddellijk. Alsof herfst en winter in een paar dagen zijn samengeperst.

De lucombe-eik is een nauw aan de moseik verwante hybride die nog steeds voorkomt, maar in kleine aantallen. Afgezien van deze ene vreemde hybride is er nog een handvol soorten met deze gewoonte, waaronder de Zuid-Amerikaanse *Dipteryx odorata*, maar de kans dat je dit vaak te zien krijgt, is minimaal; ik noem het hier voor de volledigheid.

William Lucombe kweekte klonen op van zijn eik en hakte de oorspronkelijke boom daarna om, aangezien hij begraven wilde worden in een kist die was gemaakt van zijn hout. Hij bewaarde de planken onder zijn bed, klaar om er zijn laatste rustplaats van te timmeren. Maar tegen de tijd dat hij overleed, op de ontzagwekkende leeftijd van 102 jaar, was het hout weggerot in de vochtige lucht van zijn huis in Devon.

Wintergroen

Je verwacht dat bladverliezende bomen in de zomer een volle kroon hebben en een kale in de winter. Dat is het geval wanneer de winters koud zijn en de zomers vriendelijk voor bomen, zoals in gematigde klimaatzones. Maar er zijn gebieden in de wereld waar de winters mild zijn en de zomers zwaar; hier hebben de bomen geleerd om dit ritme om te draaien.

In mediterrane klimaatgebieden – die je aantreft over de hele wereld, inclusief delen van Chili, Zuid-Afrika en Californië – zijn de zomers kurkdroog en gloeiend heet, en de winters mild en nat. In deze gebieden staan bomen als de Californische paardenkastanje vanaf het tweede deel van de winter tot het voorjaar volledig in blad. Halverwege de zomer laten ze hun bladeren vallen. Ook dit is een voorbeeld van het effect van microklimaat. Hoe dichter je in Californië bij de kust komt, des te milder en natter de zomers, en des te groter de kans dat de boom gedurende de hele zomer zijn bladeren behoudt.

Klein is vroeg

Als een kleine boom zodanig is geëvolueerd dat hij kan groeien in de schaduw onder een vol bladerdak, kun je zeggen dat hij een manier heeft gevonden om het beste te maken van een beroerde uitgangspositie. Langzaam en geleidelijk te werk gaan is dan het devies. Dicht bij de bosbodem is in zomer of winter weliswaar niet veel licht beschikbaar, maar over het hele jaar gerekend is het meer dan voldoende voor een kleine boom. Een eenvoudige oplossing is om groenblijvend te zijn.

Als je in de winter door een loofbos wandelt, zul je algauw vaststellen dat een aantal kleinere boomsoorten nog in het blad zit. Regelmatig zie ik hulst, taxus, buxus en andere soorten die in de zomer een schaduwleven leiden, maar op andere momenten tevreden kleinere hoeveelheden licht binnenhalen – ze doen het vooral goed aan het begin van de lente en het einde van de herfst. (Als je echter in een groenblijvend naaldbos wandelt, zie je zulke kleinere soorten helemaal niet, wat demonstreert hoe belangrijk het licht is dat ze in de winter, lente en herfst onder bladverliezende bomen weten te bemachtigen.)

Richt je blik ook eens naar beneden als je tegen het einde van de winter op de uitkijk bent naar het roze waas van knoppen. Veel wilde bloemen beseffen dat de klok tikt – binnenkort zal er nauwelijks meer licht vallen op de bosbodem. De vroege bloemen moeten de bomen voor zijn in de jacht op zonlicht. Bij mij thuis zijn de boshyacinten de beukenbladeren te vlug af. Dat levert een fantastisch schouwspel op, een magisch lila tapijt, waar mensen van heinde en verre op afkomen.

De kleinste bomen passen dezelfde list toe als de wilde bloemen en staan eerder in blad dan hun hoge concurrenten. In de bossen bij mij in de buurt verslaan de hazelaars, vlieren en meidoorns altijd de beuken, essen en eiken.

De formaatregel geldt zelfs binnen een en dezelfde soort: jonge bomen staan een paar weken eerder in blad dan hun ouders. Voor mij levert dit in de vroege lente enkele van de mooiste taferelen op. Elk jaar zijn er twee weken, meestal halverwege april, waarin ik door de plaatselijke bossen kan wandelen en daarbij schitterende kleuren kan zien. Hoog boven mijn hoofd zijn de takken nog kaal: als ik recht omhoogkijk, heb ik prima zicht op de hemel en op de wolken die boven de takkensilhouetten langsdrijven. Maar als ik mijn hoofd laat zakken en recht voor me uit door het bos kijk, zie ik daar al volop gezonde bladeren. De jongste bomen zijn de oudere exemplaren voor en hebben gauw bladeren gevormd om wat van het vroege licht te oogsten voor het te laat is. Mogelijk is dit de enige royale hoeveelheid licht die ze dat jaar zullen binnenhalen.

Zodra je dit zelf waarneemt, zul je opmerken dat hier sprake is van een krachtige combinatie van twee effecten. De eerste bladeren aan de jongere bomen zijn inderdaad heel bleek. Als het zonlicht erop valt tussen de hoge, kale bomen levert dat een prachtig plaatje op: een ritselende zee van helder verlichte bleke bladeren op ooghoogte en kale takken boven je hoofd. Iedereen zal hiervan onder de indruk zijn, maar als je weet dat je hierop kunt letten, is de kans groter dat je het te zien krijgt. En begrijpen waarom het gebeurt, voegt nog een extra dimensie toe. Het is wonderbaarlijk.

Het juiste moment

Op een koude en natte middag in januari deed ik thuis de kachel aan. Ik maakte een pot thee en ging in een makkelijke stoel zitten met een artikel dat in 1963 werd gepubliceerd door de American Philosophical Society:

DE GEUR VAN TIJD
Een onderzoek naar het gebruik van vuur en wierook in oosterse landen om de tijd te meten

Dankzij de geschriften van de dichter Yu Chien-ku weten we dat in het zesde-eeuwse China wierookstokjes werden gebruikt om de tijd bij te houden. En tijdens de T'angdynastie (618-907 n.Chr.) waren wierookklokken zover ontwikkeld dat ze werden gebruikt om bij te houden hoelang monniken hadden gemediteerd.

Tijd is een onmisbaar onderdeel van navigeren en in de loop der jaren heb ik kennisgemaakt met allerlei intrigerende vroege apparaten om de tijd bij te houden. Lang voor de atoomklok en de iPhone waren er zonneklokken, waterklokken en kaarsklokken. Wij branden thuis elke december een adventskaars, al vergeten we weleens een paar dagen om hem aan te steken, zodat we daarna een paar dagen moeten inhalen. Vervolgens vergeten we de kaars uit te blazen, zodat we eindigen in de toekomst. Voor ons is dat grappig en het maakt mijn respect des te groter voor degenen die, in voorbije eeuwen, gestraft zouden worden voor een dergelijk gebrek aan discipline. Misschien hebben we ergens in de kast nog wel een bordspel waarbij de tijd dat je mag nadenken wordt bijgehouden met een eenvoudige zandloper. Dat zijn niet de ontspannendste spelletjes.

Mensen hebben op tal van manieren geleerd de tijd bij te houden, per dag en per jaar; elk van die manieren heeft sterke en zwakke kanten. Waterklokken lopen bijvoorbeeld langzamer wanneer het koud is. De natuur kent ook allerlei klokken en kalenders, die allemaal prima functioneren, maar ook elk zo hun beperkingen hebben. De basisregel is eenvoudig: astronomische aanwijzingen zijn betrouwbaarder dan het weer, maar planten moeten voor beide gevoelig zijn.

We kunnen tot op de minuut nauwkeurig voorspellen wanneer de winterzonnewende zal plaatsvinden, maar niet of op die dag de zon zal schijnen. Voorspellen in welke week een boom bladeren zal krijgen, is lastig; het is zelfs niet mogelijk om met zekerheid te zeggen of hij eerder zal zijn dan de boom ernaast, ook al was dat de afgelopen vijf jaar wel het geval. Dat leidt tot de volgende vraag: hoe weet een boom wanneer het lente is?

We begrijpen tamelijk goed, zij het niet volledig, hoe bomen de tijd bijhouden. Ze hebben twee belangrijke manieren om de loop der seizoenen te volgen: het meten van de nachtlengte en het meten van de temperatuur. Als de winter overgaat in het voorjaar, worden de nachten korter. Dit is het betrouwbaarste gedeelte van de boomkalender. Als bomen uitsluitend van de nachtlengte zouden uitgaan, zou de lente aanbreken met de precisie van een uurwerk: elk jaar zouden op dezelfde dag de bladeren tevoorschijn komen. Dat zou wel een beetje saai zijn, dus ben ik blij dat dit niet is wat we zien.

Het temperatuurgedeelte is riskanter. De zomer is altijd warmer dan de winter, maar verrassingen zijn mogelijk: een week in april kan kouder zijn dan een week in februari – dat is zeker niet ongebruikelijk.

Met name voor kleine planten en korte bomen is het voordelig om vroeg in blad te komen. Maar daaraan kleeft wel een risico: bij temperaturen onder nul hebben bladeren van bladverliezende bomen het moeilijk; één vriesnacht kan fataal zijn. Het doel is eenvoudig: laat zo vroeg mogelijk je bladeren groeien, maar ontwijk de laatste vorst. Elk decennium gebeurt het weleens dat heel laat in het voorjaar nog vorst optreedt. Veel kleinere planten en een aantal bomen leggen dan het loodje. Je doel kan dus niet zijn om iedere vorst te ontwijken, want dat kan alleen door het voorjaar maar helemaal te laten gaan. Planten moeten dus een gecalculeerd risico nemen – bladverliezende bomen houden zich bezig met risicomanagement.

De nachtlengte is de maatstaf waardoor bomen grofweg weten welk jaargetijde het is, ongeacht het weer. Vandaar dat er tijdens een hittegolf in januari toch geen blad aan de bomen verschijnt. Het gebruik van de temperatuur als tijdsindicator is minder betrouwbaar. Bomen hebben geen kristallen bol en kunnen niet het weer voorspellen. Ze kunnen alleen bijhouden wat er gebeurt en wat er is gebeurd. Wel kennen ze een handige truc: ze kunnen tellen en elke boomsoort houdt bij hoeveel warme uren er zijn geweest. Suikeresdoorns in Canada hebben bijvoorbeeld honderdveertig warme uren nodig voordat ze vinden dat het voorjaar is. Deze temperatuurklok loopt het hele jaar door: er zijn vaste criteria om te gaan bloeien, je bladeren te laten vallen en in winterrust te gaan. Diezelfde suikeresdoorn vindt pas dat de winter voorbij is als het gedurende tweeduizend uur koud weer is geweest.

Het is interessant op welke manier veel soorten bijhouden hoelang het warm is geweest. Bomen zijn gevoelig voor temperatuur en tijdsduur: een korte periode van heel warm weer telt daarom even zwaar als een langere periode van zacht weer. Het is lastig om je dit voor te stellen; beschouw de totale warmte maar als het zand in een zandloper. De boom komt niet in blad voordat al het zand door de zandloper is gegaan. Dit kan geleidelijk gebeuren, tijdens twee weken zacht weer, of een stuk sneller, als het zeven dagen heel warm is. (Volgens deze analogie wordt de doorstroomopening halverwege de zandloper een stuk groter tijdens een hittegolf.)

Veel fruitbomen hebben ook een koudeperiode in de winter nodig, anders gaan ze niet bloeien en vormen ze geen vruchten. Ik heb dat altijd vreemd gevonden: alsof die bomen de lange nachten niet helemaal vertrouwen en absoluut zeker willen weten dat er een winter is geweest voordat ze geloven dat het echt lente is. Net als warme dagen tellen planten ook de koude dagen; sommige, zoals de suikeresdoorn, hebben er veel meer nodig dan andere. De Engelse winters zijn soms maar nauwelijks koud genoeg om de beuken, die veel kou nodig hebben, te overtuigen. Het gevolg is dat ze laat in blad komen: door milde winters gaan de bomen twijfelen in het voorjaar, zodat ze heel kwetsbaar zijn voor klimaatverandering.

De koudeklok heeft grote invloed op soorten als appel, abrikoos, perzik en veel notenbomen: een abnormaal warme winter kan desastreuze gevolgen hebben voor de oogst van de daaropvolgende zomer. In 1931-1932 mislukte de volledige perzikoogst in het zuidoosten van de Verenigde Staten als gevolg van een ongebruikelijk zachte winter.*

Dit systeem lijkt misschien bizar, maar het weer kan zich heel vreemd gedragen. Bomen proberen alle verschillende manieren te herkennen waarop de winter overgaat in het voorjaar. Soms is het drie weken lang extreem koud weer, onderbroken door een hittegolf. Of het is wekenlang zacht. Het combineren van astronomie met weerklokken is de manier waarop de boom tracht de vorst te ontlopen zonder te lang te wachten en grote hoeveelheden kostbaar licht te missen. Als je weleens een groot tuinfeest in april hebt georganiseerd, kun je wellicht enig begrip opbrengen voor de uitdaging waarvoor de bomen zich gesteld zien.

Dit is het moment om ons naambordje met 'Evolutie-assistent' tevoorschijn te halen en op te merken: 'Wacht eens even. Het zou toch veel makkelijker zijn om je te beperken tot de altijd betrouwbare astronomische klok? Gewoon wachten tot de nachtlengte klopt en dat moment beschouwen als het begin van de lente.'

---

* De temperatuurklok varieert per soort en ondersoort. Het onderzoek naar en de kennis van planten die commerciële waarde vertegenwoordigen, is verrassend gedetailleerd. Perzikcultivars, zoals de Mayflower, bloeien niet tenzij de knoppen duizend uur lang kouder dan 7,2° C zijn geweest. Andere cultivars, zoals de Okinawa, zijn tevreden met slechts honderd uren kou.

Probeer het maar eens. Kies voor een bladverliezende boom die je goed kent een datum waarop hij in blad zou moeten komen en schrijf die op, zodat je niet kunt smokkelen. Houd hem de komende paar jaar in de gaten. Waarschijnlijk kom je erachter dat je het voor een paar lentes prima hebt gedaan, maar dat er dan een lange milde periode komt waarin de naburige bomen je te slim af zijn door twee weken eerder in blad te komen dan normaal en zo al dat smakelijke licht te kapen. En een paar jaar later dwingt jouw datum je boom om al bladeren te laten groeien terwijl je midden in een verlate vorstperiode zit. Einde oefening. De natuur kan veel hebben, maar niet een compleet energieverlies en doodgaan. De natuur houdt niet van doodgaan.

Als we dit gedachte-experiment voortzetten, zouden we voor elke soort in de omgeving een andere lentedatum kunnen kiezen. Maar dan besef je dat je eigenlijk voor iedere individuele boom een aparte datum zou moeten bepalen, afhankelijk van zijn groeiplaats: een latere lentedatum voor de eik op de koude plek dan die voor de eik dicht bij het warme gebouw, een vroegere herfstinval voor de droogtegevoelige boom boven op de heuvel dan die voor de boom langs de beek. Tegen de tijd dat je dit hebt gedaan voor alle bomen in je omgeving zou je dit kunnen uitbreiden tot de hele provincie en dan – waarom niet? – naar het hele land! Tegen die tijd maakt zich wellicht een zekere uitputting van je meester, als je net een minuut hebt staan piekeren over de gevolgen van de schaduw van een douglasspar voor een jonge berk en je je hebt afgevraagd of dat ook invloed moet hebben op de lentedatum voor die boom. Dan ben je dankbaar dat elke boom dit voor zichzelf uitmaakt op basis van een inschatting van het licht en de warmte op zijn specifieke groeiplaats. Vandaar dat je de seizoenen ziet opschuiven door het land, waarbij de lente bijvoorbeeld eerder aanbreekt op lagere breedtegraden dan op hogere, en dat de lente eerder komt voor die ene eik in de buurt van dat warme gebouw. Gelukkig, we kunnen onze notitieblokken opbergen en de boomklokken hun werk laten doen. Ze zijn dan misschien niet perfect, maar ze weten wel wat ze doen.

Elke soort waardeert zonnepatronen en temperaturen op een andere manier. Kleine bomen baseren zich meer op de nachtlengte: de temperaturen dicht bij de grond schommelen nogal, dus zelfs in de schaduw is licht een betrouwbaardere maatstaf dan temperatuur. Bomen zijn minder gevoelig voor nachtlengte dan kleinere planten, maar grove dennen en berken hechten er relatief veel waarde aan. De unieke timing van iedere boom kan worden herleid tot zijn karakter en zijn zwakheden. Moerbeien staan erom bekend dat ze van het ene op het andere moment helemaal volhangen met donkere, sappige vruchten. Ik kan me de haat-liefdeverhouding van mijn moeder met moerbeien goed herinneren: lekker om te eten, maar slecht voor de schone was. Zoals alle planten met zacht hangend fruit kunnen moerbeien absoluut niet tegen vorst – ze behoren tot de vele vruchtbomen die in het voorjaar pas heel laat hun bladeren laten groeien.

Een volkswijsheid over de wedstrijd tussen eik en es heeft betrekking op het komende weer:

> Als de eik voor de es komt, valt er slechts een spat.
> Als de es voor de eik komt, wordt het kletsnat.

Dit is flauwekul: planten kunnen het weer niet voorspellen. Ze vertellen iets over het huidige weer en het weer in het verleden. Maar om andere redenen is dit toch een interessante tekst. Zowel eik als es komen relatief laat in blad vanwege hetzelfde zwakke punt: voordat ze in blad komen, maken beide nieuwe vaten aan die heel vorstgevoelig zijn. (Dat de een soms eerder is dan de ander heeft te maken met hun temperatuurklokken. De eik komt acht dagen eerder in blad per graad temperatuurstijging; essen zijn minder enthousiast en komen per graad slechts vier dagen eerder in blad. Vandaar dat de eik meestal wint tijdens een warm voorjaar en de es als het voorjaar koeler is.)

Binnen elke soort is er sprake van genetische variatie. Bomen van dezelfde soort zijn niet identiek en dat heeft invloed op de manier waarop ze reageren op temperatuur en licht. Als je van boven op een bos zou kijken met slechts één soort bomen, die in theorie allemaal zijn blootgesteld aan dezelfde omstandigheden, zou je dus toch nog kleurvariaties zien tijdens de lente en de herfst.

Najaarsgrillen

Mensen worden geleidelijk ouder totdat ze in 'de herfst van hun leven' zijn. Tegen die tijd gaan ze er anders uitzien, 'verweerder', om uiteindelijk steeds verder te verkreukelen en dan te sterven. Je zou denken dat bladeren van bladverliezende bomen ook ouder worden, van uiterlijk veranderen, verkreukelen en dan in het najaar sterven.

Bladeren veranderen en sterven echter ten gevolge van een bewust en actief proces dat meer aan euthanasie doet denken dan aan natuurlijke veroudering. Dr. Peter Thomas is emeritus hoofddocent Plantenecologie aan de Keele Universiteit. Deze aanduiding doet geen recht aan zijn status als bomengoeroe: slechts weinig mensen op deze planeet hebben zoveel bijgedragen aan ons begrip van bomen. Ik heb het voorrecht gehad om met Peter naar bomen te kijken in een bos in Oxfordshire. Hij stelde een eenvoudig en praktisch experiment voor dat het verschil laat zien tussen wat de meeste mensen denken dat in de herfst gebeurt en wat er werkelijk plaatsvindt – en jij kunt het ook uitproberen.

In de zomer vind je weleens een tak op de grond die met groene bladeren en al van een boom is afgebroken. In de daaropvolgende weken zie je hoe de bladeren bruin worden en doodgaan; dit lijkt op wat er in de herfst gebeurt met de andere bladeren aan diezelfde boom. Maar het is niet hetzelfde en je kunt het verschil voelen. Als je een bruin blad aan de afgebroken tak beetpakt en probeert los te trekken, voel je weerstand. Het blad wordt nog stevig op zijn plek gehouden.

Bladeren vallen af nadat de boom de waardevolle stoffen in zijn takken heeft teruggetrokken en vervolgens de verbinding met het blad heeft verbroken; dit proces heet *abscissie.* De boom zet niet alleen de toevoer van water en voedingsstoffen stop om dan te wachten tot het blad ermee ophoudt. Hij verbreekt de aanhechting van het blad aan de boom en daardoor vallen de bladeren in het najaar.

Als je dit eenmaal op de grond hebt vastgesteld, zul je hetzelfde verschijnsel waarnemen aan individuele takken die voortijdig zijn afgestorven maar nog wel aan de boom zitten, bijvoorbeeld na een breuk door een storm. De bruine bladeren aan zo'n tak blijven opvallend lang hangen, vaak tot ver in de winter, lang nadat de gezonde bladeren in de herfst al zijn afgevallen.

Als je de tijd neemt om ergens goed naar te kijken zul je vaak iets anders opmerken. Als je bijvoorbeeld op de uitkijk bent naar beschadigde takken met bruine bladeren in de winter, zul je algauw kleine bladverliezende bomen en lage takken aan hogere bomen zien die zich niet aan de regels houden en een heleboel bruine bladeren dragen, ook al is het allang winter.

Dit heeft niks met beschadiging te maken: het is het gevolg van een normaal proces dat *marcescentie* wordt genoemd. Het komt vaak voor bij eiken, beuken, haagbeuken en sommige wilgen, en valt het meest op bij kleine, jonge bomen en aan de laagste takken van volwassen bomen. In januari zie ik in de beukenbossen bij mij in de buurt op ooghoogte nog honderden takken met bruine bladeren eraan, maar geen enkele hoog boven mijn hoofd.

Vanwege deze *marcescentie* zijn beukenhagen populair: ze behouden het grootste deel van het jaar hun blad – groen van de lente tot de herfst, bruin tot rond februari. Dan zijn ze zo'n twee maanden kaal, waarna de cyclus opnieuw begint.

Dit verschijnsel moet een evolutionair voordeel bieden, maar we weten niet precies wat dat is. Het zou kunnen zijn dat de dode bruine bladeren onsmakelijk zijn en grazende dieren afstoten, zodat de jonge boompjes enigszins beschermd zijn tegen grazers. Een ander idee is dat de mineralen in de bladeren op deze manier op het juiste moment bij de wortels terechtkomen, vlak voor de voorjaarsgroei. Het oplossen van dit mysterie lijkt mij nou een mooi onderwerp voor een promotieonderzoek.

Je zou kunnen denken dat de herfsttiming analoog verloopt aan de lentetiming, maar de doelen en risico's van de boom zijn dan net anders. Daarom leest de boom zijn klokken ook op een andere manier af. In het najaar hechten bomen meer belang aan hun zonneklok – de nachtlengte – zodat we de datum waarop de bladeren bruin kleuren nauwkeuriger kunnen voorspellen dan de datum waarop de bomen in blad komen. De reden dat de nadruk minder ligt op de temperatuur is deels dat bomen een herkansing krijgen als ze in de lente hun bladeren kwijtraken door een late vorstperiode, maar dat er in de herfst van een herkansing geen sprake is. Als bomen in het najaar door de vorst worden overvallen, kunnen ze de kostbare mineralen niet meer terughalen uit hun groene bladeren: die zijn dan definitief verloren gegaan.

In de herfst is ook de grond anders; mogelijk is het land behoorlijk uitgedroogd. Het risico dat je loopt als je in de herfst te vroeg bent, is kleiner dan dat als je te laat bent. Stress kan dit proces versnellen. Ik schrijf deze tekst op de laatste dag van juli 2022, aan het einde van een van de droogste en warmste julimaanden ooit gemeten. De kranten beschrijven wat iedereen in het land zelf al heeft geconstateerd: 'Bomen laten hun bladeren vallen en het fruit rijpt weken te vroeg af door de recordhoge temperaturen en gebrek aan water.'

Direct zonlicht versnelt en versterkt allerlei natuurlijke processen, waaronder kleurverandering in bladeren; daarom kan in het najaar de zuidzijde van bomen er heel anders uitzien dan de noordzijde. Toen Peter en ik door het kleine gemengde loofbos in Oxfordshire liepen, legde Peter uit waarom de bovenkant van de bomen vaak eerder van kleur verandert dan de lagere delen. In de vaten die het water van de wortels naar de bladeren transporteren, treedt wrijving op en hoe langer de reis, des te groter de wrijving. Als de grond heel droog is, krijgen de hoogste bladeren het moeilijk. Zij zullen eerder van kleur veranderen en afvallen dan de lagere bladeren. Deze verschijnselen leiden tot opmerkelijke verschillen: de bladeren aan de zuidelijke bovenkant van de boomkroon kleuren al goud, rood of bruin, lang voor de lagere bladeren aan de noordkant.

De evolutie is geniaal, maar heeft moeite om het tempo van de verstedelijking bij te houden. In steden kunnen bomen in de buurt van straatlantaarns kunstlicht met zonlicht verwarren. Bomen op felverlichte plekken hebben niet door dat de herfst in aantocht is en blijven veel te lang in blad. Elk deel van de boom houdt zelf de tijd bij, zodat dit effect plaatselijk optreedt: de bladeren aan de ene kant van de boom veranderen dan al van kleur en vallen af, de bladeren aan de kant van de straatlantaarn blijven groen. Als het dan voor het eerst vriest, zijn de groene bladeren de klos. Het lijkt alsof de straatverlichting de bomen rechtstreeks beschadigt, door aantasting van de takken en bladeren, maar de vorst is de werkelijke boosdoener. Het kunstlicht is uiteraard wel de schuldige: het heeft de klok van de boom in de war gebracht.

Overdekt met klokken

Het effect van straatverlichting op de boom is lokaal. Dat verschijnsel noopt tot nader onderzoek van een interessant en belangrijk concept. Dat zullen we doen door na te denken over honden.

Thuis voeren we elke dag om 17.00 uur onze huisdieren: twee honden en twee katten. We kondigen aan dat het theetijd is door ze te roepen en vervolgens te rammelen met het tupperwarebakje waar hun droogvoer in zit. De katten negeren dit een paar minuten, zoals katten dat doen. Dat heeft iets met macht te maken. Maar de honden komen meteen aangerend en vliegen daarbij nog weleens uit de bocht.

Ze hebben ons horen roepen en dat gekoppeld aan hun hongergevoel en het tijdstip; hun hondenhersenen sturen via hun zenuwstelsel een boodschap naar hun ledematen, met als gevolg dat ze als een gek op hun avondeten afstormen. Bij elk dier leidt een besluit tot signalen die de rest van het lichaam gecoördineerd aanzetten tot actie met dat ene doel: zo snel mogelijk bij het voedsel komen. We zijn zo gewend aan de manier waarop dit dierlijke centrale zenuwstelsel de reacties op de omgeving controleert, dat we geneigd zijn aan te nemen dat alle andere organismen op dezelfde manier functioneren. Dat is niet zo.

Elk blad, elke tak, elke bloem en elke wortel van een boom voelt en reageert op zijn eigen kleine wereld. Er is geen centraal zenuwstelsel. In laboratoria stellen wetenschappers vaak twee delen van dezelfde plant bloot aan totaal verschillende omstandigheden: het ene deel aan een heleboel licht en aangename temperaturen, het andere deel aan duisternis en kou bijvoorbeeld. Intelligente dieren zouden hierdoor psychologische problemen kunnen krijgen doordat hun hersenen proberen die twee werelden tot één samenhangend geheel te combineren, maar de plant krijgt alleen maar twee kanten die er totaal verschillend uitzien.

Dankzij deze gelokaliseerde reactie kan elk deel van de boom op het juiste moment de seizoenen verwelkomen. De knoppen bovenin nemen een ander microklimaat waar dan de knoppen dichter bij de grond; de knoppen aan het uiteinde van een tak registreren een andere temperatuur dan de knoppen dicht bij de stam. De boom 'weet' dit en de knoppen zijn dan ook niet allemaal hetzelfde: ze reageren anders, afhankelijk van waar ze zich bevinden. In perzikbomen hebben de knoppen boven in de boom bijvoorbeeld een minder lange koudeperiode nodig dan de knoppen aan de zijtakken. Hierdoor blijft alles in balans. De boom zou het moeilijk krijgen als alle knoppen op precies dezelfde manier op temperatuur zouden reageren, aangezien deze al op kleine afstanden kan variëren. Na een heldere winternacht ligt vlak boven de grond een laag veel koudere lucht: als de boom hiermee geen rekening zou houden, zouden de laagste takken denken dat ze in een ander seizoen leefden dan de takken bovenin.

De bomen doen hun best, maar ze kunnen niet perfect reageren op alle nuances in de plaatselijke temperatuur die door microklimaten worden veroorzaakt. In iedere boom zul je dus seizoensvariaties aantreffen: de knoppen, bladeren, bloemen en vruchten verschijnen niet precies tegelijk, maar in golven. In het voorjaar zie je bijvoorbeeld de eerste bladeren verschijnen aan één kant en op een bepaalde hoogte.

Als je eenmaal de tijd hebt genomen om deze hyperplaatselijke variaties in de seizoensveranderingen waar te nemen, heb je wellicht ook een van de boeiendste najaarstrends opgemerkt: sommige bomen verkleuren van binnen naar buiten en andere van buiten naar binnen. Bomen die voortdurend bladeren aanmaken en graag op open plekken groeien – waaronder pionierbomen, zoals berken – hebben bladeren waarbij de verkleuring eerst aan de binnenkant optreedt en zich dan naar de buitenkant verplaatst. Bosbomen, vooral degene die hun bladeren in het voorjaar in één keer laten uitlopen, zoals esdoorns, verkleuren van buiten naar binnen.

Herfstwinden

Afgelopen najaar zag ik tijdens een wandeling op een koude, stille ochtend een combinatie van gebeurtenissen die ik nooit eerder had opgemerkt. Er lagen een heleboel bladeren op de grond en er zaten ook nog veel bladeren aan de bomen. Af en toe dwarrelden een of twee bladeren voor me naar beneden. Ik stelde vast dat wanneer een aantal bladeren tegelijkertijd van de boom viel, er iets aan de hand was: als meerdere bladeren vielen, hing dat altijd samen met activiteit boven mijn hoofd.

Wanneer houtduiven opvlogen of eekhoorns van tak naar tak sprongen, gaven ze de bladeren een zetje, waardoor er een aantal losliet en naar beneden dwarrelde. Sindsdien kijk ik altijd of ik vogels of eekhoorns in de kroon zie wanneer een clubje bladeren tegelijkertijd uit de boom valt. Het is buitengewoon bevredigend.

Soms is een dier de oorzaak van een vallend blad, maar veel vaker is het de wind. De boom sluit het blad af en verbreekt de verbinding die zorgt dat het blad aan de boom blijft zitten. Maar de boom werpt het blad niet af – hij dwingt het niet om te vallen, maar laat dat op natuurlijke wijze gebeuren. De laatste stap in dit proces is vaak dat de wind het blad van de boom plukt. Bij een storm gebeurt dit al vroeg in de herfst; later in de herfst heeft een briesje hetzelfde effect. Hierbij kun je weer op zoek gaan naar een patroon.

De kant van de boom die is blootgesteld aan harde wind raakt zijn bladeren als eerste kwijt. Als je een boom met veel bruine bladeren ziet die aan één kant kaal is, is de kans groot dat de overheersende wind van die kant komt. De kale kant van de boom is als het ware een kompasnaald die wijst in de richting vanwaar de meeste stormen komen – bij ons het zuidwesten.

Als je dit grove verschijnsel een paar keer hebt gezien, kun je gaan waarnemen dat het uitgesprokener is op grotere hoogte. Dicht bij de grond is de wind het zwakst; op grotere hoogte is hij krachtiger. In de herfst laat dit zijn sporen na in bomen. Ga op zoek naar volledig kale hoge takken, en lage takken aan de lijzijde die nog vol met bladeren zitten.

Nu zijn we klaar om te gaan kijken naar de effecten van plaatselijke winden. De overheersende windrichting gaat op voor grote gebieden, maar ter plekke kan de wind van gedrag veranderen, zodat allerlei plaatselijke winden ontstaan.* Als je ziet dat de bladeren volgens een bepaald patroon van de

---

* Hierover heb ik geschreven in mijn boek *De geheimen van het weer*.

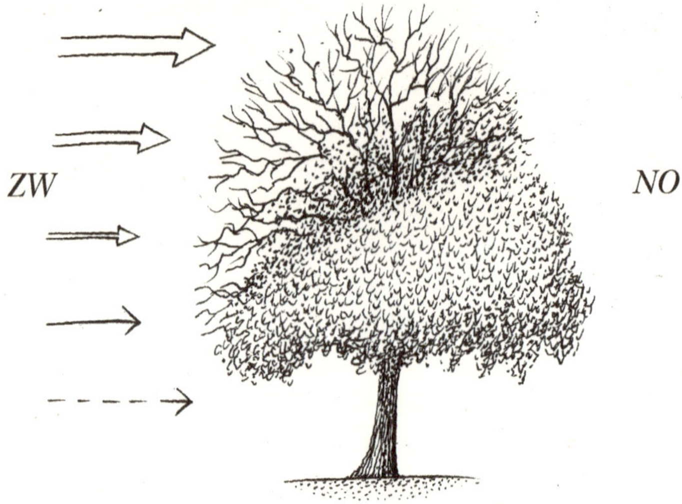

Bladverliespatronen in het najaar

boom zijn gevallen, moet daarvoor een goede reden zijn. Vaak kun je dit mysterie oplossen door te denken aan een combinatie van de overheersende windrichting, recente stormen en de vorm van het omringende landschap.

Afgelopen herfst zag ik in Fulham drie kersenbomen op een rij. Twee ervan hadden hun bladeren nog; de middelste was ze al kwijt. Hij zag er eenzaam en kaal uit. Bij een nadere inspectie van mijn omgeving ontdekte ik dat de overheersende wind door een straat werd geleid en vervolgens door een opening tussen twee huizen werd geperst. Zodoende had hij de middelste boom al kaalgeblazen.

Verlegen bloemen en uitslovers

Er zijn enkele boomsoorten die bloeien voordat hun bladeren zijn verschenen – de sleedoorn staat bekend om zijn witte bloesem aan kale zwarte takken – maar de meeste bladverliezende bomen houden zich aan de volgorde die ik eerder noemde: kaal, knop, ontluiken (blad), bloem, vrucht, herfst. Zodra de boom in blad staat, kun je gaan uitkijken naar de bloemen. In hoeverre je ze ook echt te zien krijgt, hangt meer af van het verre verleden dan van de bomen zelf.

De bloemen aan bomen kun je onderverdelen in twee hoofdtypen. Als je wilt begrijpen welk type je ziet en waarom, kun je het best teruggaan in de tijd. Naaldbomen zijn eerder ontstaan dan loofbomen; voor hun voortplanting waren ze afhankelijk van de wind, die stuifmeel van de ene bloem naar de andere vervoerde. Later in de evolutie ontdekten sommige ondernemende planten dat vliegende dieren, vooral insecten, nauwkeuriger zijn in het transporteren van stuifmeel tussen bloemen. Dit heeft geresulteerd in grote verschillen tussen de bloemen die je tegenkomt.

Stel je voor dat je een boom bent die afhankelijk is van de wind voor het vervoer van zijn stuifmeel. Het maakt niks uit hoe je bloemen eruitzien – de wind leeft niet. Hij maakt geen keuzes en heeft geen voorkeuren. Maar als je van plan bent de hulp in te roepen van insecten, zoals bijen, moet je levende wezens lokken die keuzes maken. Je concurreert nu met andere bloemen die zich door dieren laten bestuiven. Als jouw bloemen niet aantrekkelijk genoeg zijn voor bijen om naartoe te vliegen, en ze de voorkeur geven aan het stuifmeel van je concurrenten in plaats van dat van jou, word je niet bevrucht en is het einde verhaal. Bestuiving door dieren is stukken efficiënter dan windbestuiving, maar je moet wel zorgen dat jouw bloemen eruit springen. Het doet denken aan een superstrenge tuinderswedstrijd: als jouw product geen gouden medaille wint, sterft je familie uit.

De meeste naaldbomen worden door de wind bestoven en de meeste loofbomen door dieren. Vandaar dat de twee soorten boombloemen er zo verschillend uitzien. Maar je kunt de boom en zijn bladeren helemaal links laten liggen; je hoeft alleen maar naar de bloemen te kijken.

Als je mooie bloemen aan een boom ziet, met een fraaie kelk of opvallende kleuren, heb je te maken met een boom die door dieren wordt bestoven en verkeer je in goed gezelschap. Kijk maar eens om je heen, er zijn vast wel een paar insecten die ook belangstelling hebben.

Voor geur geldt dezelfde logica: de wind is niet geïnteresseerd in geuren, maar insecten zijn dat wel. Bloemen met een sterke geur worden vrijwel zeker door insecten bestoven – vogels maken nauwelijks gebruik van hun reukzin. Planten met kleine bloemen op brede, platte schermen, als een ober die een dienblad tilt op de vingers van één hand, zijn niet heel fraai, maar zijn meestal wel overdekt met kleine vliegjes. Ze hebben niet gekozen voor schoonheid, maar voor een rijke geur die aantrekkelijk is voor vliegen, aangezien die vaak doet denken aan lekkernijen als mest en rottend vlees. Voor onze neuzen is deze geur iets minder aangenaam. Meidoorn en vlier hebben ook zulke schermbloemen, maar een prettigere geur. Ook hun bloemen zitten vaak onder de insecten.

Bomen die door de wind worden bestoven verbergen hun bloemen niet, maar ze vallen ook niet erg op – dat is nergens voor nodig. De wind vervoert het stuifmeel van naaldbomen zonder gedoe; de meeste van de miljoenen stuifmeelkorrels vliegen ons om de oren zonder dat we het doorhebben. Eens in de zo veel tijd laten naaldbomen hun stuifmeel los in grote gele wolken die ook wel 'zwavelregen' worden genoemd, maar dat is een uitzondering. Meestal vallen de minuscule naaldboombloemen maar weinig mensen op en alleen mensen die aan hooikoorts lijden, hebben in de gaten dat hun stuifmeel in de lucht hangt.

Vreemde vormen

Esdoorns zijn een boeiend grensgeval. Hun merkwaardige bloemen hebben interessante, sierlijke vormen, maar onopvallende kleuren. Ze maken gebruik van zowel de wind als insecten; hun ongebruikelijke bloemen markeren de overgang van de ouderwetse windbestuiving naar het nieuwe tijdperk van de dierenbestuiving. Sta eens stil bij de bloemen van een esdoorn; je staat oog in oog met een brug die miljoenen jaren evolutie met elkaar verbindt.

Elke interessante bloemvorm moet een reden hebben. Om mezelf hieraan te herinneren, heb ik de volgende regel bedacht: 'Waar klokjes zijn, zijn bijen.'

Bloemen met een uitgesproken klokvorm proberen met name enkele specifieke dieren te lokken. Bij lagere planten komt dit veel voor: de lange klokvormige bloemen van vingerhoedskruid zijn geëvolueerd om hommels te bevoordelen. Op hun onderlip hebben ze zelfs een mooi patroon dat bijen aantrekt en fungeert als landingsplatform. Tussen bloemvormen en diergedrag bestaat een complex verband. Bij hun onderzoek naar de wilde kruisbloemige *Erysimum mediohispanicum* ontdekten wetenschappers dat een breder kroonblad kleinere bijen aantrekt en vice versa.

Sommige planten laten zich bestuiven door vogels. Ook dit resulteert in bijzondere bloemvormen. In hun oorspronkelijke leefgebied Zuid-Amerika lokken fuchsia's een specifieke kolibriesoort, die met zijn lange snavel de nectar onder in de buisvormige bloemen kan bereiken. Bloemen die vogels aantrekken, zijn meestal rood. Een populaire verklaring hiervoor is dat vogels beter rood kunnen zien dan bijen; de achterliggende wetenschap is echter iets genuanceerder en complexer. Vogelbestuiving komt meer voor bij lagere planten dan bij bomen, maar de Indiase koraalboom *Erythrina variegata* lokt vogels met zijn helderrode kleuren en ruime nectaraanbod.

Elke kleur heeft betekenis; de signalen kunnen in de loop van de lente veranderen – veel planten hebben bloemen die zich niet tot één kleur beperken. De kenmerkende bloemenpiramides van de paardenkastanje geven gedurende hun korte leven verschillende signalen af. De delen van de bloemen die nectar bevatten, zijn aanvankelijk wit, maar worden geel als ze opengaan en maken zo bekend dat ze klaar zijn voor bestuiving. Als ze eenmaal zijn bestoven, worden ze karmijnrood, een kleur die bijen moeilijk kunnen zien. Zo vertelt de bloem aan de bijen: 'Vlieg maar door a.u.b., de klus is geklaard en voor jou is hier geen nectar meer te krijgen.'

Afgelopen mei wandelde ik een halfuurtje tussen de paardenkastanjes in het park in het centrum van Stratford-upon-Avon. De kleurverdeling vertoonde een duidelijke trend: aan de ene kant zag ik duidelijk meer karmijnrode, bestoven bloemen dan aan de andere. De reden was echter moeilijk te bepalen. Nog altijd breek ik mijn hoofd over deze kwestie, maar hoewel ik het raadsel nog niet heb opgelost, was dit een geweldig tijdverdrijf. Ik zou willen dat elk halfuur in mijn leven zo goed besteed was.

Liever lelijk

Als in bomen bloemen te zien zijn met fraaie kelken, zijn dierlijke bestuivers niet ver weg. Maar het vertelt ons ook iets over het landschap. Om insecten te lokken zijn licht en een zekere openheid noodzakelijk – het heeft voor een plant weinig zin om midden in een dicht en donker bos prachtige grote bloemen te hebben. Windbestuiving is op dit punt minder kieskeurig: als de luchtstroom de boom maar kan bereiken, werkt het, hoe donker het ook is. Bloemen met kelken komen vaker voor aan bomen die alleen staan of in kleine groepjes, zoals fruitbomen. Bloemen die zijn ingericht op windbestuiving komen meer voor in bossen.

Dat betekent dat je kunt uitgaan van de volgende grove vuistregel: hoe groter en fraaier de bloemen, des te opener het landschap; hoe kleiner en onopvallender de bloemen, des te waarschijnlijker dat je in of bij een dicht bos bent. Dieren en mensen houden meer van mooie bloemen, maar grote gebieden worden overheerst door bloemen met windbestuiving, met name boven een bepaalde hoogte.

Bloemkompassen

Elk onderdeel van een plant dat zich tot licht verhoudt, kan als kompas fungeren. Bloemen met kelken weerspiegelen licht in de richting van insecten. Daarom zijn ze algemener aan de heldere zuidkant van bomen. Bovendien zijn ze om diezelfde reden op de zon gericht. Net als de boombladeren, waarnaar we eerder keken, zijn veel bloemen niet statisch, maar bewegen ze in de loop van de dag met de zon mee.*

Het effect wordt versterkt wanneer meerdere bomen heel dicht bij elkaar staan. Dit komt vaak voor bij bepaalde soorten, zoals kersenbomen. De zuidkant van de zuidelijkste boom

* Dezer dagen hebben de camera's van veel smartphones een timelapsemogelijkheid. Als je jouw telefoon een uur of langer madeliefjes laat filmen in een grasveld, zul je deze beweging duidelijk kunnen zien. Het effect is het grootst aan het begin of het einde van de dag, wanneer de bloemen open- of dichtgaan en tevens de beweging volgen van de zon. Je kunt ook een opname van mij bekijken op https://www.naturalnavigator.com/news/2020/04/daisies-opening-a-time-lapse/

krijgt heel veel licht, maar de noordkant van diezelfde boom komt er bekaaid af: niet alleen is hij afgewend van de zuidelijke zon, hij bevindt zich ook nog eens in de schaduw van zijn buren. De ene kant van deze boom zal vol zitten met bloemen, de tegenoverliggende kant zal nauwelijks bloemen dragen.

Bloemen als architect

De tijd is gekomen om de blik opnieuw te richten op een teken dat we eerder tegenkwamen in hoofdstuk 5, over ontbrekende takken, maar nu met bloemen op het podium. Elke dag kom ik langs een kleine boom – al is de aanduiding 'boom' een compliment, want hij is nauwelijks groter dan ik. Deze soort, de wollige sneeuwbal, is heel algemeen in de kalkrijke heuvels waartussen ik woon, dus is het niet raar dat ik er dagelijks langsloop.

In het voorjaar draagt de wollige sneeuwbal brede schermen van geurige witte bloemen. En in de zomer verschijnen de rode, platte bessen, die in de loop van het seizoen zwart kleuren. De boom ziet er prachtig uit als hij in blad staat en bloemen of vruchten draagt. De vorm is rond en enigszins geordend. Maar in de winter is hij een van de slordigste struiken in de omgeving, met magere takken die alle kanten op steken. Eén grote chaos. Deze wanorde heeft een reden, namelijk de positie van de witte bloemen eerder in het jaar.

Bloemen hebben grote invloed op de vorm van een boom. Takken hebben twee hoofdtaken: bladeren doen uitsteken om energie te oogsten, en bloemen en vruchten dragen voor de voortplanting. Eerder zagen we dat de bladknoppen een indicatie zijn van de vorm van de boom (tegengestelde knoppen betekenen tegengestelde takken, knoppen om-en-om betekent takken om-en-om). Een vergelijkbare, net iets andere aanwijzing vormen de bloemen. Het loont altijd de moeite om te kijken wat hun positie is op een tak.

Elke boom moet kiezen uit twee strategieën: de bloem plaatsen aan het uiteinde van elke tak of bloemen laten ontspruiten aan knoppen over de lengte van de tak. Het is verleidelijk om de bloemen aan het uiteinde te laten groeien, aangezien dat deel van de tak het meeste licht opvangt en maximaal is blootgesteld aan vliegende insecten. Waarom kiezen dan niet alle bomen voor deze optie? Omdat het laten groeien van een bloem aan het uiteinde van de tak ook problematisch is: de bloem betekent dan namelijk voor de tak het einde van de weg. De tak kan vanaf daar niet langer groeien; hij moet van richting veranderen en afbuigen door middel van een vork. Elke richtingverandering betekent een zwakke plek in de tak en een beperking van de maximale omvang van de boom, doordat anders takken beginnen af te breken.

Bomen met bloemen langs de zijkanten van hun takken groeien rechter; bomen met bloemen aan het uiteinde van hun takken groeien in een zigzagpatroon. Dit verschijnsel kun je van twee kanten bekijken: bomen die in het voorjaar hun bloemen aan het uiteinde van hun takken dragen, zoals magnolia's, kornoeljes en esdoorns, zien er in de winter haveloos en slordig uit. Of, zoals mijn ezelsbruggetje luidt:

Een tak met aan het eind een blom
Is gesplitst, gedraaid en krom.

Bloemen zijn voortplantingsorganen en voortplanting is een volwassen bezigheid. Jonge bomen planten zich niet voort en maken dus ook geen bloemen aan. Dit is een van de redenen dat jonge bomen er ordelijker uitzien dan oudere exemplaren.

Vruchten en zaden

Alle bevruchte bloemen willen vruchten en zaden produceren, maar de manier waarop ze dat doen verschilt. Het belangrijkste onderscheid is uiteraard het verschil tussen loofbomen en naaldbomen. De vlezige vruchten van veel loofbomen zul je kennen uit de supermarkt – appels, perziken, peren, abrikozen en nog veel meer. Andere ken je misschien even goed, maar heb je wellicht nooit als vruchten beschouwd, zoals walnoten. De variatie in vruchten en zaden is in feite zo groot dat het niet meevalt om de bredere patronen te zien; ik noem een aantal die mij zijn opgevallen.

De vruchten van naaldbomen hebben de vorm van een kegel. Als je er een vluchtige blik op werpt, zie je dat je met een soort dennenappel te maken hebt; het vergt wat meer aandacht om alle verschillende vormen en eigenaardigheden te leren kennen. Naaldbomen hebben mannelijke kegels die stuifmeel produceren en vrouwelijke kegels die zaden voortbrengen. Als we het hebben over 'dennenappels' bedoelen we vrijwel altijd de vrouwelijke kegels – de mannelijke zijn meestal een stuk kleiner en zachter en hebben een minder kegelachtige kleur en vorm. (In het laatste hoofdstuk ga ik wat dieper in op de verschillende kegels.)

De logica van bloemen die licht weerspiegelen naar insecten en uitbundiger groeien aan de vrije, zonnige zuidkant van de boom is voor ons niet moeilijk te begrijpen. Het ligt voor de hand dat vruchten en zaden, die het product zijn van bloemen, eveneens meer te zien zullen zijn aan de vrije, lichte kant van de boom, maar je kijkt er makkelijk overheen.

Ik vind het altijd weer mooi om te zien hoe de rode bessen de zuidzijde van de kleine meidoorns sieren in een lange, heldere lijn aan de zuidrand van een bos. Niet alleen vormen de vruchten met hun kleur een indicatie van waar het zuiden is, ze wijzen elk voor zich ook min of meer in die richting.

En zoals altijd vallen hierbij weer extra details waar te nemen. Sommige vruchten en zaden zijn relatief vaak aan de zuidkant te zien, maar de wind blaast ook zijn partijtje mee. In februari hangen de mannelijke bloemen als katjes in de hazelaars; in die tijd van het jaar let ik graag op de 'hazelaarvlag'. Het waait vaak hard aan het einde van de winter en het begin van de lente, en de katjes worden door de wind meegetrokken. Vervolgens hangen ze aan de kant van de tak die tegengesteld is aan de richting vanwaaruit de laatste storm heeft gewaaid.

Mastjaren

Wij zijn vertrouwd met de jaarlijkse cyclus van de seizoenen, maar daarnaast zijn er ook nog langere en kortere cycli. Veel bomen die grote zaden aanmaken, zoals beuken, eiken en hazelaars, produceren niet ieder jaar evenveel zaden. Om de paar jaar is er sprake van een 'mastjaar', waarin de boom veel meer zaden maakt dan in de jaren ervoor en erna. De timing van mastjaren hangt samen met het weer, maar dieren zijn er de reden van.

Bomen kunnen overleven zonder elk jaar nageslacht te produceren, maar dieren moeten regelmatig eten. De bomen hebben dankzij de evolutie geleerd om hiervan gebruik te maken. Als een eik elk jaar evenveel eikels zou laten vallen, zouden dieren zoals wilde zwijnen zich daaraan tegoed doen en zich zo succesvol voortplanten dat er uiteindelijk heel veel zwijnen zouden zijn die alle eikels zouden opeten – in elk geval in theorie. Maar als de eik het slimmer speelt en een aantal jaren weinig eikels laat vallen, verhongeren de wilde zwijnen en neemt hun aantal af. (Dat gebeurt op twee manieren: sommige zwijnen gaan dood, en in magere tijden produceren dieren minder nageslacht.) Het jaar erop laat de eik, pats-boem, een heleboel eikels vallen. Er zijn dan niet genoeg zwijnen om alles op te eten. Hierdoor overleven meer eikels, die kunnen uitlopen tot zaailingen. Alweer een slimme actie van bomen.

Junival

Als je in de eerste helft van de zomer rondom een appelboom loopt, krijg je misschien de indruk dat het niet goed met hem gaat. Waarschijnlijk is de grond onder de boom bezaaid met kleine appeltjes, als de dieren ze niet al hebben opgegeten.

Appelbomen laten behoorlijk veel van hun vroege vruchten vallen, lang voordat deze volledig zijn uitgegroeid of afgerijpt. Dit natuurlijke verschijnsel heet 'junival' en vindt plaats gedurende een aantal weken, met een piek als enkele maanden zijn verstreken na de bloei – meestal is dat in juli. Iets vergelijkbaars doen veel andere bomen, zoals citrusbomen en pruimenbomen. Dit is geen reden tot paniek. Voor mij maakt het deel uit van de 'hagelbenadering' van voortplanting.

Planten produceren veel meer bloemen, vruchten en zaden dan nodig zou zijn als elk ervan een nakomeling zou voortbrengen. Zaden kunnen niet ontstaan uit vruchten die nooit zijn gegroeid en er kunnen niet meer vruchten zijn dan bloemen. Een boom kan op elk moment elk deel van zichzelf snoeien, als dat in eerste instantie maar is uitgelopen. Maar een boom kan nooit de tijd terugdraaien. Het is zinvol om in ieder stadium meer te produceren dan nodig is en vervolgens te reduceren. Als alle miniappeltjes die in mei aan een boom hangen zouden uitgroeien tot volwaardige vruchten, zou de boom moeite hebben deze allemaal van voeding te voorzien en te dragen, en sowieso zou hij ze niet nodig hebben. Liever een kleiner aantal gezonde, weldoorvoede vruchten dan een heleboel kwijnende. Vandaar de junival.

Sint-jansloten

Tijdens een van beroemdste bokswedstrijden aller tijden, door kwijlende promotors 'Rumble in the Jungle' genoemd, vocht Muhammad Ali tegen George Foreman; volgens sommigen was dit het grootste sportevenement van de twintigste eeuw. De wedstrijd vond plaats in de reusachtige hoofdstad Kinshasa, die nu in de Democratische Republiek Congo ligt, maar destijds in Zaïre. (Kinshasa is een stad en zeker geen jungle, maar deed wel meer aan een jungle denken dan Las Vegas, en voor de marketingmensen was dat voldoende.)

Ali was duidelijk de underdog, maar hij won het gevecht met behulp van een riskante nieuwe tactiek, die *rope-a-dope* werd genoemd. Ali trok zich terug bij de touwen, zodat Foreman dacht dat hij de wedstrijd in zijn zak had. Toen Foreman helemaal losging, hield Ali echter stand. Foreman raakte hierdoor uitgeput en tot zijn verrassing ging Ali later tijdens de wedstrijd in de tegenaanval en versloeg hem.

Elke lente, als uit de knoppen zachte nieuwe blaadjes tevoorschijn komen, gaan de rupsen en andere dieren helemaal los, net als George Foreman. Tijdens deze slachtpartij raken de bomen soms bijna al hun blad kwijt. Ze laten dit stoïcijns over zich heen komen, trekken zich terug bij de touwen en komen later in het seizoen terug met een golf van nieuwe uitlopers en bladeren, die sint-jansloten worden genoemd. (Sint-Jan wordt gevierd op 24 juni, de geboortedag van Johannes de Doper. De sint-jansloten verschijnen rond of kort na deze datum.)

Zo rond midzomer brengen eiken, beuken, dennen, iepen,

elzen, zilversparren en veel andere boomsoorten een tweede ronde uitlopers en bladeren voort, ruim na het voorjaar. Ze verlaten de touwen en knokken zich terug. Interessant is dat deze sint-jansbladeren een andere vorm hebben dan de oorspronkelijke voorjaarsbladeren. De sint-jansbladeren van eiken zijn bijvoorbeeld magerder en hebben minder uitgesproken lobben.

De tien levensstadia

Telkens als je naar een boom kijkt, krijg je een indruk van zijn leeftijd. Het formaat is een eerste aanwijzing, evenals het nauwkeurig meten van de stamomtrek, wat iets meer tijd kost. Er zijn echter nog allerlei andere tekens die we kunnen zien, maar niet altijd opmerken.

In 1995 bepaalde de Franse boomkweekwetenschapper Pierre Raimbault dat een boom tien levensstadia heeft en dat je die kunt aflezen door te letten op bepaalde vormeigenschappen. In het vroegste stadium, stadium 1, is de boom uiteraard heel klein, maar het belangrijkst is dat er geen zijtakken zijn. In stadium 2 is er sprake van takken, en in stadium 3 ontspringen daaraan secundaire takken.

In stadium 4 heeft de boom zich ontdaan van de lagere takken, die zich in de schaduw bevinden en ineffectief zijn. Tussen de stadia 5 en 6 stoot de boom fanatieker takken af en vindt sterke groei plaats van de laterale takken. Hierdoor verandert het uiterlijk van de boom: hij krijgt een bredere kroon met daaronder een duidelijk gat, waar zich ooit de beschaduwde lagere takken bevonden. In stadium 7 is de stam onder de kroon kaal.

Gedurende de eerste zeven stadia wordt de boom hoger, maar dan begint de kroon in te zakken en wordt de boom korter, ook al blijft de stam dikker worden. In stadium 8 is de boom gestopt met groeien vanuit zijn uiteinden; hij verjongt nu zichzelf in delen die dichter bij de stam liggen, zodat de omvang van de kroon niet verder toeneemt. In stadium 9 begint deze zich langzaam terug te trekken.

Waarschijnlijk weet je nog dat een boom onder zijn bast epicormische knoppen heeft, die rustig in het donker hun beurt afwachten. Door de stress van het ouder worden groeien de bladeren niet meer aan de uiteinden; daardoor valt er licht op de stam zodat deze knoppen gaan uitlopen. Het kan eeuwen duren, maar ook zij krijgen hun dag in de zon. (De stress van het verouderen leidt tevens tot veranderingen in de hormoonhuishouding van de boom, die de nieuwe groei mede veroorzaken.)

Bomen die stadium 10 halen, en dat zijn lang niet alle bomen, beginnen langzaam in te zakken. De boom leeft nog, maar verschrompelt. De nieuwe, lage uitlopers vanuit de stam voorzien hem van energie.

Deze indeling is uiteraard bedacht door Raimbault; we zouden er een paar stadia aan kunnen toevoegen of enkele stadia kunnen negeren. Bovendien verouderen bomen anders wanneer ze een moeilijk leven hebben doorgemaakt, net als mensen – de leeftijd van de knoestige dwergboompjes op de schrale, onbeschutte grond van Wistman's Wood in Dartmoor is vrijwel onmogelijk in te schatten. Maar het blijft een aardige oefening om naar een boom te kijken en te proberen om het stadium te bepalen dat hij volgens Raimbaults indeling heeft bereikt. Het is alsof je vanuit de verte in de mist een uurwerk op een kerk probeert af te lezen: soms is de wijzerplaat duidelijk te zien, soms is hij nauwelijks herkenbaar.

En als de boom sterft, blijft de klok niet stilstaan. De stam van een machtige beuk in de buurt van ons huis brak zo'n tien meter boven de grond, waarna het bovenste deel met donderend geraas naar beneden kwam. Er moet al jaren sprake zijn geweest van een zwakke plek. Waarschijnlijk is een schimmel binnengedrongen door een gat in de bast en heeft deze gaandeweg de stam verzwakt. Het is nu zo'n vijf jaar geleden dat de stam brak; wonderlijk genoeg heeft het deel dat was afgebroken en op de grond lag na de val nog een heel voorjaar en een hele zomer geleefd. Het stond niet meer in verbinding met de wortels, maar kennelijk bevatten de stam, takken en knoppen nog voldoende energie om het een seizoen vol te houden.

Boomkalenders en bosklokken

Naaldbomen vormen elk jaar een laag takken. Daaruit volgt dat je de leeftijd van een naaldboom kunt schatten door te kijken naar het aantal lagen of 'kransen' van takken. Dit is het makkelijkst bij jonge bomen tot zo'n tien jaar oud, doordat daarbij de open ruimtes tussen de jaarlagen duidelijker zichtbaar zijn. De boom wordt voller en de lagen zijn minder makkelijk te onderscheiden als de boom volwassen wordt, maar het principe blijft gelijk.

Jonge takken groeien vanuit hun punt onder invloed van de eindknop. Dit is vergelijkbaar met het proces dat plaatsvindt aan de bovenkant van de boom, maar dan naar buiten toe. Deze groei is seizoensgebonden; hierdoor ontstaan rond de tak littekens. De lengte van de ruimte tussen twee littekens toont de groei van dat jaar. Die wisselt, afhankelijk van de leeftijd van de boom, de omstandigheden gedurende het seizoen en de omstandigheden gedurende eerdere seizoenen: bij een jonge tak aan een jonge boom onder perfecte omstandigheden (een juiste balans van ideale temperaturen, licht en regenval) zullen de afstanden tussen de littekens een stuk groter zijn.

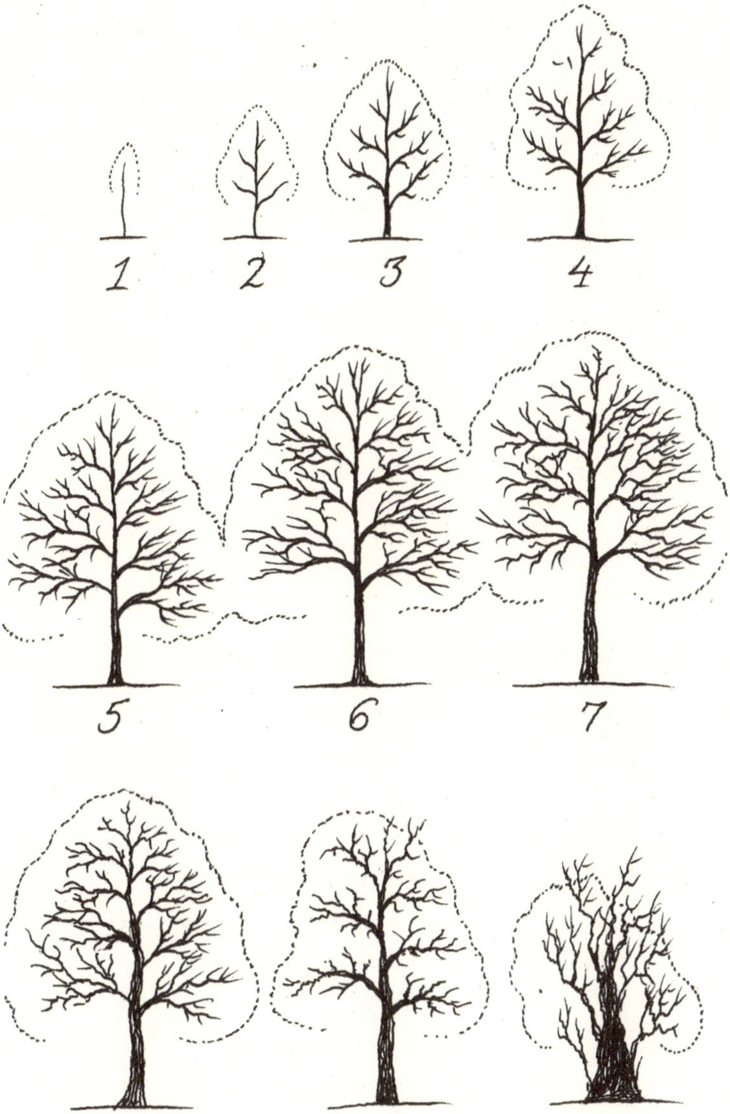

De tien stadia van Raimbault

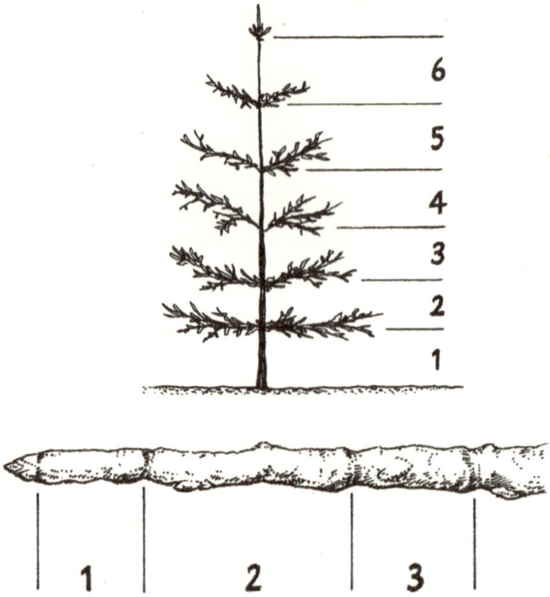

De kransen van naaldbomen en knoplittekens illustreren de jaarlijkse groei van bomen

Aan de lagere planten kun je aflezen hoe oud bosgebieden zijn. Sommige soorten koloniseren een gebied zodanig traag dat je aan hun aanwezigheid kunt zien dat een gebied al eeuwenlang onafgebroken met bos bedekt is geweest, vaak zo lang als de historische gegevens teruggaan. Zulke nicheplanten staan bekend als oud-bosplanten. Ik verkeer in de gelukkige omstandigheid dat er bij mij in de buurt meerdere oude bossen zijn en zie zodoende regelmatig dergelijke oude tijdwijzers als amandelwolfsmelk en muizendoorn (*Ruscus aculeatus*).

Bos verandert onder invloed van de tijd. De eerst decennia worden gekenmerkt door een fase van al het licht pakken dat je pakken kunt – het is iedere boom voor zich, elk probeert zo veel mogelijk van het beschikbare zonlicht te bemachtigen.

Dit resulteert echter in een onhoudbaar aantal bomen. Dat probleem verergert naarmate de bomen ouder worden en hun kronen hoger komen en zich uitbreiden. Veel bomen trekken aan het kortste eind en gaan dood. Een volwassen bos telt minder bomen en minder boomsoorten dan een jong bos. Dit is een van de redenen dat beheerde bossen af en toe worden gedund. Tijdens het schrijven van dit stukje hoor ik in de verte het vage gerommel van zware machines die hout uit de bossen transporteren. Instinctief beschouwen veel mensen dit als verwerpelijk vandalisme in onze kostbare bossen, maar het is juist goed voor ze; het leidt tot gezondere bomen en een grotere biodiversiteit.

Sommige organismen die in, op en bij bomen leven, hebben interessante levenscycli. Van veel boeiende soorten is het leven verbonden met het begin of het einde van het leven van een bos. Aanvankelijk is er veel licht, waarvan veel planten, insecten en vogels profiteren. En als het bos oud is geworden, ligt op de grond veel rottend dood hout; dit leidt tot een nieuwe piek in het aantal insecten, waarmee andere soorten weer hun voordeel doen.

Als je een winterwandeling maakt door een loofbos zal het je opvallen hoeveel verder je kunt kijken. Het is enigszins ironisch: voor ons is de zomer het lichte seizoen, maar in loofbossen kan het onder het bladerdak beklemmend donker zijn. In de winter daarentegen is de hemel misschien loodgrijs, maar valt het licht wel tussen de bomen. Mossen, varens, korstmossen en levermossen zijn gek op de winterse vochtigheid en maken optimaal gebruik van dit licht door te blijven groeien, voor zover de temperatuur dat toelaat. Als het een tijdje zacht is geweest, zie je hoe de bosbodem en de lagere delen van stammen en takken zachtgroen kleuren, alsof midden in de winter een minivoorjaar is aangebroken.

Hoofdstuk 14

Verdwenen kaarten en boomgeheimen

Ik zie je bij de boom – Een plattegrond van verlangen – Een dal is een geschenk – Het geheim van het bomenpaar – Bomen en klokken – Tijdkeizers – Vogels en bomenzang – De minikaart – Twee reizen

Ik zie je bij de boom

Ik heb een oude gewoonte die bij mensen al heel lang voorkomt en nog veel langer bij dieren: nieuwe landschappen maak ik mij eigen door op zoek te gaan naar oriëntatiepunten. Een oriëntatiepunt is een zichtbaar object – natuurlijk of kunstmatig – dat je helpt om te begrijpen waar je bent. Bomen worden vanouds vaak gebruikt als lokale oriëntatiepunten. Trotse alleenstaande exemplaren keren vaak terug in de plaatselijke overlevering omdat ze voldoen aan alle kenmerken die een goed oriëntatiepunt moet hebben: ze zijn uniek, herkenbaar en opvallend, en ze hebben een lang leven.

Toen ze daar waren aangekomen, trok Abraham het land door tot aan de eik van More, bij Sichem. In die tijd werd het land bewoond door de Kanaänieten. Genesis 12:6

Wie heeft er nog nooit afgesproken bij een bepaalde boom?

Oriëntatiebomen hoeven niet per se alleenstaand te zijn, maar het is wel handig als ze opvallen. In de bossen bij mij in de buurt staan een paar indrukwekkende beuken: ze zijn ongeveer honderd jaar ouder dan de omringende bomen en hebben een onmiskenbaar trotse en grootse uitstraling. In ons gezin hebben ze de bijnaam 'elfenbomen' gekregen – toen onze zoons jonger waren, vonden ze vaak munten die vastgeklemd zaten tussen de knoestige wortels aan de voet van hun stammen. Met een uitgestreken gezicht hielden mijn vrouw en ik vol dat ze daar moesten zijn achtergelaten door elfen, zelfs toen de jongens allang niet meer in de Kerstman geloofden. De elfen hanteerden een strikte gedragscode: ze lieten alleen munten achter, geen papiergeld. Dit spel speelden we zo'n vijf jaar, tot onze kinderen langer naar onze handen bleven kijken dan naar de boomwortels.

De meeste mensen zien de voor de hand liggende en dramatische kenmerken van een landschap, maar missen de subtielere verschijnselen. In ons smartphonetijdperk missen sommige mensen alles, maar dat is een ander verhaal. Neem een paar seconden de tijd om te denken aan de volgende steden en probeer je voor te stellen hoe ze eruitzien: Parijs, Londen, San Francisco, Agra, New York.

Grote kans dat je minstens een van de volgende beelden voor de geest kreeg: de Eiffeltoren, de Big Ben, de Golden Gatebrug, de Taj Mahal, Times Square... Hoe minder goed we een stad kennen, des te opvallender de oriëntatiepunten die we nodig hebben, en vice versa. Wie al zijn hele leven in een stad woont, zal gebruikmaken van veel schattigere oriëntatiepunten: 'Ik zie je bij de roze graffiti.'

Als mensen nieuw zijn in een stad, verwijzen ze vaak naar iets heel opvallends – en met heel opvallend bedoel ik clichématig. In uitzonderlijke gevallen kan het oriëntatiepunt beroemder worden dan de stad zelf.

In de natuur geldt hetzelfde. De machtige eenzame eik trekt ieders aandacht, maar de doornige zaailing een eindje terug is slechts een enkeling opgevallen. Als je bij ons in het bos zou wandelen, zou je de elfenbomen zeker opmerken – ze springen eruit. Maar inmiddels heb ik zo veel tijd in die bossen doorgebracht dat ik tientallen oriëntatiebomen zou kunnen opsommen. Vele daarvan heb ik namen gegeven, waaronder bomen die allang dood zijn. Er is een stam waaraan aan beide kanten nieuwe (epicormische) loten ontspruiten – de Vikinghelm. Er is een omgekeerde beukenstronk met verweerde omhoogwijzende wortels – de Kroon. En er zijn de vermolmde takken die naar de zuidelijke hemel gebogen zijn – de Klauw. Ik ben er zeker van dat deze de meeste voorbijgangers ontgaan, temeer daar ik dat heb zien gebeuren.*

Op plekken die jij goed kent, heb je vast je eigen oriëntatiepunten. De vraag is echter: hoe merk je zulke punten op als je ergens nieuw bent? Hiervoor bestaat een eenvoudige techniek: stel dat je over een paar uur met iemand wilt afspreken bij de plek waar je je op dat moment bevindt en dat je aan diegene de locatie uitsluitend mag beschrijven aan de hand van bomen. Of, nog beter, spreek daar daadwerkelijk met iemand af: het maakt de oefening pregnanter en zal de betreffende bomen in jullie beider geheugen prenten.

---

* Kijk voor foto's van deze bijzondere oriëntatiebomen op https://www.naturalnavigator.com/news/2021/03/what-is-a-landmark/

Dit is een leuke oefening om te doen in een stadspark, maar als je het doet in een groot bos, ver weg van een pad, wordt het nog een stuk spannender en zul je details gaan opmerken die eerder verborgen bleven.

Een plattegrond van verlangen

Verwacht bomen. Als iemand je zou ontvoeren, blinddoeken en ergens op een willekeurig stukje grond zou afzetten, zijn bomen het eerste wat je verwacht te zien als je de blinddoek afdoet. Wanneer je haar met rust laat, komt de natuur vrijwel altijd met bomen op de proppen, aangezien die het meedogenloze overleefspel altijd winnen, behalve in de extreemste leefomgevingen. Het motto van de natuur luidt: 'Tenzij anders aangegeven... bomen.'

Als we deze logica omkeren, levert dat weer een aanwijzing op. Als je naar een landschap kijkt en geen enkele boom ziet, kun je met zekerheid vaststellen dat er iets vreemds aan de hand is met het menselijk verlangen naar die plek. Er zijn geen bomen op de toppen van hoge bergen, in de oceanen en in hete of koude woestijnen. Mensen hebben weinig behoefte om daar te leven en bomen hebben er ook niks te zoeken. Maar in vrijwel alle andere landschappen kun je bomen verwachten.

De gebieden waar mensen het liefst verkeren, tellen weinig bomen: die zijn vervangen door steden, de asfaltjungle. Maar zelfs in landelijke gebieden hebben we de afgelopen tienduizend jaar bomen vervangen door huizen en landbouwgrond. Bomen die in landbouwgebieden zijn blijven staan, zijn ontsnapt aan de ploeg. Boeren hebben onbewerkbaar land – te steil, te stenig – aan bomen overgelaten. Dicht bij waar ik woon, is een aantal diepe, steile dalen uitgesleten, waarschijnlijk door grote hoeveelheden smeltwater aan het einde van de laatste ijstijd. Deze dalen met hun steile hellingen zijn ongeschikt voor paarden met ploegen en zelfs voor de verrassend wendbare moderne tractors. Vandaar dat ze zijn bedekt met oerbossen.

Als ik vanuit mijn huis naar het zuiden en heuvelopwaarts ga, kom ik in beukenbosgebied. Zo hier en daar staat een es of een esdoorn tussen de beuken, vooral aan de randen; er kan in elk geval geen twijfel over bestaan dat ik wandel door een landschap dat wordt gedomineerd door loofbomen. Enkele uren later, als ik ben afgedaald vanuit het kalksteengebied South Downs, verwacht ik verandering in het landschap te zien, aangezien de stenen en de grondsoort hier anders zijn dan die aan de noordkant van de heuvels. Zodra ik zie dat de loofbomen verdwijnen en plaatsmaken voor naaldbomen, weet ik dat ik Graffham Common heb bereikt. De bodem is hier heel zandig, te droog en te ruw voor landbouw. Vandaar dat hij werd overgelaten aan struikgewas, naaldbomen en de lagere burgerij.* Of zoals de schrijver John Lewis-Stempel het formuleerde: 'Naaldbomen zijn een teken van armoede.'

Als je geen bomen ziet, komt dat doordat heel veel mensen het land willen of doordat niemand het wil.

---

* De naam Graham Common verwijst naar *common land* (de meent). Alle burgers hadden van oudsher het recht om hier hun vee te laten grazen. Het land was – en is – geen eigendom van een particulier of een bedrijf, maar is het gedeelde eigendom van iedereen. Dat heeft niks te maken met filantropie van vroegere generaties; het komt doordat de grond te zandig is en daardoor onvoldoende voedingsstoffen bevat voor landbouw. Elke generatie is gul met de hulpbronnen die ze niet nodig heeft.

Een dal is een geschenk

Wanneer je een dal binnen wandelt, weet je een aantal dingen zeker. Er zijn lager en hoger gelegen delen en er zijn ten minste twee hellingen met verschillende kenmerken die uiteenlopende hoeveelheden zonlicht, regen en wind te verstouwen krijgen. Voedingsstoffen spoelen naar beneden, zodat de grond beneden vruchtbaarder is. Al deze aspecten zie je terug aan de bomen. Geen enkele boom gedijt in elke omgeving: bomen moeten zich specialiseren. Iedere soort is zodanig geëvolueerd dat hij optimaal groeit in bepaalde leefomgevingen. Elke boom heeft een eigen niche en stelt daarom eisen aan bepaalde karakteristieken, met name licht, water, wind, temperatuur, voedingsstoffen, zuurgraad en mate van verstoring. Veel bomen doen het prima als een aantal van deze variabelen rond het gemiddelde zweeft, maar elke soort is wel extra gevoelig voor een of twee ervan. Dat geeft hem juist een voordeel in zijn voorkeursomgeving. Dus ben je ooit in de buurt van een dal, grijp dan je kans om te oefenen met bomenlezen en let op alle veranderingen die je ziet.

Het geheim van het bomenpaar

Natuurreservaat Kingley Vale, in de buurt van mijn huis, staat bekend om zijn bos van heel oude taxussen. Sommige exemplaren zijn indrukwekkend, vreemd en een beetje griezelig. Op een frisse en zonnige ochtend in oktober ging ik naar Kingley Vale en legde ik mijn hand op de gedenksteen dicht bij het hoogste punt van het natuurgebied. De steen is opgedragen aan een interessante man. Op de metalen plaquette staat:

> Midden in dit door hem gestichte natuurreservaat herinnert deze steen aan Sir Arthur George Tansley, FRS, die er gedurende zijn lange leven naar streefde om de kennis van het natuurlijk erfgoed van de Britse eilanden te vergroten, de liefde ervoor te verdiepen en het veilig te stellen voor de toekomst.

Tansley wordt geroemd om zijn natuurbeschermingswerk, waarmee hij zijn tijd ver vooruit was, maar hij is ook een held op een andere manier, die van groot belang is voor ons begrip van bomen.

Begin twintigste eeuw heeft Tansley, daartoe geïnspireerd door de Deense plantkundige Eugen Warming, een specifieke tak van de ecologie internationaal onder de aandacht gebracht. In 1911 was hij medeorganisator van de eerste internationale fytogeografische expeditie. 'Internationaal' en 'expeditie' spreken voor zich: wetenschappers uit Europa en de VS kwamen naar de Britse eilanden om daar onderzoek te doen. De sleutel voor ons ligt in het middelste woord, 'fytogeografisch'. Als voorvoegsel betekent *fyto* 'betrekking hebbend op planten'. Geografie is een veel bekender woord, zij het niet makkelijk te definiëren.

Zo'n tien jaar geleden had ik het voorrecht te mogen spreken met de toenmalige directeur van de Royal Geographical Society, dr. Rita Gardner. Daar deed ik een bekentenis: 'Dit is enigszins gênant. Ik ben lid van de RGS, maar ik zou niet weten hoe ik geografie zou moeten definiëren. Wat is geografie?'

Mijn vraag was oprecht en hopelijk niet onbeleefd; de achtergrond ervan was een zeker ongemak over het tempo waarin de geografie zich tijdens mijn leven had ontwikkeld tot zo'n omvangrijk en uitgebreid vakgebied. In mijn persoonlijke, onvolledige en ouderwetse zienswijze had een kennisgebied dat ooit betrekking had op onderzoek van fysische processen, zoals gletsjers en vulkanen, zich zodanig verbreed dat nu ook stadsplanning en inkomensverdeling er deel van uitmaakten. Maar Rita Gardner had niet voor niks zo veel afkortingen achter haar naam (CBE, FRGS, FRSGS, FACSS) en wist wel raad met problemen zoals ik.

'In de kern is geografie het lokaal bestuderen van verandering.'

Fytogeografie is dus onderzoek naar de wijze waarop planten veranderen met hun groeiplaats. Oftewel hoe ze een kaart maken. Tansley heeft een belangrijke rol gespeeld in onze zoektocht naar betekenis in bomen door een fascinerende tak van de plantenwetenschap onder de aandacht te brengen. Het onderwerp ervan verbergt zich onder onze ogen; het onderzoek laat zien hoe ieder van ons een kaart kan maken met behulp van bomen.

Ik denk dat iedereen wel aanvoelt, mogelijk alleen onbewust, hoe vaak je bepaalde planten in elkaars buurt ziet staan. Veel volwassenen zullen zich nog de les uit hun kindertijd herinneren: als je door een brandnetel bent geprikt, inwrijven met zuringblad. En ziedaar, bij brandnetel groeit altijd keurig zuring in de buurt. Het is verleidelijk om hierin een vriendelijke sturende hand te zien, maar de werkelijkheid is eenvoudiger: beide planten hebben een voorkeur voor dezelfde leefomgeving, namelijk voedzame en verstoorde grond.

Elke plant probeert ons iets te vertellen over het terrein om ons heen. Als je een enkele plant ziet, weet je iets over de waarschijnlijkheid dat je andere zult zien. Maar als je ziet dat twee planten het goed doen in een gebied, ziet de waarschijnlijkheidskaart er al heel anders uit. Als ik bij mij in de buurt brandnetels zie, is er een kans dat ik ook ruw beemdgras zal zien, aangezien beide gesteld zijn op hetzelfde bodemtype. Maar als ik zowel brandnetel als zuring zie, is de kans op ruw beemdgras in de buurt vrijwel honderd procent – de waarschijnlijkheid stijgt enorm. Wat heeft dit in vredesnaam te maken met het lezen van bomen? Veel. Houd nog even vol.

Aan het begin van dit boek zagen we hoe je één enkele boomsoort kunt gebruiken om een kaart te maken. Het resultaat is een interessante kaart, maar wel eentje in grote lijnen. Maar als je eenmaal vertrouwd bent met bijvoorbeeld het vinden van rivieren met behulp van wilgen en het vinden van arme bodem met behulp van naaldbomen, ben je klaar om een veel gedetailleerdere kaart te leren aflezen door te letten op bomenparen.

Overal ter wereld waar bomen groeien, kun je een buitengewoon gedetailleerd beeld krijgen van je omgeving door bomen in combinatie met één andere plant te herkennen. Bijna niemand kent deze truc, vandaar dat ik dit het 'geheim van de bomenparen' noem. Wereldwijd komen zo veel combinaties voor dat het geen enkele zin heeft om te proberen ze hier op te noemen. Bovendien is het doel niet om theorie te leren, maar dat jij de veelvoorkomende paren en patronen in jouw deel van de wereld gaat opmerken. Laat me beschrijven hoe dit werkt door je een aantal favoriete voorbeelden te geven die ik tegenkom tijdens mijn wandelingen door Sussex.

Je weet inmiddels dat ik in de buurt woon van beukenbossen. Als ik door die bossen loop, probeer ik in de gaten te houden welke plant het goed doet tussen de bomen: met welke plant vormt de beukenboom een paar? Meestal is dat bosbingelkruid of braam, en elk van die twee vertelt een ander verhaal.

Als ik op de bodem een tapijt zie van bosbingelkruid, loop ik door een gebied waar de beuk de dominante soort is geworden en zijn schaduw over de grond werpt, zodat hij de meeste andere bomen en lagere planten de loef afsteekt. Misschien zie ik ergens een losse taxus en een of twee andere schaduwtolerante planten, maar door de diepe schaduw blijft de variatie beperkt. Dicht bij de bosrand tref ik nog klimop aan en op plekken waar het bos is verstoord door mensen staan wellicht enkele berken of essen, maar het plantenleven is verder weinig divers. In de zomer kan het midden in zulke bossen enigszins beklemmend zijn, zelfs voor vogels en insecten, en het is er heel stil.

Zodra ik tussen de beuken bramen zie groeien, weet ik dat ik een nieuw paar heb gevonden en dat de omgeving die ik doorkruis, is veranderd. Er is meer licht – bramen kunnen in de diepe schaduw niet overleven – dus ben ik ergens waar de beuken nog te jong zijn om de zon helemaal tegen te houden of in de buurt van een pad of een open plek, waar meer licht binnenvalt. In de directe omgeving vind ik hulst, klimop, adelaarsvaren, mos en wellicht een eik, esdoorn of es. De plantenwereld is een stuk gevarieerder en het aantal diersoorten stijgt mee. Er zijn meer vogels en insecten en in het zomerseizoen is het rond zonsopgang en zonsondergang een drukte van jewelste.

Welke boomsoort ook het gebied domineert waar jij vaak wandelt, let op de planten waarmee hij vaak samengaat: zo kun je kleuren, taferelen en geluiden toevoegen aan je kaart.

Bomen en klokken

Op een middag in september wilde ik een wandeling door de heuvels maken en daarna vrienden ontmoeten in het dorpje Halnaker. Het is een kunst om te voet op het juiste tijdstip aan te komen op een plek die een paar uur verderop ligt. In de loop der jaren heb ik geleerd dat de logische benadering bij mij niet werkt. De meeste verstandige mensen zouden begrijpelijkerwijs de volgende eenvoudige formule toepassen: uitzoeken hoe groot de afstand is, je gemiddelde wandeltempo schatten, de eerste uitkomst delen door de tweede, het resultaat aftrekken van de aankomsttijd en... op pad gaan. Maar deze aanpak heeft een klein nadeel, dat voor mij een ernstig beletsel vormt.

Deze formule gaat uit van een aantal randvoorwaarden. De zorgwekkendste is dat er geen sprake is van omwegen, fysieke noch filosofische. Er is een goed bijvoeglijk naamwoord voor een geplande wandeling zonder enige speling voor prettige afleiding onderweg: weerzinwekkend. Jij, als lezer van dit boek, zult je juist verheugen op de gelegenheid om wat tijd door te brengen tussen de bomen – daarvan ben ik overtuigd. Laten we even stilstaan bij de arme drommels die niet begrijpen waarover we het hebben. Dit is de Wet van tijd in de bossen: een uur tussen de bomen kun je wel verstoppen, maar nooit vinden.

Het is altijd zinvol om extra tijd in te plannen. Het ergste wat kan gebeuren is dat je je bestemming nadert terwijl je nog een uur overhebt, en dat is waarachtig geen straf.

In die luxepositie bevond ik mij op weg naar Halnaker. Ik daalde een met naaldbomen bedekte heuvel af toen de zon mijn horloge vertelde dat ik te vroeg was. Gedwongen door deze gelukkige omstandigheid verliet ik het pad en passeerde op de grens van een particulier landgoed een bordje met VERBODEN TOEGANG. Wat er precies stond, ben ik vergeten, maar de suggestie was dat ik geluk zou hebben als ik honderd meter ver zou komen zonder te zijn neergeschoten. Ik voelde dat ik geluk zou hebben.

Ik liep de hellingen op en af terwijl mijn voeten wegzakten in een bed van afgevallen naalden, en later ook tussen stenen en stompen. De dag liep ten einde en tussen de takken van de naaldbomen en de grond was af en toe de zon te zien. Ik besloot een beetje te spelen met de zonsondergang.

Als je heuvelafwaarts kijkt, lijkt de zon later onder te gaan dan wanneer je heuvelopwaarts kijkt. (Heuvelafwaarts kijken heeft hetzelfde effect als het laten zakken van de horizon: de zon moet een grotere afstand afleggen om er te komen, dus gaat hij later onder.) Door me te verplaatsen door het glooiende landschap kon ik de zonsondergang vooruit- en terugspoelen. Dat ging een stuk makkelijker omdat ik tussen de dennen liep en niet tussen de sparren: doordat dennen hun onderste takken hebben afgestoten, had ik veel meer zicht op de ondergaande zon.

Wanneer je dit uitprobeert tussen de loofbomen zul je een interessant verschijnsel kunnen waarnemen. Als je in een gebied bent met herten of andere grote grazers kun je op zoek gaan naar de 'graaslijn'. Grazende herten zijn net pietluttige tuiniers; ze creëren een keurige lijn aan de onderkant van de boomkronen. (Boomkronen die niet zijn aangevreten, zijn aan de onderkant oneffen en golvend.) De graaslijn weerspiegelt de contouren van de grond doordat de dieren telkens tot dezelfde hoogte erboven reiken – bomen op een helling vertonen in hun gebladerte eenzelfde helling. Hoe groter het aantal dieren in het gebied, des te schaarser het voedsel en des te keuriger de lijn.

De graaslijn valt vooral op bij alleenstaande bomen, die er tegen de achtergrond van de lucht uitzien alsof ze net zijn gesnoeid. In bossen kijk je er makkelijk overheen. Herten en andere grazers houden het bosgebied tot op een zekere hoogte kaal, zodat je beter kunt kijken. In het bos bij mij in de buurt zijn grote gebieden omheind om de zaailingen te beschermen tegen dieren. Als ik door deze omheinde gebieden struin, han-

De graaslijn

gen de bladeren veel lager en reiken de lagere planten veel hoger – alsof de bomen en de ondergroei van twee kanten de leegte opvullen. Anders gezegd: als je makkelijk kunt lopen en ver kunt kijken in een loofbos, ben je niet alleen. Al met al is de conclusie dat het aantal grazende dieren bij jou in het bos invloed heeft op de tijdstippen van zonsopkomst en zonsondergang.

Voor ik het wist, zat ik weer op schema, maar ik had geen behoefte meer om in het dorp aan te komen. Helaas, de truc waarmee we de zon op en neer kunnen bewegen aan de hemel kan onze vrienden niet zomaar het bos in toveren. Ik daalde dus toch maar de heuvel af, me erop verheugend hoe ik me op de terugweg zou vermaken met de maan onder de bomen.

Tijdkeizers

De leeftijd van de bomen om ons heen heeft een groot effect op alles wat we zien.

Ooit mocht ik een middag rondzwerven over Knepp Estate in West Sussex met de gelauwerde schrijfster en medeoprichtster Isabella Tree, die samen met haar man, Sir Charles Burrell, het eerste grootschalige wildernisherstelproject in het Engelse laagland heeft opgezet. Hun landgoed bestaat uit moddervette klei en bleek daardoor totaal ongeschikt voor landbouw. Mede onder invloed van het gebrek aan andere mogelijkheden besloten Charlie en Isabella om de natuur haar eigen beslissingen te laten nemen. Ik denk niet dat het precies zo is gegaan, maar ik stel me graag voor hoe ze tegen de wind in riepen: 'Planten, jullie gedragen je onredelijk! Als jullie niet willen meewerken, gaan wij niet langer de rommel opruimen. Jullie zoeken het verder zelf maar uit!'

Het was een dapper besluit. Misschien enigszins vergelijkbaar met tieners leren dat hun slaapkamer zichzelf niet automatisch opruimt door de rotzooi gewoon te laten liggen. (In ons geval hield deze tactiek stand totdat de half leeggegeten kommen muesli hun eigen wildernisherstelproject begonnen.)

Waar ooit de velden werden geploegd zonder dat het veel zoden aan de dijk zette, is nu een ecosysteem ontstaan dat zichzelf regenereert. Het landschap zet de zintuigen van iedere bezoeker op scherp. Als jij iemand bent die houdt van strakgetrokken gazons en enigszins zenuwachtig wordt als er te veel herfstbladeren rondslingeren, zou ik een andere kant op kijken: je bent er nog niet klaar voor. Maar ga er vooral naartoe als je houdt van anarchistische natuur: je zult ervan smullen.

Het landschap is grotendeels open, hier en daar onderbroken door dichte bosjes van doornige struiken, wilgen en een paar oude eiken. Elk van deze planten markeert een moment in de bomentijdrekening. Een oud spreekwoord luidt: 'De doorn is de moeder van de eik.' Tussen de bramen en andere doornstruiken stond een jonge eik waarvan de bast nog maar net was uitgehard. Doornstruiken beschermen jonge eiken in hun kwetsbare beginjaren tegen dieren. Ooit waren eiken zo belangrijk voor de natie dat het struikgewas werd beschermd, zoals Isabella beschrijft in haar toonaangevende boek *Verwildering* uit 2018. Een statuut uit 1768 schrijft voor dat iedereen die doornstruiken uitgroef, werd bestraft met drie maanden gevangenis en zweepslagen.

De doorns hadden hun taak volbracht: aan de rand van het bramenbosje waren afgeknaagde zaailingen te zien, maar de jonge eik in het midden had zo lang weten te overleven dat hij boven het gevaar uit was gegroeid. De bramen zouden stank voor dank krijgen: over een paar decennia zou diezelfde eik hun licht wegnemen en zo hun energie afpakken. De natuur loopt niet over van dankbaarheid.

Minder dan een minuut lopen van de jonge boom stond een machtige oude eik die het einde van zijn levensreis naderde. We stonden in de schaduw van deze oeroude boom en ik bewonderde zijn statige, eigenaardige vorm. Een grote tak was compleet afgebroken en aan de stam waren epicormische knoppen uitgegroeid tot flinke ledematen – geslaagde plan-B-takken.

De organismen die op bomen groeien, letten op de soort waartoe hun gastheer behoort, maar vaak ook op diens omvang en leeftijd. 'Sommige schimmels zijn gespecialiseerd in een bepaalde takbreedte en groeien uitsluitend op takken van dat formaat,' legde Isabella uit. Ze wees op een elfenbankje op de oude eik en vertelde dat dit een zeldzame soort was, de eikenvuurzwam.* Deze paddenstoel kan alleen overleven door van de ene oude eik over te stappen naar de andere; in een landschap met uitsluitend jonge eiken legt hij het loodje. Dit illustreert waarom het een misverstand is dat projectontwikkelaars geen schade aanrichten als ze elders eenzelfde aantal bomen aanplanten als dat ze geveld hebben.

De boswilg trekt een zeldzame en geliefde vlinder aan, de grote weerschijnvlinder, wiens rupsen van deze boom eten en erop leven. Ook de volwassen vlinders zijn in en om de wilgen te vinden: 'De mannetjes zitten achter de vrouwtjes aan terwijl die op zoek zijn naar een geschikt blad om hun eitjes op af te zetten. Ze zijn behoorlijk agressief als het om hun territorium gaat. Het zijn echt bijzondere insecten – ze gaan zelfs achter vogels aan.'

'Wat?' zei ik. Mijn gezicht moet boekdelen hebben gesproken terwijl ik voor mijn geestesoog zag hoe een vlinder een vogel het leven zuur maakt.

De grote weerschijnvlinder heeft wonderlijke voorkeuren: zo nu en dan voedt hij zich met vruchtensap, maar dat wisselt hij af met mest en aas. Er zijn verhalen over liefhebbers die de vlinder zo graag van dichtbij willen zien dat ze hun eigen aas maken om de vlinders uit de kroon van de wilg naar de grond te lokken. We wisselden onze bizarste voorbeelden uit: pinda-

* De informatie over deze paddenstoel had Isabella gekregen van Ted Green, een legendarische kenner van oude bomen. Een paar jaar eerder had ik als sidekick van Ted een wandeling mogen leiden tussen de oude eiken van Windsor Great Park in het kader van een benefietactie van een Woodland Trust. Net als schimmels en bomen leven natuurfreaks in een onderling samenhangend ecosysteem: regelmatig blijkt dat we in dezelfde soort leefomgeving groeien en leren.

kaas, garnalenpasta, babyluiers, rottende vis, brie, hondendrollen... We stopten om niet misselijk te worden.

Grote weerschijnvlinders markeren hun territorium met vliegshows; hun favoriete plek hiervoor was rondom de top en aan de lijzijde van de oude eikenboom. 'Ze jagen achter elkaar aan rond de kroon. Het is net zoiets als een bronstplek voor damherten.'

Isabella vertelde dat de vlinders niet zonder de boswilgen kunnen en dat de wilgen stukken kale grond nodig hebben zodat hun zaden kunnen ontkiemen. Eind april vallen de zaden van de boom, maar ze maken geen schijn van kans als ze neerkomen op gras of in de struiken. Om uit te lopen hebben ze kale en vochtige bodem nodig. Dat is een van de redenen waarom er varkens rondlopen op Knepp. Ze wroeten in de grond en maken die zo vrij voor de zaden van de wilgen, zoals in voorbije eeuwen de everzwijnen deden.

Bomen zijn de keizers van de tijd. In één heerlijke middag had ik gezien hoe jonge doornstruiken, jonge eiken, volwassen wilgen en stokoude eiken het landschap vormgeven en hun rol spelen bij het slaan van de vleugels van de vluchtigste der vlinders.

Vogels en bomenzang

Onze hersenen zijn voortdurend enigszins overbelast, maar als je vertraagt, een keer diep ademhaalt en goed om je heen kijkt, tref je een buitengewone variatie en rijkdom aan. Eigenlijk is het indrukwekkend hoeveel je al die tijd hebt kunnen negeren.

Tegen het einde van een lentemiddag zat ik op een kalksteenrichel en nam een paar grote slokken water nadat ik een paar uur had gewandeld door de South Downs in Sussex. Vervolgens nam ik het omliggende landschap in me op. Iedere keer ben ik er weer verbaasd over hoe anders en vaak ook hoeveel beter we kijken als we zitten. Logisch is het niet, want je kunt juist minder ver zien. In een vlak landschap kun je staand ongeveer vijftig procent verder kijken dan wanneer je op de grond zit. En als je vijftig procent verder kunt kijken, overzie je in feite een meer dan twee keer zo groot gebied in alle richtingen.

Als je comfortabel zit, begin je dingen te zien die je eerder niet zag. Dit heeft niet zozeer met natuurkunde te maken, maar wel met psychologie. Mijn theorie is dat de belasting voor onze hersenen van het multitasken afneemt als we gaan zitten – we sturen minder signalen naar onze spieren en krijgen minder signalen terug die vervelende boodschappen overbrengen als: 'Ik ben moe. Verplaats je gewicht naar de andere voet.' Mogelijk maakt dit wat hoofdruimte vrij om elementen in het landschap op te merken. Probeer het maar eens met de eerstvolgende boom die je tegenkomt. Kijk ernaar terwijl je loopt en kijk dan nog eens nadat je bent gaan zitten. Ik beloof je dat je dingen zult zien die je de eerste keer niet zag. (Academici, schrijf me alsjeblieft dat er een ingewikkelde naam bestaat voor dit verschijnsel. Iets als kinetisch tunnelvisiesyndroom misschien?)

Vanaf mijn rustplek genoot ik van het speuren naar vogels tussen de doorns en stekels. Een roodborst hipte steeds een verdieping hoger en begon toen te zingen vanuit de top van een jonge esdoorn. Daar had ik het bij kunnen laten, maar het wekte mijn nieuwsgierigheid: waarom zingen vogels vanuit boomtoppen? Als het zou draaien om gezien worden, zou het logisch zijn, maar daar heeft vogelzang niks mee te maken. Waarom zingen ze niet lekker comfortabel en veilig vanuit de beschutting van een struik? Net als andere geluiden heeft vogelzang een groter bereik naarmate het vanaf een hoger punt klinkt. Vandaar dat kerklokken altijd boven in de toren hangen. Het kost enige moeite om een hoog punt op te zoeken om te zingen en om zware klokken boven in een toren op te hangen, dus moet het wel de moeite waard zijn.

De vogelgeluiden die we horen, houden verband met de hoogte van bomen en met het patroon dat de bomen vormen in het landschap. Vogels zijn territoriaal en de meeste vogels hebben een voorkeur voor gemengd terrein; de meeste vogelsoorten mijden het liefst volledig open vlaktes en diepe, dichte bossen. Hun ideale driehoek omvat een paar bomen, wat voedselbronnen op de grond en een drinkgelegenheid.

Door deze twee eenvoudige ideeën te combineren kom je erachter dat vogelzang en bomen deel uitmaken van dezelfde kaart. Als je door open terrein wandelt en een groepje bomen ziet staan, neemt de kans toe dat je vogels zult zien en horen. Datzelfde geldt omgekeerd: als je in open gebied vogelzang hoort, is de kans groot dat je ergens bomen zult aantreffen.

In dichte bossen komt het vaak voor dat je hele stukken loopt zonder één vogel te horen. Als je plotseling merkt dat de hoeveelheid vogelgeluiden toeneemt, betekent dat waarschijnlijk dat je de bosrand nadert.

Als je een wandeling maakt in een gemengd landschap hangen de hoogte en de dichtheid van de bomen samen met de geluiden die je hoort en ze dragen daaraan bij. Sta even stil, sluit je ogen en luister naar de zang van de bomen.

De minikaart

Door hun leefomgeving te weerspiegelen vormen bomen een grote plattegrond. Maar hun rol daarbij is niet alleen passief: ze laten hun eigen sporen na in het landschap. Door de gewoontes van elke boom te leren kennen kun je bepaalde veranderingen in hun directe omgeving voorspellen. Deels is dit een kwestie van gezond verstand, maar grotendeels ook niet. En slechts weinig mensen nemen de moeite om hierbij stil te staan.

Elke boom heeft een eigen 'schaduwprofiel'. De vorm, diepte en timing van de schaduw die elke boom werpt, zijn uniek. Sparren werpen een diepe schaduw over een smal gebied, eiken werpen een matige schaduw over een breed gebied, populieren laten aardig wat licht door. Essen komen pas laat in blad, vlieren zijn vroeg. Deze verschillen hebben goede redenen, waarbij we al eerder hebben stilgestaan. Hier richten we de aandacht op de samenhang tussen de schaduwgewoonten van de boom en de andere planten die je aantreft in de directe omgeving. In de zomer vind ik onder berken vaak wilde planten, maar onder taxussen zo goed als geen. Vroegbloeiende bosplanten, zoals wilde hyacinten, kom ik tegen onder soorten die laat in blad komen, zoals de berk, maar nauwelijks onder vroege bladvormers, zoals de vlier.

De schaduw die een boom werpt, beïnvloedt de wereld eronder

Bomen koelen de lucht en de grond onder ze, door hun schaduw uiteraard, maar ook door wind en verdamping. Een briesje waait harder onder een alleenstaande boom omdat de boom drukverschillen veroorzaakt in de luchtstroom. Een boom verliest vocht via zijn bladeren – transpiratie – en dit proces koelt ook de lucht eronder. Iedere boom heeft een eigen 'koelingsprofiel' door de werking van schaduw, wind en transpiratie. Uit Californisch onderzoek is gebleken dat bomen in de stad de behoefte aan airconditioning met dertig procent kunnen reduceren.

Elke boom laat zijn bladeren op een unieke manier los en elk blad reageert anders nadat het eenmaal op de grond is gevallen. Sommige bladeren vergaan snel, andere doen er veel langer over, sommige zijn rijk aan voedingsstoffen, andere minder. Beukenbladeren bevatten veel voedingsstoffen, maar de beuken absorberen zelf de meeste daarvan, aangezien andere planten er in de diepe schaduw nauwelijks gebruik van kunnen maken. Spinnen zijn er overigens wel gek op. Stadsbomen kunnen hun voedingsstoffen niet hergebruiken, zodat je in de stad bladafval aantreft op de stoep en bomen die bijgevoerd moeten worden.

Elzen beïnvloeden het omringende land op een aantal bijzondere manieren. Ze laten zien dat er water in de buurt is; als je een rijtje elzen ziet, kijk je vermoedelijk in de richting van een waterloop. Op deze manier brengen ze het gebied grootschalig in kaart. Maar ze veranderen ook het landschap. Zoals eerder besproken beschermen elzenwortels rivieroevers tegen erosie doordat ze fungeren als buffer tegen het afbrokkelen van de grond door toedoen van het water. Dit kan helpen om sommige patronen te begrijpen die je ziet waar elzen langs de oever staan. Alle natuurlijke rivieren en beken hebben bochten. Als zich op een van de oevers elzen vestigen, zal dit de natuurlijke waterloop doorbreken en resulteren in ingewikkelde kronkelpatronen.

De tweede manier waarop elzen hun omgeving beïnvloeden, hangt samen met hun zeldzame vermogen om stikstof uit de atmosfeer vast te leggen. Alle planten hebben stikstofverbindingen nodig; de meeste halen die met hun wortels uit de grond. Elzen werken echter samen met bacteriën die in staat zijn stikstof rechtstreeks op te nemen vanuit de lucht. Kijk eens goed naar de wortels van een els – vaak is dat makkelijk doordat ze in natte gebieden groeien. Je ziet dan de knollen op de wortels waar de bacteriën hun wonderlijke werk verrichten. (Al decennia zie ik deze knollen, maar meestal zonder veel aandacht te besteden aan hun vorm. Telkens ben ik zowel geschrokken van als verheugd over de botte eenvoud van wat ik over het hoofd zie. Pas na een recent gesprek met een ecologie-expert ben ik er beter op gaan letten. Dr. Sarah Taylor, docent aan de Keele Universiteit, vertelde mij dat elzen een symbiotische relatie hebben met Frankiabacteriën. 'Ze zien eruit als minibloemkolen die vastzitten aan het wortelstelsel. Een rode kleur laat zien dat de bacteriën actief zijn; een doffe grijsbruine kleur betekent dat ze zijn afgestorven. Ik ga graag op zoek naar deze knollen op geërodeerde rivieroevers – het is alsof ze van een andere planeet komen.')

Zo krijgt de boom de stikstof waaraan hij behoefte heeft; in ruil voorziet hij de bacteriën van suikers. De individuele boom heeft hier belang bij, maar het is ook heel gunstig voor de grond. Elzen kunnen groeien op plekken die voor andere bomen te stikstofarm zijn. Wanneer ze hun stikstofrijke bladeren laten vallen, verrijken ze de grond en maken die zo leefbaar voor andere soorten. Deze pionierbomen maken de weg vrij voor andere soorten. Of zoals dichter William Browne het in 1613 omschreef:

De els geeft voeding aan de planten in zijn buurt
Zodat zij bloeien en hun leven heel lang duurt

De lichten van een Toyota Hilux flitsten en ik flitste terug. De chauffeur had mijn auto herkend aan de eenvoudige omschrijving: een zwarte landrover. Ik remde, keerde en reed achter de Toyota aan. We reden tot ver in een bos op het platteland van Wiltshire. Pas toen de bosweg eindigde bij een gesloten hek stapten we uit om kennis te maken.

'Colin, hoop ik?' Ik stak mijn hand uit, en er volgde gelukkig een warme begroeting. Als ik het flitsen verkeerd zou hebben begrepen en een onbekende tot diep in het bos achterna zou zijn gereden, had dit een gênant gesprek kunnen worden.

Op een frisse middag in maart was ik naar Sixpenny Handley gereden, een dorp in Wiltshire, om boswachter en schrijver Colin Elford te ontmoeten. Een andere boswachter, die we beiden kenden, had ons aan elkaar voorgesteld nadat was gebleken dat we elkaars boeken enorm waardeerden.*

We liepen Cranborne Chase in, een beschermd natuurgebied, en Colin vertelde hoe hij dit gebied beheerde ten behoeve van alle soorten, niet slechts één of twee. Hij verwoordde dit alleen iets sappiger, in zijn rijke Dorsetdialect: 'Ik vind het niks om maar aan één soort te denken, want dan verkloot je het voor al die andere dingen waar je geen weet van hebt.'

Colin legde uit hoe hij de hazelaars snoeit en afzaagt, en de bomen vervolgens zodanig neerlegt dat daaronder een gemengd leefgebied ontstaat voor allerlei verschillende soorten; relmuizen maken hierin bijvoorbeeld hun zomernesten.

---

* Ik had genoten van Colins *A Year in the Woods* en hij vertelde me dat hij veel plezier had beleefd aan mijn boek *Wild Signs and Star Paths.*

We zagen veel planten die ik van thuis ken, wilde bloemen zoals viooltjes en robertskruid, en ook een plant die ik maar zelden te zien krijg: de bleke schubwortel, met een tros crèmeroze niet mooie, maar ook niet lelijke bloemen, die parasiteert op de wortels van de hazelaar. Vanuit de dichte ondergroei klonk voortdurend het geluid van eekhoorns die zich uit de voeten maakten. In de modder zag ik sporen van damherten, reeën en muntjaks.

We bestudeerden drie takken die bij een recente storm waren afgebroken en concludeerden uit de schimmels op het punt waar de takken waren afgebroken dat de schimmel jaren eerder was binnengedrongen als gevolg van eekhoornschade.

Zulke dagen zijn voor mij op twee manieren waardevol: ik mag tijd doorbrengen op een prachtige plek met een verwante geest en ik leer altijd iets nieuws. Het is schatzoeken, meestal zonder dat ik van tevoren weet wat de schat zal zijn. Ik wist dat iemand met Colins ervaring mij in zijn achtertuin veel zou kunnen leren en dat gebeurde ook. De hele middag kon ik mijn hart ophalen en het landschap lezen door de ogen van degene die dit gebied beter kende dan wie ook ter wereld. Vroeg in de avond, nadat we er al heel wat uurtjes op hadden zitten, liet Colin mij de schat zien.

We kwamen langs neolithische begraafplaatsen en langs Grim's Ditch, een aantal aarden wallen en greppels die zo'n 2300 jaar geleden zijn gegraven en opgeworpen. Vermoedelijk markeerden ze de grenzen tussen de leefgebieden van een aantal stammen in de ijzertijd. Het ligt hier bezaaid met archeologische schatten, maar de echte schat bevond zich dieper in het bos, vlak naast een modderig pad. We baanden ons een weg door de bomen en terwijl we tussen de hazelaars liepen, vertelde Colin een verhaal over een plaatselijke jachtopziener die was verwikkeld in een strijd met stropers. De spanning was steeds verder opgelopen en uiteindelijk verloor de jachtopziener zowel de strijd als zijn leven. Stropers hebben een kleurrijke reputatie, net als piraten, maar als puntje bij paaltje komt overheerst het zwart. (Onlangs liep ik in de late avondschemering door een bosgebied toen ik mijn scheenbeen stootte tegen iets hards in de ondergroei. In het licht van mijn hoofdlamp zag ik een metalen kruisboogpijl die uit een stuk hout stak – een souvenir van hertenstropers. Als ik deze wandeling op een ander moment had gemaakt, had ik nog veel ergere pijn in mijn been kunnen oplopen.)

De bosbodem was donkergroen: bosbingelkruid, brandnetel, daslook en een tiental andere soorten bedekten de grond zover ons oog reikte. Maar plotseling veranderde het landschap totaal. Onder een stel walnootbomen was geen plant meer te zien; de bodem was kaal. Overal om ons heen was de bosgrond overdekt met een tapijt van planten, maar nu stonden we bij een donker moddereiland waarop geen spoor te bekennen was van blad of groen. De naakte aarde reikte even ver als de kale takken van de walnootbomen. Ik liep heen en weer, maakte foto's en praatte honderduit. Ik wist waarnaar we keken, maar had er nog nooit zo'n perfect en mooi voorbeeld van gezien.

Bomen zijn geen schattige groene heiligen. Op genetisch niveau is alles in de natuur gericht op eigenbelang, en sommige boomsoorten gaan hierin verder dan andere. Het botanische verschijnsel *allelopathie* houdt in dat planten stoffen produceren die andere planten in hun omgeving vergiftigen of afremmen. Dit komt veel voor bij zelfzuchtige struiken en bomen, waaronder de rododendron, de paardenkastanje en de zwarte walnoot, die een zekere reputatie hebben als giftige buren.

Allelopathische bomen zijn geen verblinde psychopaten die

alles in hun omgeving van kant maken. Ze zijn doelgerichter en scheiden stoffen af die vooral effectief zijn tegen specifieke andere soorten. De zwarte walnoot geeft aan zijn directe omgeving bijvoorbeeld de gifstof juglon af, die met name dodelijk is voor zijn waarschijnlijkste concurrenten, zoals berken. Als je een boom ziet waaromheen de grond kaal is zonder dat hij zo'n dichte kroon heeft dat de schaduw een verklaring zou kunnen bieden, kan het zijn dat je te maken hebt met vergiftigde grond.

Aan bomen kun je aflezen welke soorten dieren je in de omgeving zult aantreffen; veel dieren maken een nest tussen hun takken of huizen tussen de grotere wortels. Vlieren staan vaak aan de rand van een dorp en dieren zoals konijnen maken hun holen vaak in hun buurt. Dit onthoud ik als volgt: in het dorp kennen de vlieren de woningen van de dieren.

De bosbodem voelt anders aan dan open terrein doordat bomen altijd de bovenste bodemlaag doen veranderen. Elk bos is uniek door de invloed van de dominante boomsoorten en de wijze waarop hun bladeren worden afgebroken. Naaldboombladeren vergaan langzamer dan loofboombladeren en naaldbomen overheersen in koudere gebieden, wat dit effect nog eens versterkt. Het zachte veren als je loopt over dikke lagen naalden in sommige naaldbossen is voor een korte afstand een heel grappig gevoel. Ik raad het van harte aan.

Bodemwetenschappers hanteren een indeling van de bovenlagen van de bosbodem en gebruiken daarvoor categorieën als *mor*, *mull* en *moder*. *Mull* ontstaat als bladafval door dieren wordt verteerd en komt vooral voor onder loofbomen. *Mor* is het resultaat van vertering door (hoofdzakelijk) schimmels en is algemeen onder naaldbomen. *Moder* is een tussencategorie. Voor ons volstaat het om te genieten van de veranderingen in uiterlijk en gevoel van de grond als we van het ene boomdomein naar het andere gaan.

Als je leert elke boom te zien als een aanwijzing voor wat je in de buurt zult ontdekken, blijkt iedere boom een kaart vol kleine wonderen te ontvouwen.

Twee reizen

We naderen het einde van onze reis langs de kunst van het bomen lezen, maar een nieuwe reis staat op het punt van beginnen.

Aan het begin van dit boek heb ik beloofd dat we honderden bomentekens zouden leren kennen, dat we betekenissen zouden leren zien waar weinig mensen die verwachten en dat bomen nooit meer hetzelfde zouden zijn. Hopelijk ben je het met me eens dat dit allemaal min of meer is bewaarheid, maar er ontbreekt nog iets. Dit boek werkt alleen als jij naar buiten gaat om te speuren naar tekens. Om jou daarbij te ondersteunen deel ik een eenvoudige techniek met je, die ik zelf dagelijks toepas.

De crux van deze techniek is een mentaliteitsverandering. Ga niet naar buiten om een boom te ontmoeten in de hoop of met de wens dat je iets zult vinden als je geluk hebt. Ga naar buiten met een onwrikbaar vertrouwen en een gevoel van onvermijdelijkheid. Jij gaat van alles zien. Een ijzeren logica staat jou terzijde. Geen twee bomen zijn immers hetzelfde en voor elk verschil is een reden. En nu je de oorzaken kent, beschik je over alles wat je nodig hebt om de boodschappen van de boom te kunnen lezen. Je hebt de toverdrank gedronken waardoor de onzichtbaarheidsmantel van de boom wordt weggetrokken.

Doe dit de komende week een paar keer; de kleinste details zullen een wereld voor je doen opengaan. De vorm van een tak of een bastpatroon zal verhalen vertellen over die ene boom en het landschap waarin jullie je allebei bevinden.

Je loopt door een straat en passeert een aantal bomen. Je beschouwt ze niet als een groen behang op de achtergrond, zoals de meeste mensen doen, maar blijft even bij ze stilstaan. Je zegt tegen jezelf dat die bomen een teken bevatten en dat jij het gaat ontdekken. Na dertig seconden heb je nog niks gevonden en voel je de aandrang om het op te geven. Maar je geeft niet toe aan die onrust en kijkt nog eens goed. Dan zie je dat een van de bomen er net anders uitziet dan de rest.

Iets maakt dat hij eruit springt. Hij is korter dan de andere, de kleinste in een rijtje van vijf. Wat kan dat te betekenen hebben? Alle vijf staan ze in dezelfde drukke straat, maar die van jou staat het dichtst bij een straathoek, vlak bij een zijstraat. Jouw boom is kleiner dan de rest omdat zijn wortels door de hoofdstraat en de zijstraat zijn afgedekt. Nu zie je ook dat hij wat minder vol in het blad zit en dat sommige bladeren een gelige tint hebben. De wortels krijgen niet al het water en alle voedingsstoffen die ze nodig hebben en de bladeren komen tekort. Sommige bladeren is de boom zelfs kwijtgeraakt, maar alleen aan de kant waar ze zijn meegenomen door de wind die door de zijstraat komt aangewaaid.

De wetenschap dat je deze dingen zult zien, maakt dat je ze ziet. En de voldoening die dat oplevert, stimuleert de gewoonte om ernaar op zoek te gaan. Algauw wordt de verleiding om door te lopen vervangen door een heel andere verleiding: om te stoppen bij elke boom en de wereld even te laten wachten. En je beseft dat jouw bomenleeskunde grote hoogten heeft bereikt als je de aandrang voelt om een willekeurige voorbijganger aan te schieten en haar uit haar dagelijkse beslommeringen wakker te schudden met de woorden: 'Zie je het dan niet?'

Hoofdstuk 15

Wat willen bomen zeggen – epiloog

Terwijl ik dit boek schreef, werkte ik enige tijd in Bologna, in Noord-Italië. Op een vrije dag wilde ik een wandeling maken in de heuvels, met als startpunt de rivier Bidente en in de richting van een heuvelrug aan de voet van de Apennijnen. Ik had geen kaart van het gebied, maar tegelijkertijd droeg ik de mooiste kaart ter wereld bij me.

Meer om emotionele dan om praktische redenen wilde ik aan het begin van mijn wandeling het water in de rivier aanraken. Ik liep onder de bogen van een verkeersbrug met het gorgelende geluid van de rivier naast me en zocht een pad om bij het water te komen. Daarbij passeerde ik een auto waaraan, aan een van de zijspiegels, een plastic tas hing. Dat was een aanwijzing: vissers hangen tassen met aas buiten hun auto vanwege de geur. En niemand weet beter hoe je bij het water moet komen dan een plaatselijke visser. Algauw zag ik een opening in de oeverbegroeiing en liep ik over een modderig paadje in de richting van de rivier.

Aan de oever trof ik waterminnende zwarte populieren. Met voldoening stelde ik vast dat de bomen op beide oevers van elkaar verschilden. Natuurlijke waterwegen volgen altijd een bochtige loop – ze zijn nooit over een grotere lengte helemaal recht dan tien keer hun breedte – en dat betekent dat er altijd sprake is van een binnen- en een buitenbocht.

Bij de buitenbocht stroomt het water sneller en doet het de oever afslijten. Het sediment wordt door het water afgezet in de binnenbocht, zodat beide oevers voortdurend van gedaante veranderen. Ik stond in de binnenbocht op een laaggelegen strandje en keek naar de steilere oever aan de andere kant van de rivier. Aan mijn voeten zag ik tientallen populierzaailingen, veelal tot kniehoogte, die zich staande hielden tussen de ronde kiezels en profiteerden van de voedzame verse grond die de rivier voor ze had neergelegd. Aan de overkant torenden machtige populieren. De oudere planten vind je in de buitenbocht, de jongere in de binnenbocht – het water bedreigt de planten in de buitenbocht en legt voor de planten in de binnenbocht een gespreid bedje klaar.

Een tijdje bewonderde ik aan de waterkant de ondernemende wilde bloemen die hier eveneens waren ontkiemd. Mijn blik bleef rusten op de gele meeldraden en de prachtig paarse bloembladeren van het bitterzoet. Vervolgens keek ik omhoog naar de takken en kronen van de populieren aan de overkant. De vorm van het grootste exemplaar vertelde me dat er een uitdagende dag in het verschiet lag.

Ik liep langs de randen van akkers en tussen de cipressen die de gebouwen en wijngaarden tegen de wind beschermden. Het was september en de lucht was vervuld van de zoete geur van gekneusde druiven met een hint van harsachtige cipres. Naarmate ik hoger kwam, werd het land steiler en de grond glibberiger. Een paar keer gleed ik uit en een klein straaltje bloed verscheen waar ik met mijn pols op een scherpe steen was beland. Het duurde een paar minuten totdat ik had uitgevonden hoe ik het best kon lopen: ik wilde de stabiliteit van wortels in de grond zonder dat ik me een weg hoefde te banen door laaghangende takken.

Na ongeveer een uur vond ik een dierenspoor dat naar een opening leidde. Hierdoorheen keek ik steil naar beneden in een kom die zich tussen twee uitlopers bevond. Een breed lint van heldergroen land liep van een laag punt tussen twee toppen tot in het dal beneden. Met verbazing sloeg ik deze groene strook gade – er groeide geen enkele boom. Aan weerszijden stonden wel bomen, en ook hogerop, maar langs die brede band was geen enkele boom te zien. Van menselijk gebruik was geen sprake – het lag te hoog, het was te steil en het zag er heel anders uit. De grond was perfect voor bomen en de hoger gelegen bomen toonden aan dat de hoogte hier geen probleem was. Toch had geen enkele boom er wortel geschoten. Hiervoor moest een verklaring bestaan.

Het antwoord kwam een paar minuten later toen ik een enorm litteken zag in het landschap, zo'n honderd meter links van de route die ik had gekozen. Als ik over de rand keek, zag ik een enorm gebied met kale roodbruine aarde en her en der puntige keien. Hier had onlangs een aardverschuiving plaatsgevonden. Als je geen bomen ziet, wil iedereen het land, of niemand. De bomen op de brede strook die ik eerder had gezien, waren ten prooi gevallen aan de onvoorstelbare krachten van aarde die de steile helling was afgegleden, een onstuitbare donkere lawine. Grassen en andere planten hadden zich inmiddels weer gevestigd op deze grond, vandaar de frisse groene kleur, maar nieuwe bomen waren nog niet ten tonele verschenen. De daaropvolgende uren lette ik extra goed op waar ik mijn voeten neerzette.

Nadat ik een eind verder was geklommen, merkte ik op dat de eiken hier korter waren dan de imposante, in klimop gehulde exemplaren die ik eerder had gezien. Nog iets hogerop hadden de eiken het opgegeven en waren alleen maar naaldbomen te zien. Enkele topzware dennen staken boven een stel sparren uit. Ik liep door tot de dennen op hun beurt plaatsmaakten voor groepjes jeneverbes.

Nadat ik een aantal uren had verkeerd in de warme, vochtige schaduw van hoge bomen bevond ik me nu tussen de lagere jeneverbesstruiken en in de droge, felle hitte van de zon. Het bladerdak boven mijn hoofd was verdwenen en voor het eerst had ik goed zicht op het mij omringende landschap. Ik zocht een beetje schaduw op naast een van de grotere jeneverbessen en ging daar een paar minuten zitten om het landschap en de hemel aan een nader onderzoek te onderwerpen.

De paar vriendelijke cumuluswolkjes die ik 's ochtends vroeg had gezien, hadden zich ontwikkeld tot compacte torens die steeds hoger klommen boven de bergkam. Melkachtige cirrostratus vormde een dikker wordende sluier in de lucht en de lange, smalle, witte condenssporen van de vliegtuigen waren een stuk langer geworden. Al deze tekens wezen erop dat het weer ging omslaan. Ik hoorde en voelde een serie windvlagen. De brede rij cumuluswolken boven de bergkam veranderde voortdurend van vorm en zwol almaar verder op. Het bevestigde dat de lucht instabiel was en dat er waarschijnlijk storm op komst was. Er was geen tijd meer om verder naar boven te gaan. Het is prettig om niet per se naar een top of een andere vaste bestemming te hoeven: het maakt het makkelijker om een verstandig besluit te nemen. Ik dronk een fles water leeg, maakte een paar foto's, maakte daarna rechtsomkeert en daalde de heuvel af.

Deze omstandigheden waren uren eerder al voorspeld door de hoge populier bij de rivier. Die had meer en grotere takken aan de zuidkant en zijn kroon was gevormd door decennia van overheersende zuidwestenwinden. Maar toen ik opkeek van het bitterzoet, zag ik dat de boom te kampen had met een wind waarmee hij niet dagelijks werd geconfronteerd. Hij zag er merkwaardig uit, vervormd door de vlagerige noordoostenwind die zijn kroon tegen de gebruikelijke windrichting in boog. De populier fluisterde dat er slecht weer op komst was en dat ik die dag niet tot grote hoogten zou stijgen.

Bomen vertellen ons wat we moeten weten. Aan ons de keuze om hun boodschappen te ontcijferen. Voordat het onweer losbarstte, was ik terug in het dal, waar ik ging zitten op de stronk van een cipres en met een dankbare glimlach de jeneverbesnaalden van mijn kleren plukte.

Hoofdstuk 16

Appendix

Boomgeslachten herkennen

In dit deel van het boek geef ik een aantal tips waarvan ik hoop dat ze je helpen om boomgeslachten te herkennen. Het is niet bedoeld als een volledige opsomming van al hun eigenschappen, het is alleen een lijst met een aantal kenmerken aan de hand waarvan je ze kunt identificeren. Maar eerst een disclaimer.

Onder bomen bestaat een grote variatie, zelfs binnen de geslachten. Het is daarom onmogelijk om een korte handleiding samen te stellen die geldt voor elke boom of elke soort die je zult tegenkomen of voor de hele wereld. Mijn doel is om je enkele aanwijzingen te geven die je in veel gevallen verder zullen helpen.

Als je behoefte hebt aan nauwkeurigere informatie en in je eigen omgeving individuele soorten wilt leren determineren – wat niet noodzakelijk is om de meeste tekens en patronen in dit boek te herkennen – raad ik je aan een gespecialiseerde bomengids aan te schaffen naast dit boek, bijvoorbeeld de *ANWB Bomengids* van Heinz-Werner Schwegler en Joachim Mayer.

LOOFBOMEN

Elzen

Lage boom.
Proppen en katjes vallen op in de winter.
De bladeren lopen uit vanaf de voet tot een plat uiteinde met in het midden vaak een inkeping – doet soms denken aan een afgeplat hart.
Grote knollen aan de wortels.
Knoppen, bladeren en takken tegengesteld.
Algemeen in de buurt van water.

Essen

Hoge boom.
Kenmerkende donkere zwarte knoppen in tegengestelde paren die 's winters opvallen.
Vaak vorken in de stam.
Takken gaan omhoog aan de buitenrand van de kroon.
Bloemen hebben geen kelkbladeren (windbestuiving, dus geen noodzaak om insecten te lokken).
Bladeren even geveerd: bladdelen staan per paar tegenover elkaar aan een groene steel.
Vruchten: gevleugeld, als halve helikopters, hangen in trossen naar beneden, eerst groen, dan bruin.
Knoppen, bladeren en takken: tegengesteld.
Algemeen in vochtige, maar niet natte voedingsrijke gebieden, met name op lage delen van hellingen langs dalen en bij rivieren, maar niet pal langs de waterkant.

Beuken

Hoge bomen.
Gladde grijze bast.
Eenvoudige ovale bladeren met een subtiele punt.
De bladeren hebben kenmerkende rechte parallelle nerven die lopen van de hoofdnerf naar de bladrand.
Nootjes met scherpe randen in een stekelig omhulsel.
Werpen een diepe schaduw waardoor andere planten eronder moeilijk kunnen groeien.
Dode bruine bladeren kunnen de hele winter aan de boom blijven hangen (*marcescent*).
Knoppen, bladeren en takken: om-en-om.
Houdt van droge of goeddoorlatende grond; gek op kalk. Vaker in bossen dan op zichzelf.

Berken

Lage boom, maar ongebruikelijk in die zin dat hij middelhoog kan worden (omdat hij meestal in open terrein groeit en niet hoeft te concurreren om licht).
Bast altijd opvallend, kleuren variëren per soort. Meestal markant – wit, zilverkleurig, zwart, geel. Bast heeft horizontale lijnen (lenticellen), bij de voet vaak een stuk ruwer.
Bladeren: eenvoudige, puntige vorm met gezaagde rand – als de tanden van een zaag.
Takken van ruwe berk hangen neerwaarts, takken van zachte berk staan meer rechtop.
Knoppen, bladeren en takken: om-en-om.
Klassieke pionierboom, algemeen aan bosranden, op open plekken en op hogere breedtegraden.

Kersenbomen

Tamelijk hoge boom, maar zelden een van de hoogste.
Roodbruine, glanzende, bijna metallic bast met duidelijke horizontale ruwe lijnen (lenticellen), die bij oudere bomen ruwer worden.
Grote ovale bladeren met tanden die aan lange, roodgetinte stelen hangen.
Verdikking op de bladsteel dicht bij het blad (nectarklier).
Fraaie witte of roze bloesem in de lente. Elke bloem heeft vijf kelkbladeren.
De rode vruchten hebben een grote ronde pit: makkelijk te herkennen tot ze zijn opgegeten door vogels en andere dieren.
Knoppen, bladeren en takken: om-en-om.
Algemeen in tuinen en parken en aan bosranden.

Kastanjes

Tamme kastanje

Volwassen bast heeft verticale ribbels, vaak in een duidelijke spiraalvorm.
Grote bladeren met scherpe tanden en een lange punt.

Paardenkastanje

Grote, brede boom.
Getande bladeren met een kenmerkende handvorm, als een hand met gespreide vingers.
Bloemen in verticale trossen.

Kornoeljes

Lage boom, meestal meer een struik.
Ovale bladeren met gladde randen en nerven die vanaf de voet omhoogbuigen tot ze vrijwel parallel lopen met de hoofdnerf.
De rode of gele twijgen vallen op, met name in de winter.
Donkere bessen na lichte bloemen.
Knoppen, bladeren en takken: om-en-om.
Algemeen langs paden, aan bosranden en in hagen.

Vlieren

Lage boom.
Bladeren per vijf, eentje aan het eind en daarachter twee paar, ruiken bij kneuzing onaangenaam.
Bij gebroken of afgesneden twijgen zie je binnenin het witte merg.
Ruwe, kurkachtige bast.
Aan het begin van de zomer witte bloemenschermen, in de herfst donkere bessen.
Knoppen, bladeren en takken: om-en-om.
Gedijt in voedingsrijke bodem en is daarom algemeen in dorpen en steden en bij boerderijen.

Iepen

Lage of hoge boom.
Veel variatie.
Bladeren: ovaal, harig, met tanden en scherpe punt. Kenmerkende asymmetrische voet – waar de steel het blad raakt, zien de twee kanten van het blad er verschillend uit.

Bloemen in roodbruine trosjes, verschijnen voorafgaand aan de bladeren.
Hoge bomen veel minder algemeen ten gevolge van de iepziekte.
Knoppen, bladeren en takken: om-en-om. (Twijgen doen soms denken aan een visgraat.)
Gedijen in koele, vochtige, voedingsrijke gebieden, met name in de buurt van water, in uiterwaarden en aan de kust.

Meidoorns

Lage boom.
Draagt doorns, zoals de naam al suggereert.
Bladeren aan lange stelen, grote diversiteit aan vormen, vaak met veel lobben, nooit eenvoudig.
Rode vruchten.
Ruwe bast.
Knoppen, bladeren en takken: om-en-om.
Robuuste boom met een laag profiel die het prima doet in hagen, hoog in de heuvels en dicht bij de boomgrens.

Hazelaars

Lage boom.
Lijkt door meerdere stammen op een rommelige struik of een bosje.
Grote, dubbelgezaagde bladeren (grote tanden met kleinere).
Gele hangende katjes verschijnen al vroeg in het voorjaar.
Hazelnoten verschijnen tegen het einde van de zomer, verpakt in kleine bladeren, kleuren bruin in de herfst.
Knoppen, bladeren en takken: om-en-om.
Algemeen in hagen, langs bosranden en in het kreupelhout.

Hulst

Lage boom, kan hoger worden in bepaalde omstandigheden.
Donkergroene stekelige bladeren.
Lage bladeren zijn stekeliger, bladeren bovenin kunnen glad zijn.
Groene twijgen.
Rode vruchten.
Bast glad tot op hoge leeftijd.
In de schaduw onder het bladerdak in bossen, maar ook in hagen, parken en tuinen.

Linde

Hoge boom.
Takken hebben vaak een start-stopvorm: de hoofdtak stopt na een stukje, daar begint een vervolgtak die in een iets andere richting verdergaat. Ook de twijgen vertonen dit zigzagpatroon.
Getande hartvormige zachte bladeren aan lange stelen.
Bladvoet vaak asymmetrisch bij de aanhechting van de steel.
Geurige bloemen.
Vaak jonge loten dicht bij de voet van de stam.
Knoppen, bladeren en takken: om-en-om.
Algemeen in steden en tuinen, vaak langs lanen.

Esdoorns

Hoge boom, maar zelden de hoogste.
Bladeren met meerdere lobben, vaak vijf, maar de vorm is enorm variabel.
De takken zijn vaak naar de hemel gericht.

Groengele bloemen.
Kenmerkende vruchten met een bol einde en een platte papierachtige vleugel. Officieel heten ze samara's, maar ze staan bekend als helikopters.
Knoppen, bladeren en takken: tegengesteld.

Gewone esdoorn (Acer pseudoplatanus)
Hoge, brede boom.
Vijflobbige, getande bladeren.
Gevleugelde zaadparen, vleugels staan in een hoek van negentig graden ten opzichte van elkaar.
Takken reiken opwaarts.
Bast op oudere bomen heel ruw, valt uiteen in schubben.
Knoppen, bladeren en takken: tegengesteld.
Algemeen en wijdverbreid. Doet het goed op gedraineerde vruchtbare grond, vaak in en om steden. Overleeft in omgevingen waar andere bomen voor zouden terugdeinzen, waaronder gebieden aan de kust en gebieden waar het hard waait.

Platanen

Hoge boom.
Heel kenmerkende bast in camouflagepatroon.
Per blad vijf puntige lobben,
Produceert in het voorjaar ronde, balachtige katjes die in de herfst rijpen tot bruine, ronde bolletjes van dopvruchten, die de hele winter kunnen blijven hangen.
Knoppen, bladeren en takken: om-en-om.
Algemeen in dorpen en steden.

Eiken

Hoge, brede boom.
Veel soorten en vormen, sommige groenblijvend, maar allemaal met herkenbare vruchten – eikels.
Meestal, maar niet altijd met gelobde bladeren.
Knoppen, bladeren en takken: om-en-om.

Populieren

Tamelijke hoge bomen in allerlei vormen.
Bladeren met buigzame stelen waardoor ze merkbaar fladderen als het waait.
Plakkerige, harsachtige knoppen.
De hoge en smalle Italiaanse populier ziet eruit als een raket op een smalle basis. Vaak van verre te zien.
De ratelpopulier en de witte abeel hebben een diamantpatroon in hun bast.
Knoppen, bladeren en takken: om-en-om.
Houdt van veel licht en veel vocht.

Walnoten

Lange gepunte bladeren met een gladde rand.
Bladeren per vijf of zeven aan een stengel.
Bladeren verspreiden na kneuzing een sterke kruidige geur.
Grote bolvormige groene vruchten (waarin zich de eetbare noot bevindt).
Bij afgebroken of afgesneden twijgen zie je het witte merg binnenin.
Afgevallen bladeren laten op takken een hoefijzervormig litteken achter, dat 's winters te zien is.

Onder wilde walnootbomen is de bodem soms helemaal kaal doordat walnoten concurrenten bestrijden met gifstoffen (allelopathie).
Knoppen, bladeren en takken: om-en-om.
In tuinen en op rijke, diepe grond in de volle zon.

Wilgen

Lage boom.
Meestal met lange, smalle bladeren met een bleke hoofdnerf. (Uitzondering: de boswilg, met bredere, ovale bladeren en een omgebogen bladpunt.)
Losse knoppen lopen parallel met de tak en liggen daar dicht tegenaan.
Knoppen, bladeren en takken: om-en-om.
Algemeen in de buurt van water, vaak langs rivieren en beken.

NAALDBOMEN

Vaak herken je een naaldboom al van verre, maar het valt niet altijd mee vast te stellen om welk geslacht het gaat, zelfs als je pal naast de boom staat.
Alle naaldbomen zijn groenblijvend, tenzij anders aangegeven.

Ceders

Hoge boom.
Donkergroene naalden in kransen die in plukjes uit de tak lijken te barsten.
Grote, rechtopstaande, tonvormige houtige kegels.
Geurig kernhout (als het vrij komt te liggen).
Komt van nature voor in warme, droge gebieden; veel aangeplant in parken en grote tuinen.

Cedertakken kunnen helpen bij het vaststellen van de juiste soort.

De takken van de atlasceder groeien opwaarts, libanonceders hebben horizontaal groeiende takken en himalayaceders hebben neerwaarts groeiende takken. Deze truc werkt het best als je kijkt naar de jongste delen van de buitenste takken. En het verschijnsel is betrekkelijk; takken dicht bij de top groeien altijd meer opwaarts en takken dicht bij de voet groeien meer neerwaarts.

De himalayaceder is een van de weinige cedersoorten waarvan de top duidelijk gebogen is.

(Voor mij ziet de libanonceder eruit alsof hij tientallen armen heeft die elk een dienblad met naalden vasthouden.)

De reuzenlevensboom en de westerse levensboom heten in het Engels ook *cedar*, maar behoren tot een ander geslacht; ze hebben platte, vertakte, schubbige bladeren in plaats van naalden, die meer doen denken aan een cipres. De reuzenlevensboom heeft een roodachtige bast; het blad ruikt na kneuzing naar ananas. De westerse levensboom heeft witte banden aan de onderkant van zijn bladeren, anders dan de reuzenlevensboom.

Cipressen

Hoge bomen, die in tuinen vaak laag gehouden worden.

Ronde, bolvormige, betrekkelijk kleine kegels, waarvan elke schub een scherp uitsteeksel in het midden heeft.

Platte, varenachtige bladeren, waarbij elke tak de andere iets overlapt.

Door de afgeplatte bladeren kun je de takken niet zien.

De Italiaanse cipres is een hoge, trotse, cilindervormige boom die groeit in een warm en droog klimaat.

De Californische cipres heeft helemaal bovenin vaak een gebogen tak.
De Californische en de leylandcipres worden veel aangeplant in tuinen.

Zilversparren
Afgeplatte naalden met een afgeronde, niet-scherpe punt. Zacht en buigzaam.
Van de meeste naaldbomen hangen de kegels met de punt naar beneden, maar er zijn uitzonderingen – cederkegels en zilversparkegels. Zilversparren hebben stijve, rechtopstaande kegels.

De douglasspar groeit uit tot een heel hoge boom met een rechte stam; de takken strekken zich horizontaal uit en buigen dan naar boven. De kegels hangen naar beneden, wat ongebruikelijk is voor een zilverspar. Ruwe bast. (Ik heb een wat eigenaardige manier om deze soort te herkennen; voel je vrij om hem te negeren als dit niks voor jou is. De kegels van de douglasspar hebben op elke schub een schutblad met drie punten. Dit schutblad roept allerlei associaties op, bijvoorbeeld met de achterpoten en de staart van een muis. Mij doet het denken aan een hoge kroon. Voor mij is de douglasspar de koning der bomen, koning Douglas, met een kroon op elke schub.)

Hemlocksparren
Hoge boom.
Brede naalden, waarvan sommige een stuk kleiner zijn dan de rest en in een andere richting wijzen.
Naalden ogen wat rommelig aan hun twijg.

Naalden hebben een afgeronde punt. Donkergroen met twee witte lijnen.
De eivormige kegels hangen neerwaarts en hebben brede schubben.
Algemeen in gebieden waar het veel regent.

Jeneverbessen
Lage boom die eruitziet als een stekelige struik.
Scherpe naalden in groepjes van drie. Blauwgroen en aromatisch; na kneuzing ruiken de naalden naar jenever. Elke naald heeft een lichte, witte, wasachtige lijn aan de bovenkant.
De takken groeien vanaf vlak boven de grond en zijn opwaarts gericht.
De harde groene bessen verkleuren naar donkerblauw met een wit waas.
De dunne, schilferige bast geeft de smalle stam een rommelige aanblik.
Overal op het noordelijk halfrond, met name op zonnige plekken. Kan op grotere hoogte overleven dan de meeste andere naaldbomen.

Lariksen
Hoge bladverliezende boom.
Groepjes naalden vormen trosjes aan de twijgen.
De enige algemene kegeldragende boom die in de winter zijn naalden verliest; de resterende twijgen zijn opvallend knobbelig.
Op de bosbodem eronder ligt vaak een tapijt van dode naalden.
Blekere naalden dan de meeste andere naaldbomen, die wat donkerder kleuren in de loop van de zomer en bij nade-

ring van de herfst een iets gelige of oranje tint krijgen.
Houdt van licht, met een voorkeur voor zuidhellingen, niet in dichte schaduw.

Dennen
Lange en buigzame naalden in paren, per drie of per vijf.
Hoge dennen stoten hun lagere takken af, zodat de boom een topzware indruk wekt, met een kaal onderste gedeelte van de stam.
Dennen met naalden per twee hebben compacte, afgeronde kegels. Dennen met naalden per drie hebben zeer grote bolvormige kegels. Dennen met naalden per vijf hebben cilindrische kegels.
De schubben van de kegels (dennenappels) gaan open bij mooi weer en sluiten zich als het vochtig is.
Grove den – naalden per paar, iets gedraaid. Blauwgrijs. Bast heeft een oranje tint, die hogerop duidelijker wordt.
Parasolden – de naam spreekt voor zich.
Zwarte den – donkere bast.
Montereyden – naalden in groepjes van drie.
Dennenappels zijn stijf en onbuigzaam (behalve van sommige dennen met naalden per vijf).
Van veel dennenappels hebben de schubben een bobbel, een kleine verhoging, meestal in het midden. Van dichtbij doen die aan minibergjes denken.

Sparren
Hoge, kegelvormige boom.
De naalden zijn relatief afgeplat; je kunt de zijkanten voelen als je ze tussen duim en wijsvinger rolt, een beetje zoals bij een traditioneel potlood. (Zilversparnaalden zijn hiervoor te plat.) De naalden voelen stijf aan.

De kegels zijn veel langer dan breed. Ze hangen naar beneden van de takken. Hun schubben zijn dunner dan die van dennenappels – meer als vissenschubben. De kegels zijn zachter en buigzamer dan die van andere naaldbomen.

Zilverspar en spar uit elkaar houden

Zilversparnaalden hebben iets zachtere punten dan sparrennaalden. Als je je hand om een tak met naalden vouwt en het voelt wat pijnlijk en prikkend aan, is een spar waarschijnlijker dan een zilverspar.

Als je een naald van een twijg plukt, blijft er bij sparren een klein stompje achter; bij zilversparren is dat niet het geval.

Sparrennaalden buigen terug in de richting van de stam; zilversparnaalden zijn van de stam af gericht.

Taxussen

Blijven langdurig laag, maar leven lang en groeien traag, zodat ze uiteindelijk toch best hoog kunnen worden.

De naalden zijn klein, plat, donkergroen en zacht, wat de boom een duister, dreigend karakter verleent. De naalden hebben een lichtere onderkant zonder witte lijnen.

Schilferige roodbruine bast en een grillig gevormde stam.

Helderrode besachtige vruchten.

Beklemmend donker onder een bladerdak.

In licht spinthout zijn de ringen moeilijk te zien, ze zijn duidelijker in het donkerdere kernhout.

Vaak in de diepe schaduw onder een hoog bladerdak van andere bomen, met name op kalk of kalksteen. Geliefd voor heggen omdat hij zich goed laat snoeien.

Behalve voorgaande tips kun je ook altijd de technieken gebruiken die eerder ter sprake kwamen en die je helpen te

begrijpen hoe vorm, leefomgeving en geslacht met elkaar samenhangen. Op die manier kun je al een heel aantal verdachten uitsluiten. Op volgorde van een afnemende behoefte aan zonlicht bijvoorbeeld: **D**ennen **Z**onnen **S**uper-**H**eet – den, zilverspar, spar, hemlockspar.
En: lage bladeren, lage zon.
Als een hoge naaldboom veel heel lage takken heeft, is de kans veel groter dat het een schaduwtolerante hemlockspar betreft dan dat het gaat om een zonminnende den.
Een laatste, wat buitenissige tip: het helpt om vriendschap te sluiten met de naaldbomen die je vaak ziet. Groet iedere naaldboom op je vaste routes wanneer je hem passeert.
Zeg: 'Hallo spar,' 'Hallo den,' of 'Hallo zilverspar.' Het is misschien een beetje vreemd, maar het helpt: de vertrouwdheid en de herkenning nemen toe.

Bronnen

p. 11 (...) dat er misschien wel honderdduizend andere soorten bomen zijn: P. Thomas, *Applied*, p. 15.

p. 17 Naaldbomen ogen donkerder dan loofbomen doordat de cellen in hun naalden dichter op elkaar zitten, dikkere celwanden hebben en een hogere concentratie groen chlorofyl bevatten: 'How the Optical Properties of Leaves Modify the Absorption and Scattering of Energy and Enhance Leaf Functionality', S. Ustin en S. Jacquemoud, 2020: https://link.springer.com/chapter/10.1007/978-3-030-33157-3_14

p. 19 Op deze regel van de vorstgevoelige vaten bestaan een paar interessante uitzonderingen (...) berkensap en esdoornsap oogsten: R. Ennos, p. 34.

p. 25 Naaldbomen zijn gevoelig voor windschade; het is niet ongebruikelijk dat je op een berghelling naaldbomen ziet die hun loofboomneven hebben weggeconcurreerd, maar er tamelijk gehavend bij staan.: T. Kozlowski et al., p. 426.

p. 29 Larikseigenschappen: prof. Otta Wenskus, persoonlijke correspondentie: 29/01/21.

p. 30 De douglasspar komt bijvoorbeeld vaak als winnaar uit de bus in de bosbrandgevoelige gebieden in het noordwesten van de VS: T. Kozlowski et al., p. 413.

p. 31 Esdoorns doen het verrassend goed in de buurt van de zee; ze hebben dikke, wasachtige bladeren en zoutbestendige wortels: P. Thomas, *Trees*, p. 23.

p. 35 Samuel Taylor Coleridge noemde de berk 'de vrouwe van het woud': http://www.fullbooks.com/Poems-of-Coleridge3.html.

p. 35 (...) in 1978 luidde de conclusie van een wetenschappelijk onderzoek naar boomvormen dat er 25 basisvormen kunnen worden onderscheiden: F. Hallé et al.

p. 37 Het enige wat alle bomen met elkaar gemeen hebben, is een zekere hoogte van de stam die gedurende de seizoenen en jaren standhoudt: P. Thomas, *Applied*, p. 6.

p. 40 Om een oud spreekwoord te parafraseren: een slimme boom lost een probleem op, een wijze boom vermijdt het: dit is een persoonlijke variant op een wijdverbreide zegswijze waarbij ik de mens door een boom heb vervangen. Het origineel wordt vaak toegeschreven aan Einstein, maar de werkelijke oorsprong is onduidelijk.

p. 43 (...) heggen zijn bijvoorbeeld zo compact doordat elke snoei leidt tot de aanmaak van meer en kleinere takken: T. Kozlowski et al., p. 12.

p. 43 Het is ook de manier waarop kwekers ervoor zorgen dat hun kerstbomen wat voller en minder spichtig zijn: T. Kozlowski et al., p. 497.

p. 49 De meeste boombladeren werken al optimaal bij ongeveer twintig procent volledig zonlicht: R. Ennos, p. 59.

p. 53 Dennen beginnen hun leven gedisciplineerd, netjes symmetrisch en in een strakke piramidevorm: H. Irving, p. 76.

p. 56 Martelaren van Tolpuddle: https://en.wikipedia.org/wiki/Tolpuddle_Martyrs_Tree (geraadpleegd 08-06-2022).

p. 57 Je kunt jezelf oefenen om hier meer op te letten. Kijk eens welke takken vogels uitkiezen om op uit te rusten en merk op hoe dit verandert als de wind aantrekt: Sarah Taylor, persoonlijke correspondentie, 18-06-2022.

p. 58 Dergelijke soorten, waaronder elzen en wilgen, hebben meestal dunne, flexibele takken: een aanpassing aan de krachten van wind en water: P. Thomas, *Applied*, p. 380.
p. 58-59 Daarom hebben veel boomsoorten ook twee verschillende soorten takken: lange en korte: P. Thomas, Trees, p. 203.
p. 66 Sommige hebben zelfs een gebogen lijn aan de bovenkant die doet denken aan een wenkbrauw: P. Wohlleben.
p. 67 Verdedigingstakken: P. Thomas, *Applied*, p. 90.
p. 75 Waterloten: T. Kozlowski, p. 489.
p. 75 Als een tak te ver doorgroeit, tikt hij tegen andere takken aan, waardoor de groei stopt.: Sarah Taylor, persoonlijke correspondentie, 18-06-2022.
p. 87 Takken zijn in zekere zin stammen die groeien onder een hoek die de nodige ontwerpproblemen oplevert: C. Mattheck, *Stupsi*, p. 96.
p. 88 Bijlstelen uit de bronstijd: R. Ennos, p. 45.
p. 96 Vaak breken de wortels aan de kant waar de boom naartoe is gevallen – de benedenwindse kant. Ze knikken en breken als de stam omverkiept: P. Thomas, *Trees*, p. 290.
p. 97 Harpbomen: C. Mattheck, *Stupsi*, p. 15.
p. 97 Feniksbomen: B. Watson, p. 177.
p. 111 Leeftijd van bomen schatten: A. Mitchell, p. 25.
p. 112 'Alle takken van een boom op elke hoogte zijn bij elkaar genomen even dik als de stam': J.P. Richter (ed.) (1970) [1880], De aantekenboeken van Leonardo da Vinci, op https://en.wikipedia.org/wiki/Patterns_in_nature#Trees,_fractals (geraadpleegd 12-11-2021).
p. 113 Het verhaal gaat dat een reiziger eens volledig verdwaald raakte in Rockingham Forest: https://roys-roy.blogspot.com/2013/10/someunusualchurches.html
p. 113 John Smeaton: H. Irving, p. 10.
p. 114 'Ter herinnering aan een van de succesvolste, meest praktische en leerzaamste werken van de civiele techniek die ooit zijn gerealiseerd': W.T. Douglass (27 november 1883), 'The New Eddys-

tone Lighthouse', *Minutes of Proceedings of the Institution of Civil Engineers.* LXXV (1960): pp. 20-36, op https://en.wikipedia.org/wiki/Eddystone_Lighthouse.

p. 116 Dit is een van de redenen waarom bosbouwers de omtrek van de boom gebruiken als omvangsmaat en niet de diameter: Sarah Taylor, persoonlijke correspondentie, 2021.

p. 117 Diezelfde buitenkant is het belangrijkst voor de stevigheid: bordje in natuurreservaat Kingley Vale.

p. 117 Ze maken zelfs wortels aan binnen in hun stam om zich te voeden met hun eigen rottingsproducten: Sarah Taylor, persoonlijke correspondentie, 2021.

p. 120 Een geleidelijke verdikking betekent dat er in het betreffende gedeelte van de stam sprake is van rot (...) Een verhoging met scherpe richels betekent dat de houtvezels in de boom zijn kromgetrokken: C. Mattheck, *Stupsi*, p. 42.

p. 120 Een opening waar een tak is afgebroken zonder een goede verzegeling: C. Mattheck, *Stupsi*, p. 39.

p. 122 . Een ronde, gladde ribbel duidt op genezing; een scherpe, puntige ribbel wijst op het tegendeel: C. Mattheck, *Body Language*, p. 182.

p. 122 Horizontale barsten zijn veroorzaakt door tensie (trekspanning) in de stam; verticale barsten ontstaan als gevolg van compressie (druk): C. Mattheck, *Body Language*, p. 183.

p. 122 Stamvormen en 'takbreuk': R. Ennos, p. 39.

p. 123 Vorstscheuren zijn normaal gesproken verticaal: P. Thomas, *Applied*, p. 358.

p. 127 Maar de lagere bomen in de struiklaag kunnen meer licht oogsten door vanuit de helling te groeien, loodrecht op de bodem: P. Thomas, *Applied*, p. 105.

p. 131 Als de bast nog strak zit en er dus geen ruimte is tussen de bast en het hout, zit er nog leven in de boom: P. Wohlleben, p. 29.

p. 131 Iedere dag ademen wij miljarden schimmelsporen in (...) In onze longen zouden deze kunnen uitgroeien tot een zwam die ons algauw zou verstikken en ombrengen: https://arstechnica.com/science/2017/09/moldy-mayhem-can-followfloods-hurricanes-heres-why-you-likely-wont-die/.

p. 131 Aristoteles en spontane generatie: https://courses.lumenlearning.com/microbiology/chapter/spontaneousgeneration/.

p. 132 Compartimentalisatie van verrotting in bomen: B. Watson, p. 211.

p. 135 Externe stressoren zoals droogte kunnen de vorming van kernhout beïnvloeden, soms met opmerkelijke vormen tot gevolg: R. Hörnfeldt, et al., 'False Heartwood in Beech Fagus Sylvatica, Birch Betula Pendula, B. Papyrifera and Ash Fraxinus Excelsior – an Overview', *Ecological Bulletins*, no. 53, 2010, pp. 61-76: http://www.jstor.org/stable/41442020.

p. 135 Ook de perfecte handboog bevat zowel spinthout als kernhout: R. Ennos, p. 118.

p. 136 Dendrochronologen (...) hebben aanwijzingen gevonden voor een grote droogteperiode in China in de vierde eeuw: M. McCormick et al., 'Climate Change during and after the Roman Empire: Reconstructing the Past from Scientific and Historical Evidence', in *The Journal of Interdisciplinary History*, vol. 43, no. 2, The MIT Press, 2012, pp. 169-220.

p. 136 De boom maakt grote cellen aan met dunne wanden (...). De boom produceert kleinere, compacte cellen: T. Kozlowski, p. 7.

p. 138 Om deze patronen hoef je je in de tropen overigens niet te bekommeren: daar groeien de bomen het jaar rond, dus hoef je niet op zoek te gaan naar ringen: P. Thomas, *Applied*, p. 38.

p. 141 Tensiehout krijgt bovendien een ruwe textuur bij machinale verwerking: https://www.northernarchitecture.us/thermal-insulation/naturaldefects.html.

p. 141 Dennenhout bevat hars met een prettige, maar bittere geur; taxusstronken hebben nauwelijks geur: P. Thomas, p. 239.

p. 142 Naaldboomstronken verrotten meestal van buiten naar binnen, loofbomen (...). Ceders zijn de grote naaldboomuitzondering: ze verrotten van binnen naar buiten: T. Wessels, p. 136.

p. 153 Bij dennen is deze penwortel een langer leven beschoren: C. Mattheck, *Stupsi*, pp. 60-61.

p. 153 (...) vandaar dat ze niet graag worden verpoot door wispelturige tuinders: Pavey, p. 29.

p. 153 Maar als hij zich verlaat op de regen die zo nu en dan valt, zoals in de woestijn vaak het geval is, komen breed uitwaaierende oppervlakkige wortels beter van pas: T. Kozlowski, p. 227.

p. 153 Het meeste werk dat wortels verrichten, vindt plaats op een diepte van slechts 0,6 meter: Sarah Taylor, persoonlijke correspondentie, 2021.

p. 157 Oppervlakkig, zinkerwortel, hartwortel of penwortel: P. Thomas, *Applied*, p. 151, citaat uit Kostler et al., 1968.

p. 159 Wortels in een zandloper- of achtvorm: C. Mattheck, *Stupsi*, p. 64.

p. 164 Als je een boom van water of meststof wilt voorzien, is dit de plek om dat te doen: B. Watson, p. 152.

p. 165 Ooit wandelde ik samen met iepenfanaat John Tucker tussen de buitengewone iepen van Preston Park in Brighton. Hij vertelde over een schapenpad dat hij kende en dat je zowel aan de grond als aan de bomen kon herkennen: gesprek met John Tucker in Preston Park, Brighton, op 28-09-2021.

p. 166 Als de scheuren zich verwijden en halve cirkels vormen (...): C. Mattheck, *Stupsi*, p. 67.

p. 166 Naaldboomwortels zijn gevoeliger voor waterverzadiging dan loofboomwortels, maar beide ondervinden er de gevolgen van: P. Thomas, *Applied*, p. 378.

p. 167 Als je wortels aan het oppervlak ziet en water niet de oorzaak is, is er sprake van een dun laagje aarde, waarschijnlijk met rotsbodem eronder: P. Wohlleben, p. 12.

p. 177 'Een door de cognitie teweeggebracht tekort als (...)', in 'The Psychology and Neuroscience of Curiosity' , C. Kidd en B.Y. Hayden.

p. 177 Nieuwsgierigheid is als jeuk: https://www.wired.com/2010/08/the-itch-of-curiosity/.

p. 180 Het orakel van Dodona: http://witcombe.sbc.edu/sacredplaces/trees.html en https://en.wikipedia.org/wiki/Dodona.

p. 186 Beuken en esdoorns hebben een voorkeur voor deze aanpak: P. Thomas, *Applied*, p. 90.

p. 187 Als de boom de bladsteel verkort zodat het hogere blad zich dichter bij de stam bevindt (...) Ook is het hoger gelegen blad kleiner: P. Thomas, *Trees*, p. 209.

p. 194 De meest logische theorie die ik ben tegengekomen, zegt dat jonge bomen bouwers zijn die veel koolstof nodig hebben: citaat van V. Kuusk, Ü. Niinemets en F. Valladares (2017) 'A major trade-off between structural and photosynthetic investments operative across plant and needle ages in three Mediterranean pines', *Tree Physiology*: https://doi.org/10.1093/treephys/tpx139.

p. 194 Onderzoekers hebben ontdekt dat omgevingsstress, bijvoorbeeld door een hitte- of koudegolf, de aanleiding kan vormen voor de overgang van de plant van het jeugd- naar het volwassen stadium: 'Juvenile Leaves or Adult Leaves: Determinants for Vegetative Phase Change in Flowering Plants', D. Manuela en M. Xu, *International Journal of Molecular Sciences*, 2020, 21(24), 9753: https://doi.org/10.3390/ijms21249753.

p. 195 Een traumatische gebeurtenis die de boom dwingt opnieuw te beginnen, zoals knotten, leidt tot de groei van jonge bladeren, niet van volwassen bladeren: P. Thomas, *Trees*, p. 27.

p. 196 Olijf- en eucalyptusbomen komen van oorsprong uit heel verschillende delen van de wereld: P. Thomas, *Applied*, p. 364.

p. 197 Groen betekent chlorofyl, maar daarmee ben je er nog niet: https://www.newscientist.com/lastword/mg24933161-200-whyare-tree-leaves-so-many-different-shades-of-mainly-green/.

p. 205 Zichtbaarheid huidmondjes: http://nwconifers.blogspot.com/2015/07/stomatal-bloom.html.

p. 208 Zulke korte haren houden een luchtlaagje vast bij het blad, dat het blad beschermt tegen evapotranspiratie: P. Thomas, *Applied*, pp. 255-256.

p. 210 Kersen-, pruimen, amandel- en perzikbomen hebben nectarklieren: *Oxford Tree Clues Book*, p. 12.

p. 214 Rododendronbladeren staan erom bekend dat ze bij koud weer opkrullen en gaan hangen: P. Thomas, *Trees*, p. 20.

p. 217 Plataanbast, 'legercamouflage': Cohu, p. 165, 'omgekeerd luipaard', H. Irving, p. 48.

p. 218 Gladde bast is normaal gesproken heel dun: P. Thomas, *Trees*, p. 63.

p. 219 Sommige bomen hebben een heel dunne bast omdat die ze in staat stelt wat te oogsten van het licht dat ze bereikt: P. Thomas, *Trees*, p. 25.

p. 219 Bij jonge essen komt dit veel voor: P. Thomas, *Applied*, p. 42.

p. 220 Rode of paarse bast, zeker glimmende, duidt op nieuwe groei: B. Watson, p. 70.

p. 222 Of misschien raakt de bast verstopt door de aangroei van algen en korstmossen aan de zuidkant: Sarah Taylor, persoonlijke correspondentie, 2021.

p. 225 De achttiende-eeuwse Zweedse reiziger en natuurvorser (...) beschrijft, enigszins dubieus, hoe honderd mensen (...): Johnson, p. 87.

p. 226 Late overgang naar periderm: P. Thomas, *Applied*, p. 43.

p. 227 'Spanningen lokaliserende laag van de boom': C. Mattheck, *Body Language*, p. 172.

p. 227 Dit effect is het sterkst bij dikke bast; bij bomen met een dunne bast is vooral het rimpelen te zien, meer dan het oprekken: C. Mattheck, *Body Language*, p. 172.

p. 228 Het kan zijn dat de boom zich voorbereidt op het afstoten van de tak: C. Mattheck, *Body Language*, p. 24.

p. 233 U-vormen en verbindingen met visgraten: B. Watson, p. 201.

p. 236 Als een boom wordt geveld, kan hij tijdens zijn val een naburige boom raken en beschadigen. Hierdoor ontstaat een verticale lijn van beschadigde bast en later littekenweefsel aan één kant van de buurboom: Colin Elford wees me hierop tijdens onze wandeling in Wiltshire in maart 2022.

p. 238 Citaat uit *Anna Karenina*: https://en.wikipedia.org/wiki/Anna_Karenina.

p. 247 Anthocyanine, dat de jonge bladeren beschermt tegen beschadiging door een teveel aan direct zonlicht: T.J. Zhang et al., 'A magic red coat on the surface of young leaves: anthocyanins distributed in trichome layer protect Castanopsis fissa leaves from photoinhibition', *Tree Physiology*, vol. 36, nr. 10, oktober 2016, pp. 1296-1306: https://doi.org/10.1093/treephys/tpw080.

p. 247 De overtuigendste vind ik dat de bladeren in deze periode kwetsbaar zijn en bomen niet te veel chlorofyl willen kwijtraken aan graasgrage dieren: P. Thomas, *Trees*, p. 32.

p. 248 Crandon, Wisconsin: https://www.silvafennica.fi /pdf/article535.pdf.

p. 249 Heteroptose, semi-groenblijvend, wintergroen...: K. Kikuzawa en M.J. Lechowicz (2011) 'Foliar Habit and Leaf Longevity', in 'Ecology of Leaf Longevity'. *Ecological Research Monographs.* Springer, Tokio.

p. 250 William Lucombe: persoonlijke correspondentie met Peter Thomas en https://en.wikipedia.org/wiki/William_Lucombe.

p. 250 *Dipteryx odorata*: https://en.wikipedia.org/wiki/Dipteryx_odorata.

p. 251 Hoe dichter je in Californië bij de kust komt, des te milder en natter de zomers, en des te groter de kans dat de boom gedurende de hele zomer zijn bladeren behoudt: E.S. Bakker, p. 74.

p. 253 De geur van de tijd: S.A. Bedini, 'The Scent of Time. A Study of the Use of Fire and Incense for Time Measurement in Oriental Countries', *Transactions of the American Philosophical Society*, vol. 53, no. 5 (1963) pp. 1-51: https://doi.org/10.2307/1005923.

p. 255 Bij temperaturen onder nul hebben bladeren van bladverliezende bomen het moeilijk, één vriesnacht kan fataal zijn: T. Kozlowski, p.183.

p. 256 Suikeresdoorn, warme en koude uren: T. Kozlowski, p. 174.

p. 256 De Engelse winters zijn soms maar nauwelijks koud genoeg om de beuken te overtuigen, die veel kou nodig hebben: persoonlijke correspondentie met Peter Thomas, 2022.

p. 257 In 1931-1932 mislukte de volledige perzikoogst in het zuidoosten van de Verenigde Staten als gevolg van een ongebruikelijk zachte winter: T. Kozlowski, p. 182.

p. 257 Perzikcultivars, zoals de Mayflower, bloeien niet tenzij de knoppen duizend uur lang kouder dan 7,2° C zijn geweest. Andere cultivars, zoals de Okinawa, zijn tevreden met slechts honderd uren kou: T. Kozlowski, p. 183, geciteerde tabel.

p. 259 Kleine bomen baseren zich meer op de nachtlengte: de temperaturen dicht bij de grond schommelen nogal, dus zelfs in de schaduw is licht een betrouwbaardere maatstaf dan temperatuur: P. Thomas, *Applied*, p. 99.

p. 259 Grove dennen en berken hechten er relatief veel waarde aan: T. Kozlowski, p. 160.

p. 259 'Als de eik voor de es komt, valt er slechts een spat. Als de es voor de eik komt, wordt het kletsnat': https://www.bbc.co.uk/blogs/natureuk/2011/05/oak-before-ash-in-for-a-splash.shtml.

p. 259 Zowel eik als es komen relatief laat in blad vanwege hetzelfde zwakke punt: R. Ennos, p. 34.

p. 260 Binnen elke soort is er sprake van genetische variatie. Bomen van dezelfde soort zijn niet identiek en dat heeft invloed op de manier waarop ze reageren op temperatuur en licht: O. Rackham, *Helford*, p. 81.

p. 262 Het komt vaak voor bij eiken, beuken, haagbeuken en sommige wilgen: https://en.wikipedia.org/wiki/Marcescence.

p. 262 (...) dat de mineralen in de bladeren op deze manier op het juiste moment bij de wortels terechtkomen, vlak voor de voorjaarsgroei: P. Thomas, *Trees*, p. 31.

p. 263 Als bomen in het najaar door de vorst worden overvallen, kunnen ze de kostbare mineralen niet meer terughalen uit hun groene bladeren: P. Thomas, *Applied*, p. 100.

p. 263 Bomen laten hun bladeren vallen en het fruit rijpt weken te vroeg af door de recordhoge temperaturen en gebrek aan water: https://www.telegraph.co.uk/environment/2022/07/27/uk-weather-england-records-driest-july-century/.

p. 263 Straatlantaarnvoorbeeld: Kramer uit T. Kozlowski, p. 160.

p. 265 De boom 'weet' dit en de knoppen zijn dan ook niet allemaal hetzelfde: ze reageren anders, afhankelijk van waar ze zich bevinden: T. Kozlowski, p. 173.

p. 266 Bomen die voortdurend bladeren aanmaken en graag op open plekken groeien – waaronder pionierbomen, zoals berken – hebben bladeren waarbij de verkleuring eerst aan de binnenkant optreedt: P. Thomas, *Trees*, p. 33, geciteerd in Kioke 1990.

p. 270 Zwavelregen: H. Irving, p. 157.

p. 271 Bloemen die vogels aantrekken, zijn meestal rood. Een populaire verklaring hiervoor is dat vogels beter rood kunnen zien dan bijen; de achterliggende wetenschap is echter iets genuanceerder en complexer: M.A. Rodríguez-Gironés en L. Santamaría, 'Why are so many bird flowers red?', *PLOS Biology*, Vol. 2(10), 2004: https://doi:10.1371/journal.pbio.0020350.

p. 279 'Het grootste sportevenement van de twintigste eeuw': J.C. Kang, 'The End and Don King', Grantland; C. McDougall (ed.) (2014), *The Best American Sports Writing 2014*, p. 149, van https://

en.wikipedia.org/wiki/The_Rumble_in_the_Jungle.

p. 279 Tijdens deze slachtpartij raken de bomen soms bijna al hun blad kwijt: https://www.keele.ac.uk/arboretum/ourtrees/speciesaccounts/pedunculateoak/#:~:text=In%20response%20to%20this%20oaks,because%20of%20its%20hard%20wood.

p. 280 Tien levensstadia: Raimbault, P. (1995) Physiological Diagnosis. *Proceedings; 2nd European Congress in Arboriculture*, Versailles, Société Française d'Arboriculture.

p. 285 Van veel boeiende soorten is het leven verbonden met het begin of het einde van het leven van een bos: Wytham Woods, p. 72.

p. 287 '*Toen ze daar waren aangekomen, trok Abram het land door tot aan de eik van More, bij Sichem. In die tijd werd het land bewoond door de Kanaänieten*': Genesis 12:6 van https://www.debijbel.nl/bijbel/NBV/GEN.12.

p. 289 Wanneer je haar met rust laat, komt de natuur vrijwel altijd met bomen op de proppen, aangezien die het meedogenloze overleefspel altijd winnen, behalve in de extreemste leefomgevingen: P. Thomas, *Applied*, p. 285.

p. 290 'Naaldbomen zijn een teken van armoede': J. Lewis-Stempel, p. 74.

p. 303 Net als andere geluiden heeft vogelzang een groter bereik naarmate het vanaf een hoger punt klinkt. Vandaar dat kerklokken altijd boven in de toren hangen: Naylor, p. 171.

p. 306 Bomen koelen de lucht en de grond onder ze, door hun schaduw uiteraard, maar ook door wind en verdamping: P. Thomas, *Applied*, p. 9.

p. 307 Uit Californisch onderzoek is gebleken dat bomen in de stad de behoefte aan airconditioning met dertig procent kunnen reduceren: Akbari et al., 1997. Uit P. Thomas, *Applied*, p. 9. https://www.sciencedirect.com/science/article/abs/pii/S0378778896010031.

p. 308 'De els geeft voeding aan de planten in zijn buurt / Zodat zij bloeien en hun leven heel lang duurt': https://books.google.co.uk/books?id=i5HH3fegS5cC&printsec=frontcover&source=gbs_ge_summary_r&cad=0#v=onepage&q&f=false.

p. 311 Zwarte walnoot: https://www.gardeningknowhow.com/gardenhow-to/info/allelopathic-plants.htm.

p. 311 Naaldboombladeren vergaan langzamer dan loofboombladeren en naaldbomen overheersen in koudere gebieden, wat dit effect nog eens versterkt: T. Kozlowski et al., p. 226.

p. 311 (...) categorieën als *mor*, *mull* en *moder*. *Mull* ontstaat als bladafval door dieren wordt verteerd en komt meer voor onder loofbomen. *Mor* is het resultaat van vertering door (hoofdzakelijk) schimmels en is algemeen onder naaldbomen: https://forestfloor.soilweb.ca/definitions/humus-forms/.

Bibliografie

Babcock, Barry, *Teachers in the Forest*, Riverfeet Press, proefdruk 2021

Bakker, Elna, *An Island called California: An Ecological Introduction to its Natural Communities*, University of California Press, 1984

Clapham, A.R., *The Oxford Book of Trees*, Peerage Books, 1985

Cohu, Will, *Out of the Woods*, Short Books, 2015

Edlin, Herbert, *Wayside and Woodland Trees*, Frederick Warne & Co., 1971

Elford, Colin, *A Year in the Woods*, Penguin, 2011

Ennos, Roland, *Trees*, Natural History Museum, 2016

Forestry Commission, *Forests and Landscape*, Forestry Commission, 2011

Gofton, John, *Talks About Trees*, The Religious Tract Society, 1914

Grindon, Leo, *The Trees of Old England*, Pitman, 1868

Hallé, F., Oldeman R.A.A. en Tomlinson P.B., *Tropical Trees and Forests: An Architectural Analysis*, Springer Verlag, 1978.

Hickin, Norman, *The Natural History of an English Forest*, Arrow Books, 1972

Hirons, Andrew en Thomas, Peter, *Applied Tree Biology*, John Wiley & Sons, 2018

Horn, Henry, *The Adaptive Geometry of Trees*, Princeton University Press, 1971

Irving, Henry, *How to Know the Trees*, Cassell and Company, 2010

Kozlowski, Theodore, Kramer, Paul en Pallardy, Stephen, *The Physiological Ecology of Woody Plants*, Academic Press, 1991

Lewis-Stempel, John, *The Wood*, Doubleday, 2018

Mabey, Richard, *Flora Britannica*, Sinclair-Stevenson, 1996

Mathews, Daniel, *Cascade-Olympic Natural History*, Raven Editions, 1994

Mattheck, Claus, *Stupsi legt de lichaamstaal van de bomen uit*, Groenvisie Mette, 2023

Mattheck, Claus en Breloer, Helge, *The Body Language of Trees*, The Stationery Office, 2010

Mitchell, Alan, *Bomen kennen en herkennen*, Zomer & Keuning, 1984

Naylor, John, *Now Hear This*, Springer, 2021.

Pakenham, Thomas, *The Company of Trees*, Weidenfeld & Nicholson, 2017

Pavey, Ruth, *Deeper Into the Woods*, Duckworth, 2021

Pierpoint Johnson, C. en Sowerby, John. E., *The Useful Plants of Great Britain*, Robert Hardwicke

Rackham, Oliver, *The Ancient Woods of the Helford River*, Little Toller Books, 2019

Rackham, Oliver, *Woodlands*, Collins, 2010

Savill P.S., Perrins C.M., Kirby K.J. en N. Fisher, *Wytham Woods*, Oxford University Press, 2010

Steel, David, *The Natural History of a Royal Forest*, Pisces Publications, 1984

Sterry, Paul, *Collins Complete Guide to British Trees*, Collins, 2007

Thomas, Peter, *Trees: Their Natural History*, Cambridge University Press, 2000

Thomas, Peter, *Trees*, Collins New Naturalist Library Vol 145, William Collins, 2022

Tree, Isabella, *Verwildering*, Lemniscaat, 2023

Watson, Bob, *Trees*, Crowood Press, 2016

Wessels, Tom, *Forest Forensics*, Countryman Press, 2010
Williamson, Richard, *The Great Yew Forest*, Macmillan, 1978
Wohlleben, Peter en Billinghurst, Jane, *Forest Walking*, Greystone, 2022

Dankwoord

Ik kan nauwelijks een minuut wandelen zonder iets te zien wat een paar jaar eerder nog onzichtbaar voor me was. Voor mij is dat een teken dat ook anderen zouden kunnen genieten van zo'n transformatie. Een dergelijke realisatie leidt echter slechts zelden tot een idee voor een boek. En vanaf dat moment is het een kwestie van samenwerken.

Toen dit boek alleen nog in de kiem bestond, sprak ik erover met mijn literair agent Sophie Hicks en mijn uitgevers in het VK en de VS, Rupert Lancaster en Nicholas Cizek.

'Er zijn goede boeken over wat je niet aan bomen kunt zien,' zei ik, 'en ik denk dat ik een boek zou moeten schrijven over wat je wel kunt zien.' Dankjewel Sophie, Rupert en Nick, dat jullie achter deze eenvoudige opzet gingen staan, en voor jullie professionaliteit, waardoor ik geniet van ieder stadium van het schrijfproces.

Ook dank aan de teams bij Sceptre en bij The Experiment, met name aan Matthew Lore, Ciara Mongey, Rebecca Mundy, Jennifer Hergenroeder, Helen Flood, Dominic Gribben en Maya Conway.

Neil Gower, bedankt voor je prachtige tekeningen, en Hazel Orme voor je deskundige hulp in de laatste fase. Sarah Williams en Morag O' Brien, dank voor jullie belangrijke werk achter de schermen.

Het schrijven van een boek gaat gepaard met grote inspanning, maar ook met vreugde en verrassingen. Onder de grootste genoegens vallen voor mij het ontdekken van nieuwe tekens en het leren kennen van nieuwe vrienden en kennissen, niet noodzakelijkerwijs in die volgorde. Als ik iemand ontmoet die me laat kennismaken met een nieuw teken of met een nieuwe interpretatie van een bekend teken, is dat voor mij een dubbel genot dat ik altijd zal blijven koesteren. Dank aan de vele mensen die zo'n bijdrage aan dit boek hebben geleverd, onder wie Isabella Tree, Colin Elford, Stephen Haydon, Sarah Taylor en Alastair Hotchkiss. Dank jullie wel dat jullie de tijd wilden vrijmaken om mij te ontmoeten en jullie ervaring met me te delen. Een speciaal woord van dank voor Peter Thomas; niet alleen voor je tijd en de hulp bij dit boek, maar ook voor je geweldige onderzoek en schrijfwerk.

Dank aan mijn hele familie en vooral aan mijn zus Siobhan Machin en mijn nicht Hannah Scrase voor jullie wijze commentaar.

Bedankt iedereen die een lezing of een cursus bezocht of een van mijn eerdere boeken heeft gelezen; jullie hebben dit boek mede mogelijk gemaakt.

Dank aan mijn vrouw Sophie en mijn zoons Ben en Vinnie, voor jullie liefde en steun, en omdat jullie mij met beide benen op de grond houden. Dat blijkt vooral als ik tijdens een wandeling weer eens vraag om even te stoppen zodat ik iets naast het pad kan onderzoeken...

Een korte pauze terwijl ik een nietsvermoedend organisme nader. Spanning hangt in de lucht; zelfs de honden wachten geduldig. Dit is het moment. Ik kom tevoorschijn uit de bosjes en verzamel mijn gezinsleden om me heen om hen op de hoogte te brengen van het resultaat van mijn onderzoek. Nadat ik mijn geweldige nieuwe ontdekking heb beschreven, zwijg ik even om de boodschap te laten bezinken, in afwachting van een kleine blijk van erkenning, een kort applaus, niks speciaals. Of misschien een bondig commentaar van een van de jongens over hoe stimulerend en inspirerend zulke momenten voor hen zijn. Maar niks hoor. De stilte wordt doorbroken door wat ontevreden gemompel. Drie gezichtsuitdrukkingen spreken boekdelen. Ontevredenheid gaat over in hoon. Pittig publiek. Dan maar op zoek naar iets nieuws om te onderzoeken.

Register